DROEMER

Über das Buch:
Erst seit rund einem Jahrzehnt wächst das Bewusstsein, wie real die Gefahr der sexualisierten Gewalt für Kinder und Jugendliche werden kann – offline und online. Im digitalen Zeitalter meint »sexualisierte Gewalt« nicht mehr nur den physischen Missbrauch: Sie meint auch, Kinder in Chats von Onlinespielen zu Nacktaufnahmen zu animieren, private Fotos von Social-Media-Profilen der Eltern zu stehlen oder Kinder mittels Smartphones einfacher zu kontaktieren. Daniel Moßbrucker zeigt in seinem Buch, an welchen Orten im Internet und in der realen Welt sowie mit welchen Strategien Pädokriminelle vorgehen. Dazu bietet er umfassendes Hintergrundwissen zur pädokriminellen Szene und der gesetzlichen Lage in Deutschland. Diese Kenntnisse erlauben es Erwachsenen, mögliche Gefahren für Kinder und Jugendliche besser erkennen und einschätzen zu können. Gleichzeitig ist Moßbruckers Buch ein alarmierender Appell an Politik und Gesellschaft, dem Thema endlich die Aufmerksamkeit und Dringlichkeit zu schenken, die es verdient.

Über den Autor:
Daniel Moßbrucker, geb. 1990, arbeitet als Journalist zu den Themen Überwachung, Datenschutz und Internetregulierung. Seine Beiträge werden regelmäßig von überregionalen Medien und TV-Politikmagazinen veröffentlicht. Für die Berichterstattung und die Datenaufbereitung zum Thema Kindesmissbrauch erhielt er 2022 mit einem Team von *NDR* und *DER SPIEGEL* den Otto-Brenner-Preis für kritischen Journalismus. Daniel Moßbrucker lebt in Berlin.

Daniel Moßbrucker

DIREKT VOR UNSEREN AUGEN

WIE PÄDOKRIMINELLE IM INTERNET VORGEHEN – UND WIE WIR KINDER DAVOR SCHÜTZEN

Besuchen Sie uns im Internet:
www.droemer-knaur.de

Aus Verantwortung für die Umwelt hat sich die Verlagsgruppe Droemer Knaur zu einer nachhaltigen Buchproduktion verpflichtet. Der bewusste Umgang mit unseren Ressourcen, der Schutz unseres Klimas und der Natur gehören zu unseren obersten Unternehmenszielen. Gemeinsam mit unseren Partnern und Lieferanten setzen wir uns für eine klimaneutrale Buchproduktion ein, die den Erwerb von Klimazertifikaten zur Kompensation des CO_2-Ausstoßes einschließt. Weitere Informationen finden Sie unter: www.klimaneutralerverlag.de

Originalausgabe September 2023
© 2023 Droemer Verlag
Ein Imprint der Verlagsgruppe Droemer Knaur GmbH & Co. KG, München
Alle Rechte vorbehalten. Das Werk darf – auch teilweise – nur mit Genehmigung des Verlags wiedergegeben werden.
Redaktion: Sabine Wünsch
Covergestaltung: ZERO Werbeagentur, München
Satz und Layout: Adobe InDesign im Verlag
Druck und Bindung: CPI books GmbH, Leck
ISBN 978-3-426-27905-2

5　4　3　2　1

*Ich danke Benny, Britta, Lutz und Robert.
Ohne Euch hätte ich nicht das Wissen erlangen können,
um dieses Buch zu schreiben.*

Triggerwarnung

In diesem Buch geht es um sexualisierte Gewalt gegen Kinder und Jugendliche.

* * *

Personen, die von sexualisierter Gewalt im Kindes- und/oder Jugendalter betroffen sind oder waren, finden im letzten Kapitel Informationen zu Hilfsangeboten. Dort gibt es auch Hinweise für Angehörige von Betroffenen sowie Informationen für Menschen, die ein sexuelles Interesse an Kindern verspüren.

Inhalt

Teil I Vorbereitung 11

Hilfe beginnt mit Hinsehen
Was Sie von diesem Buch erwarten können 13
Mythen, Emotionen, wenige Fakten 14 · Das Momentum Lügde 15 · Die Analyse des Gegenübers 17 · Lösungen für strukturelle Probleme 20

Mit Worten kaum zu fassen
Sprachgebrauch, Begriffe und Erzählhaltung 24
Kann man Kinder gebrauchen? 27 · Gewalt als solche benennen 30 · Von kausativen Verben 33 · Vom ewigen Opfer und mündigen Betroffenen 33 · Alles Pädophile – oder doch nicht? 34

Wellen der Aufklärung
Geschichte des Missbrauchs und die Rolle des Internets 38
Nacktfotos von Jungen im Treppenhaus 39 · Kinder als Giftbehälter 42 · Drei Wellen der Aufklärung 44 · Ein reißender Strom durchbricht das Tabu 46 · Digitalisierung heißt Vernetzung 50 · Zahlen, Zahlen, Zahlen 56 · Datenschutz versus Kinderschutz? 58 · Die zweite Welle 60 · Die dritte Welle 61

Teil II Problemanalyse   63

Durch die Augen der Gegner:innen
Einführung in die Denktechnik Threat Modeling   65
Was steht auf dem Spiel? 66 · Wer greift mich an? 68

»Gute Nacht, Liebling«
Das Smartphone als Werkzeug zum Machterhalt   72
Fotos von Tom 75 · Die Gefahr im Nahfeld 77 · Kreislauf des Missbrauchs 80 · Vertrauen und Macht 88 · Die Rolle der Pädophilie 90 · Das Smartphone als soziales Werkzeug 94

Zocken und nebenbei ein bisschen chatten
Cybergrooming macht das Internet zum Nahfeld   97
Plötzlich öffnet sich ein Chatfenster 98 · Cybergrooming als Massenphänomen 100 · Etablierte Muster auf allen Plattformen 102 · Eine KI gegen Cybergrooming 104

Gepostet, geteilt, geklaut
Wenn harmlose Kinderfotos von Social Media abfließen   109
Harmloses Foto, widerlicher Kontext 110 · Facebook und Instagram als Quelle 112 · Millionen Kinderfotos auf einer Plattform 116 · Warum schiebt da niemand einen Riegel vor? 119 · Legal, illegal – mir doch egal 122

Das Geschäft mit dem Missbrauch
Kinder werden für Profite sexuell ausgebeutet   129
Sexuelle Ausbeutung auf globaler Ebene 132 · Missbrauch im Videolivestream 135 · Wie groß ist das Geschäft? 140 · Pädokrimineller Onlinehandel im Clearweb 143 · Löschen statt Sperren 147 · Ein ungesundes Ökosystem 149

Die finstersten Ecken im Darknet
Aufstieg pädokrimineller Foren gigantischen Ausmaßes 153
Wie findet man etwas, das man nicht kennt? 157 · Rosa Hintergrund, Teddys, und alle sind nett 161 · Die Szene trifft sich in den großen Foren 164 · Wenige Zugpferde, viele Mitläufer 170 · Die Handschellen sollen klicken 174 · Täter:innen fassen, Bilder lassen? 177

»Sie könnten ein Forum zu Tode nerven«
Chat mit dem Administrator eines Darknetforums 182
Das größte Forum aller Zeiten 184 · »Andere Prioritäten« 187 · Ein Gigant am Abgrund 193

Teil III Lösungen 205

Freiheit und Sicherheit sind keine Gegensätze
Parteien verspielen mit Symbolpolitik kostbare Zeit 207
Emotionen machen Politik 208 · Mit Kanonen auf Spatzen 212 · Dauerbrenner Vorratsdatenspeicherung 216 · Mehr Personal, schnellere Verfahren 225 · Der nächste Großkonflikt: Chatkontrolle 228 · Missbrauch mit dem Missbrauch? 231

Senken Aufnahmen die Hemmschwelle?
Für einen Paradigmenwechsel in der Strafverfolgung 234
»Psychologisch klar herleitbar« 235 · Löschen! Löschen! Löschen? 239

»Da sind wir leider nicht zuständig«
Der Staat duckt sich weg bei Betreuung, Prävention
und Schutzkonzepten 242
Ein Rechtsanspruch für Betroffene auf Beratung 243 · Schutzkonzepte für die Fläche 245

Ausgetrickst von der Industrie
16 Bundesländer wollen Konzernen die Stirn bieten   248
Kinder- und Jugendschutz senkt Profite 252 · Nicht auf die Industrie warten 254 · Gretchenfrage Altersverifikation 256

Das Undenkbare denken lernen
Wie Eltern ein Umfeld schaffen, in dem Taten unwahrscheinlicher werden   259
Kinder kommunizieren auf ihre Weise 261 · Umkehr der Schuld vermeiden 264 · Strukturdynamiken verändern 266 · Das Nahfeld ist digital geworden 267

Digitale Selbstverteidigung gegen Pädokriminelle
Technische Tipps und Tricks für den Alltag   270
Ab wann ein Smartphone? 271 · Eine App für die volle Kontrolle 273 · Ein Set von Maßnahmen 275 · Schutz gegen den Diebstahl von Fotos und Videos 278

Epilog   283

Informations- und Hilfsangebote   286

Literaturverweise   287

# Teil I
// *Vorbereitung*

Hilfe beginnt mit Hinsehen

Was Sie von diesem Buch erwarten können

Wenn Sie diese Zeilen lesen, haben Sie eine der größten inneren Hürden überwunden. Sie möchten beim Begriff Pädokriminalität nicht die Augen verschließen, selbst wenn das Thema weit weg zu sein scheint, bei Ihnen Widerstand, Wut, Ekel und Angst hervorruft. Sie wollen hinsehen.

Sie möchten sich nicht dem Irrglauben hingeben, »so was« komme bei Ihnen in der Familie, in der Schule, im Verein, in der Nachbarschaft oder im Beruf per se nicht vor. Sie trauen sich, ein Buch über sexualisierte Gewalt an Kindern zu lesen, obwohl es in Ihrem Umfeld misstrauische Blicke geben könnte, weil Sie »freiwillig« zu dieser Lektüre greifen.

Ich versichere Ihnen: Dieser Schritt, sich ernsthaft mit Kindesmissbrauch in einer digitalisierten Gesellschaft befassen zu wollen, war entscheidend. Zu häufig handeln Personen leider immer noch nach der Maxime: »Es kann nicht sein, was nicht sein darf.« Bloß nicht damit beschäftigen, es wird schon gut gehen. Seit rund einem Jahrzehnt wächst bei vielen Erwachsenen jedoch endlich das Bewusstsein, wie real die Gefahr der sexualisierten Gewalt für Kinder und Jugendliche werden kann. »Sexualisierte Gewalt« meint heute nicht mehr nur den physischen Missbrauch, bei dem Kinder zu sexualisierten Handlungen bis hin zur Penetration gezwungen werden. Im digitalen Zeitalter heißt »sexualisierte Gewalt« auch das Anbahnen von Kontakten in Chats von Onlinespielen, das Klauen privater Fotos von Social-Media-Profilen der Eltern und vor allem das Festigen von Machtstrukturen mittels Smartphones, um grenzverletzendes Verhalten nicht auffliegen zu lassen.

Sie haben sich entschieden, die Augen nicht länger zu verschließen, sondern bewusst hinzusehen. Ab jetzt wird es einfacher, denn es geht »nur noch« um das Aneignen von Wissen und das Erlernen bestimmter Denktechniken zur Gefahrenabschätzung. Im Folgenden erwartet Sie keine Schilderung à la »True Crime« und auch keine Panikmache, um Ihnen Versicherungen oder Überwachungs-Apps anzudrehen. Mein Anliegen ist, dass Sie am Ende sicherer mit den möglichen Gefahren und Risiken für (Ihre) Kinder und Jugendliche umgehen können, weil Sie wissen, was Sie im Fall des Falles unternehmen können.

Dafür nimmt dieses Buch eine bestimmte Perspektive ein und bedient sich einer speziellen Denktechnik, des »Threat Modeling« (frei übersetzt: »Einschätzen von Bedrohungskontexten«).

Diese werde ich im vierten Kapitel, wenn die eigentliche Analyse startet, ausführlicher vorstellen. Im Grundsatz geht es darum, für die Erstellung von Schutzkonzepten nicht nur eigene Sicherheitsbedarfe in die Waagschale zu werfen, sondern einen großen Anteil der Ressourcen auf die Analyse der Gegner:innen zu verwenden.

Genau an dieser Analyse mangelt es beim Schutz vor Pädokriminellen – auch, weil das Thema unsere Vorstellungskraft übersteigt und uns jeder konkrete Gedanke daran, wie man »so sein kann«, mit Unverständnis erfüllt.

Mythen, Emotionen, wenige Fakten

Das Thema der sexualisierten Gewalt an Kindern ist immer noch überlagert von Mythen, unsere Maßnahmen sind getrieben von gutem Willen und Emotionen – aber leider allzu oft ohne gesicherte Faktenbasis. Unser Kampf gegen Pädokriminalität ist auch deshalb so erfolglos, weil es an einer soliden, auf Tatsachen basierenden Problembeschreibung mangelt.

Wer als Eltern glaubt, ein Teilen von Kinderfotos über WhatsApp ist »sicher«, weil man ja die Kontakte kenne, liegt damit völlig falsch. Gerade die Personen, zu denen man Vertrauen hat, sind diejenigen, die überwiegend zu Täter:innen werden.

Was für die individuelle Ebene gilt, läuft in der großen, scheinbar faktengeleiteten Politik nicht besser. Politisch Verantwortliche, die nach jedem neuen Fall von sexuellem Kindesmissbrauch in die Schublade politisch opportuner Maßnahmen greifen und beispielsweise eine Vorratsdatenspeicherung fordern, unabhängig davon, ob diese im konkreten Fall überhaupt etwas bringen würde, handeln bestenfalls naiv, meistens aber fahrlässig.

Mein Anliegen mit diesem Buch ist es, durch Schilderungen der Strategien von Täter:innen solche Grundsatzfragen konkreter beantworten zu können; dass beispielsweise viele Fotos über WhatsApp abfließen, *gerade weil* es dort »privater« zugeht. Täter:innen lauern erwiesenermaßen überwiegend im Nahfeld, also genau dort, wo wir es am wenigsten vermuten. Was in der analogen Welt galt, hat sich 1:1 auf die digitalisierte Gesellschaft übertragen.

Das Momentum Lügde

Ich habe mich entschlossen, Wissen weiterzugeben, damit auch andere davon profitieren können. Ich arbeite seit über 15 Jahren als Journalist und habe mich im Lauf der Jahre immer stärker mit den Themen Überwachung, Datenschutz und Internetregulierung befasst. Mittlerweile recherchiere ich schwerpunktmäßig im Darknet, worüber ich auch zum Thema der sexualisierten Gewalt gegen Kinder gekommen bin. Ich bin mir bewusst geworden, dass es ein »Privileg« ist, dass ich als Journalist umfangreich in der pädokriminellen Szene recherchieren »durfte«. Ich wurde gewiss unzählige Male verstört und angewidert von dem, was ich lesen musste. Auf manches war ich von Fachleuten vorbereitet worden, anderes erwischte mich kalt, weil mein Gehirn sich gewisse Dinge vorher gar nicht hätte vorstellen können. Meiner Psyche ginge es besser, wenn mir gewisse Details in den Recherchen erspart geblieben wären.

Dennoch spreche ich von einem »Privileg«, dem Privileg, ein breites Wissen darüber erworben zu haben, wie es »wirklich ist«. Denn es ist anders, als viele von uns denken. Als Journalist ist es für mich eine Verpflichtung, meine Erfahrungen gefiltert mit denjenigen zu teilen, die die Wahrheit kennen sollten. Bestenfalls kann ich damit helfen, sei es in der Erziehung Ihrer eigenen Kinder, in der Arbeit mit Betroffenen von sexualisierter Gewalt oder im politischen Bereich.

Meine Beschäftigung mit dem Thema begann 2020, als sich ein Team beim Norddeutschen Rundfunk entschloss, selbst in der pädokriminellen Onlineszene zu recherchieren. Es war die Zeit, in der regelmäßig Nachrichten über Missbrauchsfälle Deutschland erschütterten. Angefangen hatte es zum Jahreswechsel 2018/19 mit dem Fall »Lügde«, dessen drei Haupttätern später über 1000 Einzeltaten nachgewiesen wurden. Es folgte 2019 der Missbrauchskomplex Bergisch-Gladbach, 2020 flogen mehrere Männer in Münster auf. Es waren abscheuliche Verbrechen, die den geretteten Kindern ein Leid zufügten, das mit Worten nicht zu beschreiben ist.

So löblich die Erfolge der Ermittlungsbehörden waren, ist es für Journalist:innen aus prinzipiellen Erwägungen nie eine gute Idee, sich auf Aussagen anderer zu verlassen. Sich ein eigenes Bild zu machen, ein »gesundes Misstrauen« gegenüber allem, was uns erzählt wird, gehört schlichtweg zum Job.

Gerade bei einem so wichtigen Thema wie dem Schutz unserer Kinder braucht es unabhängige Recherche. Der Norddeutsche Rundfunk entschloss sich daher, die pädokriminelle Szene in aufwendigen Recherchen zu durchleuchten, wofür ich Lutz Ackermann, Robert Bongen, Benjamin Güldenring, Britta von der Heide und Klaus Siekmann ausdrücklich danke. Es waren und sind technisch und rechtlich anspruchsvolle Recherchen, die meiner Kenntnis nach nirgendwo sonst in Europa durchgeführt werden. Da ich mich seit einigen Jahren auf Darknetrecherchen spezialisiert hatte, fiel mir in unserem Team die Aufgabe zu, diese bis dahin auch für mich vollkommen unbekannte Parallelwelt zu erkunden.

Für dieses Buch wechsle ich nun die Perspektive. Ich bilde nicht nur ab, was ich sehe, sondern ich nutze mein Wissen, um mit Ihnen gemeinsam zu analysieren: Wie gehen Pädokriminelle vor? Und wie kann man sich bestmöglich davor schützen und dagegen wehren? Das Buch ist grob in diese zwei Metafragen unterteilt.

Die Analyse des Gegenübers

Für die erste Frage, den Hauptteil dieses Buches, skizziere ich Strukturen, Überzeugungen und Taktiken pädokrimineller Täter:innen. Dafür nutze ich das Threat Modeling als Denktechnik, die uns systematisch durch die einzelnen Themen führt. Ich analysiere verschiedene Kontexte, in denen das Threat Model besonders »ausschlägt«.

Wir beginnen bei Situationen im Alltag, beim physischen Kontakt zwischen Täter:in und betroffenem Kind oder Jugendlichen. Zwar hat das Internet neue Anknüpfungspunkte für Pädokriminelle geschaffen, sodass Kinder auch im Netz sexualisierte Gewalt erfahren, aber gerade für schwere Formen des Missbrauchs bildet der »analoge« direkte Kontakt naturgemäß das größte Risiko. Statistisch betrachtet sitzen in jeder Schulklasse ein bis zwei Kinder, die von sexuellem Missbrauch betroffen sind oder waren. Es ist näher, es ist realer, als die meisten denken.

In diesem Teil werden wir den Kreislauf des Missbrauchs kennenlernen, der uns immer wieder begegnen wird. Es ist verblüffend, wie scheinbar neue Formen der Pädokriminalität, beispielsweise das Anbahnen sexueller Kontakte in Onlinegames, im Grundsatz diesem Muster und seit Jahrzehnten etablierten Strategien der Täter:innen folgen. Immer wird es dabei schwerpunktmäßig auch um die digitale Komponente gehen: Wie hilft die Digitalisierung Täter:innen, im wahren Leben ihre Ziele schneller und effizienter zu erreichen und dabei noch weniger Spuren zu hinterlassen?

Wir werden dann sehen, wie sich der Einzugskreis der Täter:innen mittels Cybergrooming potenziell erweitert. Was früher der Spielplatz, das Babysitting, der Sportverein, die Nachbarschaft, die Familie war, ist nun *zusätzlich* das Internet. Spiele für Kinder, Chatrooms, Social-Media-Profile – natürlich lauern Täter:innen auch dort, um Kontakte anzubahnen. Wir werden sehen, wie Pädokriminelle sich mittels kryptischer Hashtags direkt vor unseren Augen vernetzen, wie sie unverblümt Kinder anschreiben, um sie zu realen Treffen zu bewegen.

Ich werde in der Analyse immer digitaler, wenn ich im Anschluss beleuchte, wo Bilder und Videos von Kindern landen können, die Eltern auf Instagram in eine Story packen, bei Facebook hochladen oder per WhatsApp verschicken. Ich werde eigene, exklusiv für dieses Buch generierte Daten zeigen über das Ausmaß dieses Bilderklaus und das milliardenfache (!) Aufrufen harmloser Kinderfotos, unter denen Pädokriminelle dann zu Hunderttausenden (!) obszöne, ekelige Kommentare hinterlassen. Ebenfalls exklusiv für dieses Buch werde ich dabei aus einem Nachrichtenaustausch mit den russischen Betreibern der weltweit größten Plattform zitieren, auf der harmlose Alltagsfotos landen. So viel sei vorweggenommen: Ein schlechtes Gewissen haben diese Personen nicht.

Ich widme ein Kapitel dann dem Geschäft mit dem Missbrauch. Gerade über das Internet gibt es kommerziell vermittelte Angebote, um sexualisierte Gewalt an Kindern zu fördern, sie live mitzuerleben, Bilder und Videos der Taten zu erhalten. Oder um im echten Leben gegen Geld ein Kind sexuell zu missbrauchen – das klingt weit weg, aber wir werden sehen, dass dies auch in Deutschland gebräuchlich ist. Das Geschäft mit dem Missbrauch blüht auch deshalb, weil die Algorithmen sozialer Netzwerke wie Instagram es bei entsprechendem Interesse der Nutzer:innen belohnen, wenn nackte Haut gezeigt wird.[1] Dadurch wird Interaktion auf den Plattformen gefördert und mehr Werbung geschaltet, was die Umsätze der Techkonzerne erhöht.

Ich erreiche dann mit der Analyse pädokrimineller Netzwerke das Darknet. Dort, in den letzten Winkeln des Internets, fließt alles zusammen, was wir bis dahin kennengelernt haben. Absurd große Foren mit Massen an Fotos und Videos, perfide durchdachte Anleitungen für den realen Missbrauch, Vernetzungsmöglichkeiten in Chatgruppen. Diese Foren bildeten den Schwerpunkt meiner journalistischen Arbeit, und auch hierzu werde ich neue, exklusive Daten liefern, welche die Dimension und das enorme Wachstum des pädokriminellen Darknets verdeutlichen – aber auch Hinweise darauf geben, was wir dagegen tun können.

Ich beende die Analyse mit einem Wagnis. Ich werde ein in dieser Langversion bislang unveröffentlichtes Interview mit einem der lange Zeit meistgesuchten Pädokriminellen der Welt publizieren. Ich habe es anonym mit ihm geführt, als er gerade der Administrator des bis dato größten pädokriminellen Darknetforums der Welt war. Ein Wagnis ist es deshalb, weil einem Täter – und nicht den Betroffenen – Raum gegeben wird, sich zu erklären. Das Interview ist für mich aber ein wichtiges Dokument, weil es uns hilft, das Mindset solch schwerkrimineller Menschen besser zu verstehen. Was kann es für ein Threat Modeling, für die Analyse der Gegner:innen, Besseres geben als ein authentisches Interview mit ihm? Ich werde das Interview kommentieren, um daraus die für unsere Zwecke wichtigen Schlüsse zu ziehen.

Lösungen für strukturelle Probleme

Die zweite Leitfrage widme ich dem letzten Teil des Buches: Was hilft uns dabei, die Gefahren durch pädokriminelle Täter:innen in den Griff zu bekommen?

Die politische Debatte konzentrierte sich in den vergangenen Jahrzehnten vor allem auf die Strafverfolgung. Mit Emotionen wurden politische Vorhaben durchgedrückt, die sinnvoll und wirksam klangen, aber an den Strukturen wenig änderten. Am Beispiel der Strafrechtsverschärfung von 2021, der jahrzehntelangen Diskussion um die Vorratsdatenspeicherung und neuerdings der sogenannten Chatkontrolle wird deutlich, wie durch parteitaktische Querelen kostbare Diskurszeit verschwendet wird. Die wirklich wichtigen Fragen geraten bei diesen politischen Profilierungsversuchen gar nicht erst in den Blick.

Eigene Recherchen zu der Frage, wie in den großen pädokriminellen Darknetforen Aufnahmen gelöscht werden könnten, haben mich zu der Überzeugung gebracht, dass Strafverfolgungsbehörden dringend einen Paradigmenwechsel einleiten müssen. Ihre aktuellen Taktiken lassen es zu, dass die Darknetforen immer größer werden, obwohl dies durch ein proaktives Löschen eingedämmt werden könnte. Dies wären wir nicht nur den Betroffenen schuldig, deren Aufnahmen immer und immer wieder getauscht werden, wodurch ihr entwürdigender Missbrauch im Digitalen andauert. Die Dauerverfügbarkeit des illegalen Inhalts, die soziale Enthemmung in den Foren kann auch dazu führen, dass tatunentschlossene Personen eher bereit sind, in der realen Welt einem Kind sexualisierte Gewalt anzutun.

Frappierend ist, dass durch die politische Fokussierung auf die Strafverfolgung die Unterstützung der von sexuellem Kindesmissbrauch Betroffenen sowie die Prävention seit Jahrzehnten zu kurz kommen. Es gibt in Deutschland einen Kompetenzwirrwarr, sodass Fachberatungsstellen in der Regel nur kurze Projektverträge erhalten und nicht in der Breite helfen können. Es bleibt allzu häufig bei politischen Leuchtturmprojekten. Dass ein Kind in der Schule in digitaler Medienkompetenz fortgebildet wird, hängt meist vom Engagement einzelner Lehrkräfte ab und ist damit pures Glück.

Da ich so hart mit staatlichen Stellen ins Gericht gehe, mögen Sie fragen: Ist es nicht Aufgabe der Internetunternehmen, Kinder und Jugendliche besser vor pädokriminellen Gefahren zu schützen? Es ist *auch* ihre Aufgabe, natürlich. Wir werden aber sehen, wie die Industrie seit Jahren die föderalen Strukturen der Medienregulierung nutzt, um Zeit zu gewinnen, in der nichts passiert. Unternehmen kapern wichtige Diskurse um die »Freiheit im Netz«, um dadurch den Status quo zu erhalten. Es braucht in der Medienregulierung ein stärkeres Miteinander von Regulierungsbehörden, der Datenschutzcommunity und technisch versierten Köpfen, um Maßnahmen zu entwickeln, die dem Kinder- und Jugendschutz dienen, ohne Freiheitsrechte mehr als nötig einzuschränken. Wir werden sehen: Das muss kein frommer Wunsch bleiben.

Am Schluss bleibt das übrig an Handlungsoptionen, was kein Staat, kein Unternehmen und auch keine künstliche Intelligenz jemals übernehmen wird: die Erziehung digital mündiger Kinder. Expert:innen berichten über Best Practices, wie das gelingen kann, wie Vertrauenspersonen den Kontakt zu Kindern mit schlimmen Erfahrungen halten können. Auch braucht es fundamentale Änderungen in der Art und Weise, wie Kinder an das Internet herangeführt werden. Es braucht eine digitale Resilienz der Kinder und ihrer Eltern. Wir müssen davon ausgehen, dass wir alle irgendwann einmal mit Pädokriminellen in Kontakt kommen werden. Ich werde zeigen, wie betroffene Kinder dann möglichst handlungsfähig bleiben und welche Rolle Erziehung dabei spielt.

Es bleiben zum Ende noch einige ganz praktische Tipps und Tricks übrig, die jede:r umsetzen kann. Es geht darum, welche Arten von Kinderfotos im Netz gepostet werden können, welche besser nicht. Worauf zu achten ist, wenn Kinder ein neues Onlinegame beginnen, und wie kluge Voreinstellungen in Apps Gefahren massiv senken können. Es geht also um eine Art »digitale Selbstverteidigung« gegen Pädokriminelle mithilfe von Technologie. Weniger ist dabei mehr: Nicht die Späh-App auf dem Smartphone der Kinder ist der Schlüssel zum Erfolg, sondern ein Set an Einzelmaßnahmen, mit denen Kindern ein Schutzraum eröffnet wird, in dem ihre Privatsphäre – auch gegenüber ihren eigenen Eltern – respektiert wird.

Einleitend lege ich Ihnen noch ans Herz, zwei Kapitel zu lesen, um Sie sprachlich und gedanklich auf die Analyse des

Status quo vorzubereiten. Im nächsten Kapitel erkläre ich wichtige Begriffe, mit denen in diesem Buch gearbeitet wird, beispielsweise auch den Unterschied zwischen sexuellem Kindesmissbrauch und sexualisierter Gewalt an Kindern. Bei diesem komplexen Thema ist es besonders wichtig, die eigene Wortwahl zu reflektieren.

Hilfreich für eine Hinführung zum Thema könnte auch das dann folgende Kapitel sein, in dem es um die Geschichte des sexuellen Kindesmissbrauchs geht. Es lässt sich nur mit einem Blick zurück erklären, weshalb wir als Gesellschaft vor diesem Scherbenhaufen stehen.

Grundsätzlich lege ich Ihnen nahe, das Buch chronologisch zu lesen und nicht zwischen den Kapiteln zu springen. Als Eltern mögen Sie versucht sein, direkt zu den Empfehlungen für Eltern am Ende des Buches zu springen, weil Sie diese selbst umsetzen können. Aber dieses Buch ist anders. Es legt seinen Schwerpunkt auf die Analyse des Gegenübers. Sie müssen erst verstehen, wie Pädokriminelle agieren, um die nicht immer intuitiven Lösungsvorschläge nachvollziehen zu können. Ich werde mich bemühen, mit der Analyse so wenig zu schockieren wie möglich – und Ihnen im besten Fall neben vielen Informationen auch eine spannende Lektüre zu bieten.

Mit Worten kaum zu fassen
Sprachgebrauch, Begriffe und Erzählhaltung

Es ist im Berliner Politikbetrieb ein seltenes Ereignis, wenn ein Politiker in der Öffentlichkeit Selbstkritik übt, ungefragt und noch bevor er zu seinem eigentlichen Thema kommt. Am 17. November 2021 wählte Horst Seehofer, zu jenem Zeitpunkt geschäftsführender Bundesinnenminister, diesen Schritt auf der Herbsttagung des Bundeskriminalamtes. Er brachte in seinen einleitenden Worten seine Sorge über die »Verbreitung von Kinderpornografie« zum Ausdruck. »Dieser Begriff«, so fuhr er fort, »hat sich leider eingebürgert. Ich habe ihn auch lange gebraucht, aber es ist viel präziser, von den Darstellungen sexuellen Missbrauchs zu sprechen.«

Seehofer blickte damals auf eine jahrzehntelange politische Karriere zurück, in der er unter anderem vier verschiedenen Bundesregierungen angehörte. Das Ende seiner Laufbahn war längst absehbar, wenige Wochen später wurde Olaf Scholz zum Bundeskanzler gewählt. Seehofer hätte auch bei diesem, einem seiner letzten öffentlichen Auftritte als Minister weiterhin von »Kinderpornografie« sprechen können. Dass er sich begrifflich korrigierte, zeigt, wie sehr in der Öffentlichkeit mittlerweile der routinierte Sprachgebrauch hinterfragt wird.

In diesem Kapitel werden Begriffe beschrieben, die für viele Nicht-Fachleute immer noch fremd sind. Ich werde erklären, warum »Kinderpornografie« ein No-Go geworden ist; warum es besser ist, von »Betroffenen« anstatt von »Opfern« zu sprechen, worin der Unterschied zwischen sexualisierter Gewalt und sexuellem Missbrauch liegt, warum es falsch ist, pauschal von »Pädophilen« zu schreiben. Dieses Kapitel soll helfen, dem komplexen und schwierigen Thema des Buches besser folgen zu können und nicht dauerhaft irritiert zu sein, wenn ich mal von »Menschen mit pädophilen Neigungen«, dann von »Pädosexuellen« und im nächsten Satz von »Pädokriminellen« schreibe, häufig aber nur von Täter:innen. Hinter jeder Wortwahl steht eine bewusste Entscheidung.

Es ist kaum zu beschreiben, was von sexualisierter Gewalt betroffenen Kindern widerfahren ist. Umso wichtiger ist es, unsere Worte mit Bedacht zu wählen. Betroffene als »Opfer« oder das Filmen ihrer Erlebnisse als eine Form von »Pornografie« zu bezeichnen, ist etwas, das viele von ihnen verletzt.

Vielen ist nicht bewusst, dass »Kinderpornografie« die Sprache der Täter:innen ist. Für sie ist das Fotografieren und Filmen sexualisierter Gewalthandlungen an Kindern eben Pornografie, so wie wenn man sich ein Filmchen ansieht, bei dem Erwachsene Sex miteinander haben. Es soll anregen, »Lust machen« und dient in aller Regel zur Selbstbefriedigung.

In pädokriminellen Darknetforen wird unter Links zu Fotos und Videos, in denen Kinder zwischen null und 14 Jahren penetriert werden, häufig entweder ein Emoji geteilt, das amüsiert blickt und Popcorn isst, oder eines, das masturbiert. Diese Foren bezeichnen sich als »Communities«, in denen »CP« geteilt wird. »CP« steht für »child pornography«, also »Kinderpornografie«. All das Entwürdigende, das Leid und auch das asymmetrische Machtverhältnis zwischen Täter:innen und Betroffenen klammert dieser Begriff aus. Hinter dem Begriff der »Kinderpornografie« steht die Vorstellung, dass es einvernehmliches sexuelles Handeln zwischen Erwachsenen und Kindern geben kann.

Was für uns nur ein Begriff sein mag, spiegelt für die Täter:innen eine Weltanschauung wider: Bei ihnen herrscht die Überzeugung vor, dass Pädokriminelle für eine »sexuelle Befreiung« der Kinder kämpfen, dass sie eine mutige Minderheit darstellen, die den Kampf in einer Gesellschaft aufgenommen haben, die rückständig ist und noch nicht verstanden hat, dass Sexualität zwischen Erwachsenen und Kindern »normal« sei. Wer »Kinderpornografie« sagt, bedient sich dieses Kampfbegriffs der pädokriminellen Szene, die ganz bewusst eine semantische Gleichheit zwischen ihrer »Sexualität« und der Sexualität unter Erwachsenen herstellen möchte.

Dass sich der Begriff trotz jahrelanger Kritik hartnäckig hält, liegt vor allem am Gesetzgeber. Wer sich Aufnahmen ansieht, die sexualisierte Gewalt an Kindern filmisch dokumentieren, und dafür verurteilt wird, erhält eine Strafe wegen »Verbreitung, Erwerb und Besitz kinderpornografischer Inhalte«, geregelt in § 184b des Strafgesetzbuches. Juristisch ist Kinderpornografie »die fotorealistische Darstellung des sexuellen Missbrauchs einer Person unter 14 Jahren«. Sind die Betroffenen zwischen 14 und unter 18 Jahren, spricht man von »Jugendpornografie« (§ 184c des Strafgesetzbuches). Wann immer Täter:innen vor Gericht stehen, müssen ihnen die juristisch korrekt bezeichneten Straftaten vorgehalten werden. Da es aber den Straftatbestand »Verbreitung von Aufnahmen, die sexualisierte Gewalt an Minderjährigen darstellen«, im Strafgesetzbuch schlicht nicht gibt, können Richter:innen Pädokriminelle nicht dafür verurteilen.

Ebenso wenig kommen journalistische Redaktionen – trotz etwaiger sprachlicher Kreativität – gänzlich um den Begriff »Kinderpornografie« herum. Wenn eine Person wegen des »Besitzes von Kinderpornografie« verurteilt wird, ist diese Formulierung in einem journalistischen Beitrag kaum zu vermeiden. Zur Wahrheit gehört auch, dass der Begriff »Kinderpornografie« Emotionen weckt und damit die Klicks auf eine Nachrichtenmeldung steigern kann. Diese Mischung aus fehlender Sensibilität, aktueller Rechtslage und gewünschter Emotionalisierung beim Publikum führt dazu, dass der Begriff im Alltagsgebrauch verwurzelt bleibt.

Erstaunlich ist, dass sich die juristische Terminologie im Jahr 2021 nicht änderte. Auf einen in Münster bekannt gewordenen Fall von schwerem sexuellem Kindesmissbrauch reagierte die damalige Justizministerin Christine Lambrecht (SPD) mit einem umfassenden Gesetzespaket[1], das wir uns im Kapitel über »Sicherheit und Freiheit« ausführlich ansehen werden. Teil der Pläne war eine begriffliche Neuformulierung einiger Straftatbestände, vor allem sollten Straftaten nicht mehr als »sexueller Missbrauch von Kindern«, sondern als »sexualisierte Gewalt gegen Kinder« bezeichnet werden. Obwohl es durch die Diskussion um »sexualisierte Gewalt an Kindern« eine intensive Debatte um den richtigen Sprachgebrauch gab, wurden jahrelange Forderungen, sich endlich von der Sprache der Täter:innen zu distanzieren und »Kinderpornografie« aus dem Strafgesetzbuch zu streichen, ignoriert. Die Grünen kritisierten als damalige Oppositionsfraktion in einem Änderungsantrag[2] die Bundesregierung zwar dafür, dass diese »die Ersetzung des verharmlosenden Begriffs ›Kinderpornografie‹« auf die lange Bank schiebe, doch blieb dies ohne Auswirkungen auf das Gesetzgebungsverfahren.

Kann man Kinder gebrauchen?

Warum aber wollte Lambrecht »sexuellen Missbrauch« – selbst unter vielen Fachleuten eine häufig (noch) gebräuchliche Formulierung für das, was Pädokriminelle Kindern antun – überhaupt in »sexualisierte Gewalt« umbenennen? Auch hinter dem Begriff »Kindesmissbrauch« steckt eine jahrelang vorgetragene Kritik, die allerdings diffiziler ist als die an dem

Ausdruck »Kinderpornografie«. Sie lässt sich am besten ex negativo verstehen: Da ein Kind ein Mensch ist, kann man es nicht wie eine Sache für etwas »gebrauchen«. Wenn aber ein rechtmäßiger und legitimer Gebrauch nicht möglich ist, kann es auch keinen Missbrauch geben. Noch deutlicher wird es, wenn wir das Adjektiv »sexuell« dazusetzen: »Sexuellen Gebrauch von Kindern« kann es tatsächlich legal nicht geben.

Das Hauptinteresse der damaligen Regierungsfraktionen Union und SPD an der Begriffsänderung lag insofern darin, klarer zu machen, dass »jede sexuelle Handlung mit einem Kind« als »sexualisierte Gewalt zu brandmarken« sei, wie es im ursprünglichen Gesetzesentwurf aus dem Oktober 2020 hieß. Damit folgte das federführende Justizministerium den Forderungen einiger Beratungsstellen, die täglich mit Betroffenen arbeiten. »Der Missbrauchsbegriff wird mir zu inflationär benutzt. Für mich ist alles, was man Kindern und Jugendlichen in einem sexualisierten Kontext antut, eine Form von Gewalt«, sagte mir Lukas Weber, Geschäftsführer des Vereins HILFE-FÜR-JUNGS bei einem Gespräch in Berlin. Schmunzelnd fügte er jedoch hinzu, dass die Diskussion auch zwischen den Beratungsstellen noch keinen Konsens gefunden habe.

Bei meinen Gesprächen mit Kolleg:innen von Lukas Weber merkte ich rasch, dass die Kritik am Missbrauchsbegriff bei Weitem nicht so verbreitet ist wie jene an »Kinderpornografie«. Letzteres sagt eigentlich niemand mehr, der regelmäßig mit Betroffenen zu tun hat. »Sexueller Missbrauch« ist hingegen durchaus gebräuchlich. Aus diesem Grund votierte[3] auch der Bundesrat gegen Lambrechts Pläne. Beim Missbrauchsbegriff handle es sich um einen »seit langem eingeführten, eindeutig negativ besetzten, in der Bevölkerung gängigen Ausdruck des allgemeinen Sprachgebrauchs«. Das Argument, durch Missbrauch werde suggeriert, es könne einen positiv konnotierten »Gebrauch« von Kindern geben, bezeichnete der Bundesrat in seiner Stellungnahme zu Lambrechts Plänen als »lebensfremd«.

Der Missbrauchsbegriff hat den analytischen Vorteil, dass er breiter einsetzbar ist und damit als Sammelbegriff für diverse Formen moderner Pädokriminalität angewendet werden kann. Auch ein familiäres Kinderfoto kann missbraucht werden, um sich am spärlich bekleideten Jungen zu ergötzen und sich selbst zu befriedigen, gegebenenfalls noch obszön in einem Onlineforum zu kommentieren. Hier liegt ein Missbrauch im Sinne der Definition im Duden vor, nämlich die Fotos »falsch, nicht seiner eigentlichen Bestimmung oder seinem eigentlichen Verwendungszweck entsprechend zu gebrauchen« und sie »in unredlicher, unerlaubter Weise für eigennützige Zwecke zu gebrauchen«.

Hinter der Forderung nach einer Reformulierung diverser Bezeichnungen von »sexuellem Missbrauch« in »sexualisierte Gewalt« steht vielfach der Grundimpetus, illegitime Handlungen mit Kindern sprachlich scharf zu verurteilen und das Unrecht semantisch nicht verharmlosen zu wollen. In der Tat ist »Gewalt« ein eindringlicherer Begriff als »Missbrauch«. Dass »Missbrauch« verharmlosend wirken kann, wird also erst deutlich, wenn wir auf die Differenz zum Gewaltbegriff hinweisen und beide Wörter in Kontrast zueinander setzen. Gewalt ist in unserer Vorstellung immer noch eng verknüpft mit dem Ausüben physischer Kraft, mindestens aber mit einem Zwang, sodass das Gegenüber seiner Handlungsoptionen beraubt wird und keine Alternativen hat, als so zu handeln, wie es der Gewaltausübende verlangt.

Aus meiner Sicht ist es sinnvoll, die beiden Begriffe »sexueller Missbrauch« und »sexualisierte Gewalt« nicht gegeneinander auszuspielen, sondern ihre jeweiligen analytischen Potenziale zu nutzen. »Sexueller Missbrauch« ist der breitere Begriff, der immer eine ausnahmslos illegitime, unmoralische und illegale Handlung bezeichnet. Häufig, vielleicht sogar in den meisten Fällen, beinhaltet »sexueller Missbrauch« auch das Anwenden »sexualisierter Gewalt«.

Solche inhaltlichen Überlegungen führten schließlich auch dazu, dass Lambrechts Pläne zur Umbenennung von Straftatbeständen in »sexualisierte Gewalt gegen Kinder« im Bundestag gekippt wurden. Sachverständige argumentierten[4] im Rechtsausschuss, dass »im Falle der Einführung der Begrifflichkeit der sexualisierten Gewalt insbesondere bei potenziellen Tätern und Betroffenen ein dahin gehendes Missverständnis entstehen könnte, dass die Strafbarkeit sexueller Handlungen mit Kindern immer mit einer Gewaltanwendung des Täters einhergehen müsse«. Tatsächlich beinhalte die bisherige Formulierung des »sexuellen Missbrauchs« aber »unmissverständlich auch gewaltlose und manipulative Begehungsformen, die auch den Großteil der Fälle ausmachten«.

Gewalt als solche benennen

Es soll hier nicht der Eindruck entstehen, als halte ich den Begriff der »sexualisierten Gewalt« für nutzlos. Das Gegenteil ist der Fall. Im November 2022 war es dem Bundeskriminalamt und der Generalstaatsanwaltschaft Frankfurt am Main – bei der die Zentralstelle zur Bekämpfung der Internet- und Computerkriminalität (ZIT) angesiedelt ist – gelungen, BoyVids 6.0 und Forbidden Love abzuschalten. In beiden Foren wurden vor allem Fotos und Videos getauscht, die den sexuellen Missbrauch von Mädchen und Jungs im Alter von null bis 17 Jahren dokumentierten: von auf Social-Media-Profilen geklauten Kinderfotos bis hin zu schwersten Formen der sexualisierten Gewalt inklusive der Penetration von Kleinstkindern. BoyVids 6.0 und Forbidden Love waren, so furchtbar das klingt, normale pädokriminelle Darknetforen.

Die offizielle Pressemitteilung des BKA hatte den Titel: »Schlag gegen Darknetplattformen wegen der Verbreitung von Abbildungen sexualisierter Gewalt an Kindern«. Und unser »Tagesschau«-Beitrag, den ich gemeinsam mit meinen Kollegen Robert Bongen und Florian Flade produziert hatte, lief unter dem Titel: »Online-Plattformen abgeschaltet: Sexualisierte Gewalt gegen Kinder«.

Bei den Täter:innen stieß diese Wortwahl auf Unverständnis. Ein User in einem anderen Darknetforum beklagte sich in Bezug auf unsere Berichterstattung:* »Hab mir diesen Mist auch angeschaut und was mich tierisch nervt ist, dass dauernd von Aufnahmen von sexualisierter Gewalt gegen Jungen und Mädchen gefaselt wird.« Ein anderer pflichtete ihm bei: »Für diese Vollidioten ist es doch schon sexualisierte Gewalt, wenn du dir auf eine Bleistiftskizze vom Sandmännchen einen runterholst.« Ein Dritter hob die Diskussion auf ein pseudowissenschaftliches Niveau: »Es ist ja seit den 70ern schon bekannt, das bei einvernehmlichem Sex kein Schaden nachgewiesen werden kann.«

Das ist eine typische Diskussion in einem pädokriminellen Darknetforum. Für ein genaueres Verständnis muss ich den Begriff »Hurtcore« einführen, der in der zitierten Diskussion eine große Rolle spielte. »Hurtcore« ist zusammengesetzt aus »Hardcore« und »to hurt«, also verletzen. Hardcorepornografie meint solche, in der die Geschlechtsmerkmale klar erkennbar sind und damit zumeist interagiert wird, sei es durch Mas-

---

* Der Name des pädokriminellen Darknetforums und die genaue Fundstelle können aus rechtlichen Gründen nicht genannt werden. Alle Orthografiefehler im Original.

turbation oder Penetration. Das meiste von dem, was wir auf legalen Pornografieplattformen finden, ist Hardcore. Bei »Hurtcore« geht es zusätzlich um eine Verletzung mittels Gewalt, Folter oder gar Mord. Ich war mental nie in der Lage, mich näher mit »Hurtcore« in diesen pädokriminellen Darknetforen zu befassen, weshalb ich dazu kaum mehr Informationen habe als frei verfügbare Fakten im Netz, wonach »Hurtcore« in der pädokriminellen Szene teilweise rezipiert wird. Jedes Forum hat detaillierte »Hurtcore Guidelines«, in denen geregelt wird, welche Art von Darstellungen verbreitet werden darf. Es gibt viele Pädokriminelle, die Videos von schlimmstem Kindesmissbrauch ansehen, aber auf diejenigen herabsehen, die auch »Hurtcore« attraktiv finden.

An dieser szeneinternen Diskussion wird verständlich, weshalb der Begriff »sexualisierte Gewalt gegen Kinder« vielen Pädokriminellen so sauer aufstößt. Für sie handelt es sich nur bei »Hurtcore« um Gewalt, bei Hardcoredarstellungen von Kindesmissbrauch dagegen um »einvernehmlichen Sex« zwischen einem Erwachsenen und Kindern. Es war für mich unglaublich, zu lesen, wie einige Pädokriminelle diese Gewalt nicht nur leugneten, sondern tatsächlich gar nicht verstanden, wie das Bundeskriminalamt und wir als Journalist:innen überhaupt darauf kommen konnten, so etwas als »sexualisierte Gewalt« zu bezeichnen. Es ist für mich ein sehr eindrückliches Beispiel dafür, wie viel man mit Sprache bewirken kann. Es geht nicht nur darum, das Leid der Betroffenen zu benennen, sondern auch darum, als Gesellschaft das klare Signal zu senden: »Was ihr da macht, ist das Ausüben von Gewalt an Kindern.«

Von kausativen Verben

Ein Detail ist bei der bisherigen Analyse untergegangen: In Zusammenhang mit Gewalt fällt das Adjektiv »sexualisiert«, bei Missbrauch hingegen »sexuell«. Lange war die Formulierung »sexuelle Gewalt« geläufig, ehe sich Stimmen mehrten, besser von »sexualisiert« zu sprechen – eine Folge der feministischen Diskussion um die angemessene Bezeichnung für Vergewaltigungen von Frauen durch Männer.

Bei »sexualisiert« handelt es sich um ein kausatives Verb, also eines, das einen Zustand beschreibt, den man herbeiführen möchte. Wer eine Blume »tränkt«, möchte, dass sie »trinkt«. Wer eine CD digitalisiert, will, dass die Lieder anschließend digital abspielbar sind. Hinter dem Begriff der »sexualisierten Gewalt« steht analog also die Aussage, dass Täter:innen Gewalt ausüben.

»Sexuelle Gewalt«, so der Vorwurf, suggeriere hingegen, dass es bereits einen sexuellen Kontext gab und darin dann Gewalt ausgeübt wurde. Dies könnte bei Kindern so missverstanden werden, dass eine einvernehmliche sexuelle Beziehung zwischen Betroffenen und Täter:innen bestand, bevor die Gewaltkomponente hinzutrat.

Vom ewigen Opfer und mündigen Betroffenen

Die höhere Sensibilisierung für unser Thema hat auch dazu geführt, dass der Begriff »Opfer« seltener genutzt und dass vermehrt von »Betroffenen« gesprochen wird. Aus meiner Perspektive ist der Begriff »Opfer« für manche Situationen durchaus angebracht, nämlich genau für die Zeitspannen, in denen Kinder sexualisierte Gewalt erfahren. Dann sind ihre Handlungsoptionen eliminiert, sie sind fremdbestimmt und müssen ertragen, dass andere handeln – dies gilt gleichermaßen für den realen Missbrauch wie für das Verbreiten intimer Fotos.

Bedeutsam ist dessen ungeachtet, die betroffenen Personen *nicht dauerhaft* als Opfer zu bezeichnen und sie dadurch als passiv, hilflos, schwach zu stigmatisieren. Auch wenn sie traumatische Dinge erlebt haben, bleiben sie mündige Menschen. Sie verdienen unsere Hilfsangebote, aber ebenso die Chance, sich aus einer erlebten Opferrolle heraus zu emanzipieren und zu Betroffenen zu werden, die lernen, mit dem schlimmen Vorfall umzugehen und ihr eigenes Leben zu leben. Das Gremium, das bei der Unabhängigen Beauftragten für Fragen des sexuellen Kindesmissbrauchs (UBSKM) des Bundes – kurz »Missbrauchsbeauftragte« – die Perspektive der von sexualisierter Gewalt betroffenen Menschen einbringt, heißt denn auch Betroffenenrat und nicht »Opferrat«.

Alles Pädophile – oder doch nicht?

Bleibt zum Schluss noch zu klären, wie wir die Täter:innen bezeichnen sollen. Das sind sie doch alle, oder? Tatsächlich wurde in diesem Buch bisher immer mit Beispielen gearbeitet, in denen illegales, illegitimes oder zumindest unmoralisches Handeln beschrieben wurde. Es ist wichtig, in solchen Fällen sehr bewusst immer von Täter:innen zu sprechen, um den Unrechtscharakter der Situation klar zum Ausdruck zu bringen. Täter:in ist nicht nur, wer ein Kind physisch sexuell missbraucht, sondern auch, wer Kinder in Spielechats anschreibt und in einen »Sextalk« verwickelt oder einem Kind etwas »Versautes« sagt, weil ihn oder sie das »anmacht«.

Unsere Gesellschaft schlägt beim Thema des sexuellen Kindesmissbrauchs jedoch allzu schnell emotional über die Stränge und pauschalisiert. Menschen mit pädophilen Neigungen gelten generell und ausnahmslos als Kriminelle, die sich an Kindern vergehen.«Nicht alle pädophilen Menschen verüben sexualisierte Gewalt gegen Kinder, und nicht alle Menschen, die sexualisierte Gewalt gegen Kinder verüben, sind pädophil. Tatsächlich liegt mehrheitlich keine Pädophilie zugrunde, weshalb wir von Ersatzhandlungstäter:innen sprechen. Sie ›missbrauchen‹ Kinder zum Teil zur Befriedigung von Machtbedürfnissen, Gewalt und Sadismus oder aber, weil sie ihren Wunsch nach Nähe und Partnerschaft mit Erwachsenen aufgrund kognitiver, psychischer und sozialer Einschränkungen nicht realisieren können«, erläuterte mir die Kriminologin Kristina Straßburger, die bei Instagram als »Kriminologin Kristina« zum Thema aufklärt. Die Aussage, dass die Mehrheit der Missbrauchstäter:innen nicht pädophil ist, war auch für mich zunächst eine verblüffende Erkenntnis. Auf die durch Studien abgesicherten Erkenntnisse dazu werden wir im Detail im Kapitel über Gefahren im Nahfeld intensiver eingehen.

Viele Pädophile sprechen in Selbsthilfegruppen über ihre Sorgen, Bedürfnisse und Fantasien. Wer diesen Menschen, die dauerhaft an sich arbeiten, permanent das Gefühl vermittelt, sie stünden trotz allem auf einer Stufe mit Schwerverbrecher:innen, und in Social-Media-Kommentaren über »Kastrationspflichten für Pädophile« schwadroniert, der erreicht im Zweifel, dass sie irgendwann ihre Sexualpräferenz ausleben. In der dritten Auflage des medizinischen Standardwerks *Sexualmedizin – Grundlagen und Klinik sexueller Gesundheit*[5] heißt es dazu, auf Studien gestützt: »Wird […] das Fremdgefährdungsrisiko erkannt und besteht in Verbindung mit der Präferenzbesonderheit ein Leidensdruck, dann bildet dies eine günstige Voraussetzung für die Inanspruchnahme von Behandlungsmaßnahmen, sofern die Betreffenden nicht die Sorge haben müssen, wegen ihrer Neigung stigmatisiert zu werden.«

Im aktuellen Meinungsklima ist es für Menschen mit pädophilen Neigungen jedoch unmöglich, sich zu outen.

Ich werde in diesem Buch so gut wie nie von »Pädophilen« sprechen. Dies ist die Bezeichnung für Menschen, die ein primäres sexuelles Interesse an Kindern vor Erreichen der Pubertät haben – bei einer Sexualpräferenz für pubertierende Jungen und Mädchen spricht man übrigens von Hebephilie. In beiden Wörtern steckt das altgriechische Wort *Philia*, das im Unterschied zur leidenschaftlichen, erotischen Liebe *(Eros)* die Liebe unter Freunden meint. Der Grund, warum die Begriffe Pädo- und Hebephilie teilweise kritisiert werden.

Zunehmend differenziert von Pädophilen werden pädosexuelle Menschen. So können Personen bezeichnet werden, die ihre pädophilen Neigungen ausleben, ohne dass Kinder involviert sind. Man könnte dazu zählen, wenn ein Pädosexueller Kinderfotos in einem Werbeprospekt für Kindermode ansieht und dabei masturbiert. Denkbar sind auch Rollenspiele beim einvernehmlichen Sex zwischen Erwachsenen, bei denen eine Person die Rolle eines Kindes übernimmt. Durch solches Quasi-Ausleben ihrer Sexualität könnte, so eine häufige Befürchtung, die Lust Pädosexueller, doch einmal ein Kind sexuell zu missbrauchen, steigen. Wir werden darauf ausführlich zurückkommen, wenn es um den Konsum von Missbrauchsdarstellungen geht. So viel sei vorweggenommen: Es kann so sein, kommt aber stark auf den Einzelfall an.

Von Pädosexuellen wiederum sollten Pädokriminelle unterschieden werden. Letztere sind Menschen, die rechtliche und moralische Grenzen überschreiten, indem Kinder betroffen sind – sei es durch rein digitalen Missbrauch (sog. hands-off) oder realen körperlichen Missbrauch (hands-on). Pädokriminalität dient als Sammelbegriff für Handlungen an, mit oder vor Kindern, in denen Kinder sexuell missbraucht werden oder mit sexualisierter Gewalt konfrontiert sind, gleichwohl, ob dem eine pädophile Sexualpräferenz der Täter:innen zugrunde liegt oder nicht.

So klar und eindeutig, wie ich die Begriffe nun eingeführt habe, läuft die Diskussion allerdings keineswegs. Am Begriff der Pädosexualität wird teilweise kritisiert, dass er auf eine Stufe gehoben wird mit Heterosexualität, Homosexualität und anderen Formen der Sexualität, was im Falle einer »romantischen Liebe zu Kindern« per se gar nicht möglich sei. Menschen mit pädophilen Neigungen kritisieren am Begriff der Pädokriminalität, dass durch die semantische Nähe in der öffentlichen Meinung hängen bleibt, dass Pädophilie per se kriminell sei. Besser sei es, so erzählte mir ein pädophiler Mensch, von Missbrauchstäter:innen zu sprechen oder von Menschen, die Kindern sexualisierte Gewalt antun. Bei einer Vergewaltigung spreche man, so sein Vergleich, auch nicht von »Heterokriminalität«. Damit ist der argumentative Zirkelschluss nun erreicht, denn genau hierauf zielt wiederum das Gegenargument, dass Pädosexualität ja auch nicht mit anderen Sexualitätsformen gleichzusetzen sei.

Es ist nicht möglich, diese Begriffsstreitigkeiten restlos aufzulösen. Nicht immer gibt es »richtig« und »falsch«. Ich werde meine Worte möglichst mit Bedacht wählen, wohl wissend, dass manchmal andere Alternativen auch sinnvoll sein könnten. Wenn aber die Lektüre dieses Buches dazu führt, dass wir nicht mehr von »Kinderpornografie« sprechen, dass wir von sexualisierter Gewalt Betroffene nicht dauerhaft als »Opfer« abstempeln und nicht alle Pädophilen mit Kriminellen gleichsetzen, wäre ein Anfang gemacht.

Wellen der Aufklärung

*Geschichte des Missbrauchs und
die Rolle des Internets*

»Kennen Sie die Agfa Clack?«, fragt mich Angelika Oetken und schaut mich erwartungsvoll an. Ich zucke mit den Schultern. »Agfa? Ist das nicht eine Kameramarke?«, frage ich zurück. »Genau. Die Clack konnten sich damals nicht viele Menschen leisten. Das war etwas Besonderes. Verpackt war sie in einer schicken Ledertasche. Das war die Zeit, als es mit dem massenhaften Fotografieren losging«, erzählt Oetken. Damals, das waren die 1960er- und 1970er-Jahre, und die Möglichkeiten zum Fotografieren besonderer Momente eröffneten sich vielfältig: Geburtstage, Urlaube, Familienfeste, Partys.

Es war die Zeit, in der Angelika Oetken selbst ein Kind war.

Nun, rund 50 Jahre später, treffe ich sie in einer Berliner Eckkneipe nahe dem Bahnhof Ostkreuz. Oetken spricht schnell und ausgiebig, erzählt Geschichte um Geschichte. Alles dreht sich um das eine Thema: Wie Kinder sexuell missbraucht wurden und werden, wie über Generationen hinweg Täter:innen systematisch geschützt wurden und die Politik über Jahrzehnte dabei versagte, Betroffenen besser zu helfen. Es ist ihr Lebensthema geworden. Oetken ist selbst Betroffene.

2010 machte sie ihr Schicksal öffentlich und engagiert sich seither politisch in verschiedenen Initiativen und Gremien für einen besseren Umgang mit Betroffenen von sexuellem Kindesmissbrauch. Oetken war damals, 2010, nicht allein. Rückblickend wurde 2010 ein entscheidendes Jahr für den Umgang mit sexualisierter Gewalt an Kindern in Deutschland. Es wurde eine Zäsur.

Oetken nimmt sich Zeit, um zu erzählen. Wie es war, wie sich alles entwickelte, welche Rolle (digitale) Technologie spielte und warum wir nun vor diesem scheinbar unlösbar großen Problem stehen.

Nacktfotos von Jungen im Treppenhaus

Oetken denkt mit gemischten Gefühlen an die Zeit zurück, als Fotoapparate ein Massenprodukt wurden. »Wir wissen, dass sexueller Kindesmissbrauch sofort fotografiert wurde, als die Technologie entwickelt war, also vor weit über 100 Jahren«, sagt sie, selbst ein Kind der 1960er-Jahre. »So richtig los ging es in den 1950er- und 1960er-Jahren, als die Kameras erschwinglich wurden und die Täter ihre Bilder selbst entwickeln konnten. Sie bauten sich eigene Labore und waren nicht mehr auf fremde Hilfe angewiesen«, erzählt Oetken. Sie nennt den Fall des Aloisiuskollegs in Bonn-Bad Godesberg, in dem jahrzehntelange sexuelle Ausbeutung und Drangsalierung der Schüler herrschte, die mittlerweile vergleichsweise umfassend dokumentiert worden ist. An ihm lässt sich das Phänomen genau studieren: Praktisch jede Innovation im Medien- und Kommunikationsbereich wurde in der Geschichte der Pädokriminalität unmittelbar adaptiert, in einer Gesellschaft, die systematisch wegschaute und damit die sexuelle Ausbeutung von Kindern begünstigte.

Das Aloisiuskolleg galt lange Zeit als Eliteinternat der alten Bundeshauptstadt. Bekannte Persönlichkeiten wie der ehemalige Bundesinnenminister Thomas de Maizière oder TV-Moderator Johannes B. Kerner drückten dort die Schulbank, andere Prominente wie Stefan Raab oder FDP-Politiker Alexander Graf Lambsdorff waren zusätzlich im schuleigenen Internat untergebracht. Es galt als Ehre, auf das Aloisiuskolleg gehen zu dürfen, viele Eltern erfüllte es mit Stolz. Tatsächlich war das katholische Gymnasium in Trägerschaft des Jesuitenordens jedoch für viele Schüler, vor allem im Internat, über Jahrzehnte die Hölle auf Erden. Der Abschlussbericht[1] einer Kommission im Auftrag des Aloisiuskollegs von 2011 nennt über 50 Schülerinnen und Schüler, denen spätestens ab den 1950er-Jahren bis in die 2000er-Jahre hinein sexualisierte, physische oder psychische Gewalt angetan wurde. Die Dunkelziffer dürfte höher liegen, weil viele Betroffene ihr Schicksal nicht mitgeteilt haben dürften. Belastet wurden in dem Abschlussbericht 23 Personen, davon 18 Mitglieder des Jesuitenordens. Hauptbeschuldigter ist ein Pater, der im Bericht »Georg« genannt wurde – tatsächlich handelte es sich um Pater Ludger Stüper. Seit 1968 war Stüper Lehrer am Aloisiuskolleg, bis 1985 Internatsleiter und fortan bis 1992 Schulleiter. 2010, kurz bevor die Kommission ihre Ergebnisse vorlegte, starb er.

Es gäbe aus dem Bericht viel Schreckliches über Stüper zu erzählen. Wie er über Jahrzehnte seine Macht ausnutzte, Schüler mit einem Gefälligkeitssystem zu seinen Untergebenen machte, ihnen schwere körperliche und seelische Schäden zufügte, sein Umfeld blendete – aber auch, wie perfide er die Fotografie nutzte, um seine Taten zu dokumentieren. All das passierte, bevor das Internet zum Massenmedium wurde. »Man erzählte sich damals, dass sein eigenes Fotolabor besser ausgerüstet gewesen sein soll als das vom Westdeutschen Rundfunk. Wenn man auf die nun verfügbaren Fakten schaut, muss man sagen: Das dürfte keine Übertreibung gewesen sein«, sagt Angelika Oetken. Heiko Schnitzler, ehemaliger Schüler am Aloisiuskolleg und Vorsitzender des Betroffenenvereins Eckiger Tisch Bonn, ergänzt: »Im Fotolabor konnte Stüper sogar Farbfotos entwickeln. Die brachte man damals eigentlich zum Entwickeln in ein Geschäft, weil ein Labor so teuer war, aber

Stüper konnte sich mit Geldern der Jugendhilfe der Stadt Bonn dieses Labor leisten, höchstwahrscheinlich damit niemand sah, wie viele Nacktfotos er regelmäßig entwickelte.«

Der Abschlussbericht der Kommission schildert die Aussagen eines Schülers, der von Pater Stüper beim Fußballspielen zu sich gewunken worden sei, um Fotos von sich machen zu lassen. Er sollte erst sein Shirt ausziehen, dann auch die Hose und an einem Baum posieren. Es war, so perfide das klingt, für den Schüler nach eigenen Worten ein seltener Moment der Aufmerksamkeit. Von ihm fotografiert zu werden, so heißt es im Bericht, habe bedeutet, »zumindest für zwei Stunden bei ihm im Mittelpunkt zu stehen«. Derselbe Schüler berichtete der Kommission auch, dass seine Mutter enttäuscht gewesen sei, weil er nie zum Kreis der Auserwählten gehörte, die mit Stüper in den Urlaub fahren durften.

Vor einem solchen Urlaub habe Stüper den Schülern einmal gesagt, sie bräuchten keine Fotoapparate mitzubringen, denn er würde die Fotos machen, und anschließend gebe es »einen schönen Dia-Abend«. In jenem Urlaub fotografierte Stüper dann tatsächlich viel: Jungs im Sonnenuntergang auf Steinen sitzend, am Steg posierend, mal bekleidet, mal mit nacktem Oberkörper, mal ohne Badehose. Häufig sollten sie in bestimmter Weise posieren. Nach dem Urlaub jedoch sagte Pater Stüper, der als begabter Fotograf galt, die Fotos seien »alle nichts geworden«. Sein Fotowahn war am Kolleg allgegenwärtig. Stüper residierte in der Villa Stella Rheni, deren Flure mit Fotos wenig bekleideter Jungs bestückt waren. Viele Menschen gingen täglich daran vorbei. Es waren, so heißt es von Betroffenen, keine eindeutigen Aktbilder gewesen, sondern Halbakte. Die Grenzüberschreitung wurde normalisiert, die Rechtfertigung war stets, dass die Schüler damit am »Schönen, an der Ästhetik ausgebildet wurden«, wie sich Heiko Schnitzler erinnert. »Das war natürlich Quatsch.« Schnitzler selbst wurde in den 1980er-Jahren von Stüper fotografiert, seiner Aussage nach hatte der Pater auch eine Videokamera. »Ich frage mich noch immer, ob diese Aufnahmen noch im Umlauf sind.«

Kinder als Giftbehälter

»So war es: Diese Menschen hatten Zugriff auf Kinder, sie besetzten machtvolle Positionen, das Umfeld ließ sie gewähren, und sie hatten das Geld, um sich diese Kameras zu kaufen. Also haben sie es schamlos ausgenutzt und fotografiert, was das Zeug hält«, sagt Angelika Oetken rückblickend. Wer sich mit der Geschichte des sexuellen Kindesmissbrauchs und der Rolle von Technologie befasst, erkennt: So war es nicht nur damals. So war es immer – und so ist es bis heute.

Der Drang der Täter:innen, Kinder auszubeuten, ihnen Gewalt anzutun, war immer schon da. Lloyd deMause ging Ende der 1990er-Jahre so weit zu sagen, dass die Geschichte der Menschheit auf dem Missbrauch von Kindern beruhe. Der US-amerikanische Psychohistoriker gilt als Pionier seines Fachs, einem Strang der Psychologie. Sein ganzes Forscherleben widmete deMause Studien zur Geschichte der Kindheit, veröffentlichte über Jahrzehnte hinweg mit seinen Kolleg:innen Hunderte von Studien zum Thema. In einer berühmt gewordenen Rede[2] auf einer Konferenz im Jahr 1997 sagte er: »So wie Familientherapeuten heute feststellen, dass Kindesmissbrauch oft dazu dient, Familien zusammenzuhalten, um ihre emotionalen Probleme zu lösen, so war auch die routinemäßige Misshandlung von Kindern das wirksamste Mittel der Gesellschaft, ihre kollektive emotionale Homöostase aufrechtzuerhalten.« Als Homöostase bezeichnet man einen Gleichgewichtszustand verschiedener Körperfunktionen.

In Bezug auf die (sexuelle) Ausbeutung von Kindern entwickelte deMause das Prinzip vom Kind als Giftbehälter. In seiner legendären Rede erläuterte er das wie folgt: »Der wichtigste psychologische Mechanismus, der bei jeglichem Kindesmissbrauch zum Tragen kommt, besteht darin, Kinder als sogenannte Giftbehälter zu benutzen – Gefäße, in die Erwachsene verleugnete Teile ihrer Psyche projizieren, damit sie diese Gefühle in einem anderen Körper kontrollieren können, ohne sich selbst in Gefahr zu bringen. [...] Anstatt dass das Kind den Elternteil zur Entgiftung seiner Ängste und Wut nutzt, injiziert der Elternteil stattdessen seine schlechten Gefühle in das Kind und benutzt es, um sich selbst von Depressionen und Wut zu befreien.« Lloyd deMause blickt in seinen zahlreichen Studien weit zurück in die Menschheitsgeschichte, als beispielsweise Kinder noch Göttern geopfert wurden.

Die Art und Weise, wie dieser Mechanismus des Kindes als Giftbehälter in konkretes Handeln umgesetzt wurde, unterlag dabei natürlich einem enormen historischen Wandel, doch das grundlegende psychologische Prinzip erweist sich als erstaunlich robust. Wir werden es auffällig häufig im Verlauf dieses Buches wiederfinden, wenn es um technologisch neue Phänomene im Internet geht. Zwar ist die Fassade neu, aber im Netz kommen meist uralte, tief in unserer Gesellschaft verwurzelte psychologische Routinen zum Ausdruck. Das soll sie in keiner Weise legitimieren. Aber es zeigt, welche Rolle Technologie für menschliches Handeln spielt: Sie ist Mittel zum Zweck, sie kann Handlungsintentionen bestärken, aber in der Regel ist sie keine Ursache oder gar Entschuldigung für soziale Praktiken. »Sexualisierte Gewalt gegen Kinder und Jugendliche hat es immer gegeben«, schreibt der Historiker Jens Brachmann, von 2016 bis 2017 Mitglied der Aufarbeitungskommission Kindesmissbrauch, in einem Aufsatz[3]. »Heranwachsende waren immer den Zumutungen der jeweils älteren Generation ausgesetzt – und sie sind es weiterhin.«

Drei Wellen der Aufklärung

Immerhin: Es gibt Grund zur Hoffnung, dass sich die Situation der Kinder auf der Welt im historischen Vergleich eher verbessert als verschlechtert. Wohlgemerkt, im großen historischen Kontext, über Jahrhunderte hinweg betrachtet. Gemessen am Entwicklungsniveau gerade der Industrieländer ist es beschämend, wie schlecht es vielen Kindern auf der Welt geht – auch in Deutschland.

Erst seit wenigen Jahrzehnten ist das Thema der sexualisierten Gewalt gegen Kinder in Deutschland immer wieder Teil öffentlicher Diskussionen, immerhin mit steigender Intensität und in kürzeren Abständen. Personen, die schon länger zu sexualisierter Gewalt gegen Kinder arbeiten, sprechen von »Wellen der Aufklärung«. Die erste dieser Wellen schwappte ab den 1980er-Jahren durch Deutschland, die zweite begann 2010 durch Fälle wie der Odenwaldschule, die letzte türmte sich durch diverse Missbrauchskomplexe wie Lügde, Münster und Bergisch-Gladbach auf.

Bevor wir uns diese Wellen näher ansehen, müssen wir einen kurzen Blick in die Geschichte des Kinderschutzes werfen. In der Antike und im Mittelalter waren bestimmte Formen des sexuellen Kindesmissbrauchs sozial akzeptiert. Dirk Bange und Günther Deegener nennen[4] als Beispiel die sogenannte Knabenliebe im antiken Griechenland, auch Päderastie genannt, bei der sexualisierte Beziehungen zwischen Männern und Jungen ab zwölf Jahren erlaubt waren. Ähnliches galt für das antike Rom. Die Vergewaltigung eines Mädchens war in jener Zeit nur ein Diebstahlsdelikt, denn Kinder und Frauen waren Besitz des Mannes. Der Vergewaltiger musste den Verlust der Jungfräulichkeit ausgleichen, indem er den Brautpreis bezahlte und die Tochter heiratete.

Langsam, ganz langsam begann sich dies mit der Ausbreitung des Christentums vor etwa 2000 Jahren zu ändern. Doch, so schreiben Bange und Deegener, es dauerte ein ganzes Jahrtausend, bis es immer mehr als »unmoralisch« galt, sexualisierte Handlungen an Kindern vorzunehmen. Erst 1872 wurde »Unzucht mit Kindern« schließlich zum Straftatbestand. Demnach wurde mit Zuchthaus bis zu zehn Jahren bestraft, wer »mit Personen unter vierzehn Jahren unzüchtige Handlungen vornimmt oder dieselben zur Verübung oder Duldung unzüchtiger Handlungen verleitet«. Der damals eingeführte § 176 des Strafgesetzbuches ist übrigens bis heute – natürlich in der Zwischenzeit etliche Male überarbeitet – im deutschen Strafrecht die Norm, die, wie es nun heißt, »sexuellen Missbrauch von Kindern« unter Strafe stellt. Schon seit 1872 sind auch der Besitz und die Verbreitung »unzüchtiger Schriften, Abbildungen oder Darstellungen« strafbar. Die Darstellung von sexualisierter Gewalt gegen Kinder wurde allerdings die folgenden rund 100 Jahre nicht explizit aufgegriffen, sondern war ein Teilaspekt der »unzüchtigen Schriften«.

Wie steinig und langwierig der Weg hin zu mehr Kinderschutz und Hilfe für Betroffene war und ist, verdeutlichen die zahlreichen Aufklärungsberichte aus Kinderheimen, Internaten und Sportvereinen, welche die Zeit der 1950er- und 1960er-Jahre bis hinein ins neue Jahrtausend aufarbeiteten, und natürlich auch die schlimmen Missbrauchskomplexe, die in den vergangenen Jahren etwa in Staufen, Münster oder Bergisch-Gladbach ans Licht kamen.

Es waren die genannten »Wellen der Aufklärung« ab den 1980er-Jahren, die in der Öffentlichkeit zunehmend für Empörung sorgten und die politisch Handelnden immer wieder zwangen, sich des Themas anzunehmen. Meine These ist, dass für diese gesellschaftliche Sensibilisierung, so paradox das zunächst klingen mag, das zunehmende fotografische Festhalten der sexualisierten Gewaltakte durch die Täter:innen zwar sicherlich nicht ursächlich, aber förderlich war. Der Drang, diese Akte zu fotografieren, entsprang natürlich primär dem Verlangen nach Lustbefriedigung zwischen physischen Missbrauchsakten und teilweise natürlich kommerziellen Interessen. Niemand will und soll diese scheußlichen Aufnahmen selbst sehen müssen, aber sie versetzten die Polizei in die Lage, der Öffentlichkeit zumindest ansatzweise zu beschreiben, welche Grausamkeiten sich tatsächlich (!) abspielten. Seit 1975 wird »Kinderpornografie« auch als eigener Straftatbestand behandelt.

Ein reißender Strom durchbricht das Tabu

Dann kommt das Jahr 1982, in dem zwei Frauen eine Idee entwickeln, von der sie zu dieser Zeit selbst nicht ahnen, dass es der Beginn der ersten Aufklärungswelle in Deutschland sein wird.[5] Anne Voss und Marion Mebes lernen in den USA und Großbritannien Selbsthilfegruppen für Frauen und Mädchen kennen, die in ihrer Kindheit von sexualisierter Gewalt betroffen waren. Zurück in Deutschland, verteilen sie Aushänge an belebten Orten, treten in Zeitungsartikeln und Radiosendungen als Chronistinnen auf. Die Resonanz ist enorm. Im Herbst gründen sie in Westberlin Deutschlands erste Selbsthilfegruppe für Frauen, die von männlichen Familienmitgliedern sexuell missbraucht worden sind. Im März 1983 kommen zu einer öffentlichen Veranstaltung in Westberlin rund 150 Frauen, die sich als Betroffene zu erkennen geben. Am 29. Oktober 1983 gründen sie einen Verein, der bis heute besteht: Wildwasser – Arbeitsgemeinschaft gegen sexuellen Missbrauch an Mädchen. Zweck und Aufgabe des Vereins ist es, »auf die in der Öffentlichkeit bislang tabuisierte Problematik von sexuellem Missbrauch an Mädchen hinzuweisen« und »neue Handlungsmöglichkeiten« zu entwickeln.

Dirk Bange und Günther Deegener sehen diese erste Welle der Aufklärung, die Wildwasser lostrat, im Kontext der sexuellen Liberalisierung der 1970er-Jahre. Es wurde möglich, offener über Sexualität zu sprechen, die Institution Familie verlor ihren Heiligenschein, Frauen berichteten zunehmend über sexuelle Übergriffe durch Männer. Dann »war es nur noch eine Frage der Zeit, bis auch die sexuelle Ausbeutung von Kindern diskutiert wurde«, schreiben Bange und Deegener. Zwar habe sich auch die Wissenschaft seit den 1960er-Jahren verstärkt mit sexuellem Kindesmissbrauch befasst, doch nun sprachen die Betroffenen selbst darüber. 1984 erschien das ikonische Buch *Väter als Täter* von Barbara Kavemann und Ingrid Lohstöter, 1987 wurde in Köln die Beratungsstelle Zartbitter gegründet.

Mittlerweile gibt es bundesweit einige unabhängige Vereine mit dem Namen Wildwasser, die sich miteinander vernetzt haben. Wieso »Wildwasser«? Auf der Website des Wiesbadener Wildwasser-Vereins heißt es dazu: »Wildwasser ist ein Symbol für die Lebendigkeit und den Überlebenswillen der Betroffenen. Wildwasser symbolisiert aber auch die Kraft, die entsteht, wenn viele sich zusammentun. Ein Tropfen erreicht wenig, aber viele Tropfen ergeben einen Strom. Ein reißender Fluss kann zerstören, z. B. ein Tabu brechen.« Der Plan ging auf, die kleine Initiative wurde zu einer Bewegung.

Das sogenannte Wildwasser-Haus liegt seit 2003 im Berliner Stadtteil Wedding. Irina Stolz empfängt mich in ihrem

Büro im zweiten Stock, gleich neben einem beeindruckenden Saal. Als die Mieten in der Hauptstadt anzogen, wurde es für Wildwasser Berlin schwieriger, Räumlichkeiten zu finden. Eine wohlhabende Frau kam auf die Idee, ein Haus für Wildwasser zu erwerben. Über 80 Personen arbeiten mittlerweile für den Berliner Wildwasser-Verein, ausnahmslos Frauen. »Wildwasser ist feministisch und parteilich für Betroffene«, sagt Stolz klar und schnörkellos. Niemand negiert bei Wildwasser, dass auch Jungen von sexualisierter Gewalt betroffen sind. Aber die Wurzeln des Vereins liegen in der feministischen Frauenbewegung. Es gibt eine Mädchenberatungsstelle, dazu die interkulturelle Wohngruppe Donya im Erdgeschoss der Villa. In ihr leben Mädchen, die Gewalt erlebt haben und nicht mehr zu Hause bei ihren Eltern leben können.

Dieser Fokus auf die ausschließliche Betreuung betroffener Mädchen und junger Frauen nahm 1982 seinen Anfang und hat sich gehalten. Mehrere Personen, mit denen ich über Deutschlands »Wellen der Aufklärung« spreche, erwähnen dies mit einer gewissen Differenziertheit, die zum Gesamtbild dazugehöre. Eine davon ist Katrin Schwedes. Sie hat von 1994 bis 2004 bei Wildwasser in Berlin in der Betreuung von Mädchen gearbeitet. Als sie sich mir zu Beginn unseres Gespräches vorstellt, erwähnt sie direkt, dass sie sich der Frauenbewegung zugehörig fühlt. Mittlerweile ist Schwedes, Jahrgang 1970 und Diplom-Psychologin, Projektleiterin der Bundeskoordinierung Spezialisierter Fachberatung gegen sexualisierte Gewalt in Kindheit und Jugend, kurz BKSF. Die Organisation versteht sich als politische Vertretung, Informations- und Servicestelle für spezialisierte Fachberatungsstellen, die gegen sexualisierte Gewalt in Kindheit und Jugend arbeiten. Es haben sich mittlerweile einige Beratungsstellen für männliche Betroffene gebildet, und manche der Beratungsstellen, die mit Mädchen und Frauen arbeiten, haben sich geöffnet. Zu den Anfangszeiten von Wildwasser war das anders. »Die erste Welle der Aufklärung lässt sich nicht ohne die Frauenbewegung verstehen und bis heute prägt sie die Beratungsarbeit. Neben der konkreten Unterstützung von Betroffenen ging es immer auch darum, die gesellschaftlichen Ursachen und patriarchale Machtverhältnisse zu benennen und zu bekämpfen; und um das Aufbrechen von Strukturen, in denen Männer wegen ihres Geschlechts mehr Macht haben als Frauen«, erinnert sich Schwedes.

Der Hinweis auf die feministischen Wurzeln ist wichtig, um zu verstehen, warum diese erste Welle wieder abebbte. Menschen, die sich damals engagierten, taten dies aus meiner Sicht auch aus einem feministisch-aufklärerischen Motiv heraus und nicht allein aus Gründen, die man mittlerweile als »Kinderschutz« bezeichnen könnte. Wie man Betroffenen von sexualisierter Gewalt helfen konnte, verschwand als Thema wieder in der Nische und wurde den »Stallgeruch« der Frauenbewegung erst einmal nicht los. Zwar bildeten sich zunehmend örtliche Vereine, die Gelder aus kommunalen Haushalten sowie von Bund und Ländern erhielten, insgesamt schafften es einflussreiche Akteur:innen in der weiterhin männerdominierten Gesellschaft aber, das Thema politisch an den Rand zu drücken. Als Gerhard Schröder 1998 Bundeskanzler wurde, bezeichnete er das Bundesministerium für Familie, Senioren, Frauen und Jugend als Ministerium für »Familie und das ganze Gedöns«.

Es muss rückblickend als großes politisches Versagen diverser Bundesregierungen bezeichnet werden, dass das Thema Kinder- und Jugendschutz sowie die Unterstützung Betroffener von sexualisierter Gewalt politisch so nachrangig behandelt wurden. Obwohl die Frauenbewegung unzählige Fälle dokumentierte, wollte niemand so genau wissen, was Kindern und Jugendlichen in der Vergangenheit widerfahren war und welche Missstände weiterhin bestanden. Bezeichnend: Erst seit 2016, also über 30 Jahre nach der Wildwasser-Gründung, untersucht die vom Bund finanzierte sogenannte Aufarbeitungskommission Ausmaß, Art und Folgen der sexuellen Gewalt gegen Kinder und Jugendliche in BRD und DDR. Wichtige Jahre gingen verloren, um ein ohnehin schon drängendes Problem in den Griff zu bekommen. Es wurde kein politisches Dauerthema, sondern eines, das durch spektakuläre Einzelfälle die Öffentlichkeit schockierte – so schockierte, dass die überwiegende Mehrheit nicht wahrhaben wollte, dass diese Einzelfälle Symptom eines strukturellen Problems sind. Die Täter:innen konnten weitermachen – und bekamen Anfang der 1990er-Jahre ein neues Werkzeug.

Digitalisierung heißt Vernetzung

Am 20. Dezember 1990 machte Tim Berners-Lee die erste Website verfügbar. Das World Wide Web war geboren, aber kaum jemand – vermutlich sogar niemand – konnte erahnen, welche disruptiven Kräfte die neue Kommunikationstechnologie entwickeln würde.

Das Inter-Net ist ein Netz der Netze, das verschiedene sogenannte Autonome Systeme über das Internet Protocol (IP) miteinander verbindet. Man einigte sich auf IP als gemeinsame Sprache, weshalb bis heute jede:r Internetnutzer:in zwingend eine IP-Adresse benötigt. Das World Wide Web, wie es Berners-Lee entwickelte, baute auf dem Internet Protocol auf und machte diese Vernetzung für die Massen nutzbar. Schnell konnte jede:r eigene Websites aufsetzen, Themen setzen und um Publikum für diese Themen werben. Alles konnte mit allem vernetzt werden, sofern es Menschen gab, die das wollten. Gerade diese Neutralität gegenüber bestimmten Inhalten war der Garant dafür, dass immer mehr Menschen, Institutionen und Staaten das Potenzial der neuen Technologie erkannten. Mit dem World Wide Web kam unsere Gesellschaft in einen Vernetzungsrausch, der bis heute anhält.

Es erklärt sich mit verblüffender Einfachheit, wieso das Internet bald in exzessiver Weise von Pädokriminellen genutzt wurde. Diese Menschen lebten in einer Gesellschaft, in der die Ächtung ihres Handelns immer schärfer wurde. Sexueller Kindesmissbrauch wurde immer stärker angeprangert, die Täter:innen konnten sich immer weniger sicher sein, ungeschoren davonzukommen, sollten sie sich im echten Leben anderen anvertrauen.

Pädokriminelle nutzten das World Wide Web, um Diskussions- und Tauschforen aufzusetzen. 2000 gründete sich in Deutschland die Plattform jungsforum.net, nach eigenen Angaben eine »Anlaufstelle für alle Knabenliebhaber, Boylover, Pädophile, Pervs und andere Interessierte im deutschsprachigen Raum«.[6]

Sobald es entwickelt war, nutzten Pädokriminelle auch das Darknet, um in vollständiger Anonymität agieren zu können.

Für Pädokriminelle ist die Digitalisierung, so bitter das klingen mag, ein Geschenk. Es können mehr Menschen miteinander vernetzt werden, mehr Fotos und Videos angefertigt werden, mehr Daten getauscht werden, und alles mit einem geringeren persönlichen Risiko, dabei entdeckt zu werden. Das zu leugnen wäre naiv.

Im Lauf der 1990er-Jahre legte die pädokriminelle Netzkultur die Grundlagen, von denen sie bis heute zehrt. Kaum jemand ahnte, in welchem Tempo Unmengen an Fotos und Videos produziert und im Netz getauscht wurden. Nicht einmal

Personen, die damals schon als Fachleute mit Betroffenen von sexualisierter Gewalt arbeiteten, hatten die Digitalisierung ihres Arbeitsfelds wirklich auf dem Schirm.

Die Gründung des deutschen Vereins von »Innocence in Danger« ist dafür das Paradebeispiel. »Als wir mit unserer Arbeit begannen, habe ich mehrfach von Kolleginnen und Kollegen gesagt bekommen: ›Was wollt ihr mit eurem Verein überhaupt? Im Internet werden keine Kinder missbraucht‹«, erinnert sich Julia von Weiler an die frühen 2000er-Jahre. Sie ist seit über 20 Jahren Teil von Innocence in Danger, einem 2002 gegründeten Verein mit dem Ziel, Kinder vor sexuellem Missbrauch und ihrer Ausbeutung im Internet zu schützen. Julia von Weiler erzählt mir von dieser Phase durchaus selbstkritisch. Auch sie, die Anfang der 1990er-Jahre als angehende Diplom-Psychologin eher zufällig mit betroffenen Kindern in Kontakt kam und dann über Jahre in Nordrhein-Westfalen in verschiedenen Projekten mit Betroffenen tätig war, hatte die digitale Dimension ihres Jobs damals kaum vor Augen. Erst als sie bei Innocence in Danger die erste empirische Untersuchung zur Anfertigung und Verbreitung von Missbrauchsdarstellung plante, wuchs auch bei ihr das Problembewusstsein. »Ich erinnerte mich plötzlich an ein Mädchen, mit dem ich intensiv zusammengearbeitet hatte. Dem Kind waren schlimme Dinge widerfahren, Gewalterfahrungen, es wurde dressiert wie ein Tier und musste an der Stange tanzen. Aber damals kam ich nicht auf die Idee, das Mädchen zu fragen, ob davon auch Bilder gemacht wurden. Aus heutiger Perspektive undenkbar, aber so war es damals überall«, sagt von Weiler.

Als ab 1993 die sogenannten Flachslanden-Prozesse Deutschland erschütterten, waren Aufnahmen nicht mehr als eine Randnotiz. Interpol schätzt[7], dass bis zur Erfindung des Internets »nur« rund 4000 strafrechtlich relevante Bilder von sexuellem Kindesmissbrauch im Umlauf waren. 13 Personen wurden in den Flachslanden-Prozessen verurteilt, größtenteils Familienmitglieder der Kinder, die über Jahre sexuell missbraucht worden waren. Die Kinder wurden geschlagen, unter Zwang fixiert und penetriert, mussten an den mit Schokolade eingeriebenen Geschlechtsorganen der Eltern lecken. Es waren diese widerwärtigen Details, die für Empörung und Abscheu sorgten. In ihrem Bericht für den *Spiegel* schrieb die legendäre Gerichtsreporterin Gisela Friedrichsen damals eher beiläufig: »Und Fotos seien gemacht worden und auch Filme.«

1998 wurde dann im niederländischen Zandvoort ein Tauschring für Missbrauchsdarstellungen ausgehoben. Die Ermittler:innen fanden Zigtausende Aufnahmen, meist noch physisch getauscht auf digitalen Datenträgern wie CDs. Viele Spuren führten nach Deutschland. »Der Missbrauch von Babys und Kleinstkindern gab dem schmutzigen Geschäft eine neue, bisher nicht für möglich gehaltene Dimension«, schrieb der *Spiegel* damals.

1999, nur wenige Monate später, flog die US-Firma Landslide Inc. auf. »CHILD PORN. Click here« stand auf einer der Websites. Landslide hatte für einen Ring an Websites die Zahlungsabwicklung per Kreditkarte gemanagt. Die beschlagnahmte Kundendatenbank der Firma enthielt rund 250 000 Nutzer:innen, wobei Landslide zunächst Geld mit Erwachsenenpornografie verdient hatte. Zuletzt soll der Eigentümer der Firma, Thomas Reedy, rund 1,4 Millionen US-Dollar damit verdient haben. Pro Monat, wohlgemerkt. Allein in Großbritannien wurden später über 1400 Personen verurteilt. Die Polizeiaktionen, bekannt unter den Begriffen »Operation Landslide« und »Operation Avalanche«, galten als bis dato größte Ermittlung im Bereich der Verbreitung von Missbrauchsdarstellungen.

2003 schreckte die Welt erneut auf. Die »Operation Marcy« war ein internationales Ermittlungsprojekt, bei dem insgesamt gegen 26000 Verdächtige ermittelt wurde, über 500 allein in Deutschland. In Deutschland wurden über 700 Computer, mehr als 35000 CDs und über 8000 Disketten beschlagnahmt, wobei bis heute nicht klar ist, auf wie vielen davon sich am Ende tatsächlich illegales Material befand.

Binnen weniger Jahre schaffte es das Problem der digitalen Missbrauchsdarstellungen, das lange selbst in Fachkreisen überwiegend stiefmütterlich behandelt wurde, dauerhaft in den Mainstream der Berichterstattung. Auch andere gesellschaftliche Bereiche widmeten sich nun zunehmend dem Thema. So legte die Juristin Sabine König an der Universität Würzburg 2003 eine Dissertation[8] mit dem Titel »Kinderpornografie im Internet« vor. Wie neu das Thema war, verdeutlichen die aus heutiger Sicht seltsam anmutenden Ausführungen der Juristin dazu, ob im Internet als »globalem Datennetz« überhaupt deutsches Recht gelte. Im selben Jahr startete in den USA das National Child Victim Identification Program, kurz NCVIP, die bis heute größte Datenbank mit Missbrauchsdarstellungen.

Sexueller Missbrauch ist ausnahmslos schlimm, aber in der Bewältigung macht es einen Unterschied, wenn die Betroffenen wissen, dass ihr Leid fotografisch festgehalten wurde und nun getauscht wird. Es gab aber überhaupt keine empirischen Daten dazu, wie vielen Kindern das in Deutschland widerfahren war. Amtliche Kriminalstatistiken sind bei diesem Thema notorisch bedeutungslos, weil es bei sexuellem Kindesmissbrauch eine hohe Dunkelziffer an Taten gibt, die nie aufgeklärt und statistisch erfasst werden.

2003 begann Julia von Weiler, für den frisch gegründeten Verein Innocence in Danger erstmals eine solche empirische Analyse durchzuführen. Sie verschickte Fragebögen an Fachberatungsstellen und führte vertiefende Interviews. Die ersten Ergebnisse sahen noch so aus, als sei das Thema vielleicht doch nicht so dramatisch, wie es die medial breit diskutierten Skandale vermuten ließen. Im Jahresbericht 2005[9] schrieb Innocence in Danger, dass 139 von 164 Beratungsstellen, die mit Betroffenen arbeiteten und den Fragebogen beantwortet hatten, nach eigenen Angaben in den vergangenen fünf Jahren »gar nicht« oder »selten« mit Kindern in Kontakt gekommen waren, die von der Verbreitung von Missbrauchsdarstellungen betroffen waren. Das waren fast 85 Prozent. »Nur« bei 24 Institutionen war dies »manchmal« oder »häufig« der Fall. Also alles doch nicht so schlimm? »Wir merkten, dass schon allein unsere Fragebögen bei den Fachberatungsstellen etwas ausgelöst hatten: Wissen sie nichts von den Fällen, weil es diese Fälle nicht gibt, oder weil sie nicht nachgefragt hatten und Andeutungen der Kinder überhört hatten?«, erzählt Julia von Weiler. Die Studie lief über Jahre weiter und förderte immer deutlicher zwei Probleme ans Licht: die wachsende Bedeutung der Darstellungen, die zusätzlich zum Missbrauch angefertigt wurden, und die mangelnde Fachkompetenz vieler Fachberatungsstellen, sich mit diesem Phänomen auseinanderzusetzen. Ihre Ergebnisse veröffentlichte Julia von Weiler mit zwei Kolleginnen schließlich im *Journal of Sexual Aggression*.[10] Darin schildern sie unter anderem den Fall eines Vaters, der seine eigene Tochter missbrauchte. Er fertigte auch Aufnahmen davon an und lud andere Männer nach Hause ein, um seine Tochter noch vor der Schule missbrauchen zu lassen. Dem Kind erzählte er dann, er habe »Verträge« mit diesen Männern und das Mädchen müsse sie erfüllen, damit die Familie nicht in »ernsthafte Schwierigkeiten« gerate.

Julia von Weiler reiste mit den Erkenntnissen um die Welt, hielt Vorträge in Schweden und den USA. »Wir erhielten mit der Studie überall große Aufmerksamkeit, außer in Deutschland«, sagt von Weiler kopfschüttelnd. Hierzulande machte sich eine Mischung aus kollektiver Verdrängung im Alltag, Empörung über skandalöse Einzelfälle einiger Monster und der Ohnmacht angesichts »des Internets« breit. Die ständig neuen Schreckenszahlen führten nicht zu einer Beschäftigung der Gesellschaft mit sich selbst. Sie hätte sich eingestehen müssen, dass sie durch kollektives Wegsehen und Nichtwissenwollen viele der Taten sexueller Ausbeutung von und sexualisierter Gewalt an Kindern über Generationen ermöglicht und die Täter:innen geschützt hatte. Auch politisch Verantwortliche wollten diese Selbstanalyse nicht vornehmen, hätte es doch das jahrzehntelange Versagen verschiedenster politischer Parteien zutage gefördert. Also machte sich politisch gerade im konservativen Spektrum ein neues Narrativ breit, das perfekt zu den nun in trauriger Regelmäßigkeit veröffentlichten Zahlen passte: Schuld an dieser Entwicklung hat das Internet.

Zahlen, Zahlen, Zahlen

Seitdem gewöhnt sich die Öffentlichkeit, so schlimm das klingt, an den Gedanken, dass es »so was« im Internet gibt. Schockieren kann nicht mehr, *dass* Kinder missbraucht und die Taten dokumentiert werden, Schock wird nun über Masse, über Quantität ausgelöst.

2009 legte das UN-Kinderhilfswerk UNICEF neue Schreckenszahlen vor.[11] Demnach habe es 2004 schon rund 480000 Websites mit illegalem Missbrauchsmaterial gegeben, verglichen zu rund 260000 in 2001. Vermutlich jedoch wurden für diese Zahlen mehrere Seiten ein und derselben Domain – zum Beispiel www.k-missbrauch.de/foto1 und www.k-missbrauch.de/foto2 – als je eine »Website« gezählt. Dazu passt, dass die

Internet Watch Foundation dem UNICEF-Bericht zufolge für 2007 rund 2750 Domains verifizieren konnte, die illegale Missbrauchsdarstellungen beinhalteten. Was bleibt, ist der immense Zuwachs. Rasant stieg auch die Zahl der neuen Aufnahmen: UNICEF-Angaben zufolge schätzte man 2009, dass pro Tag etwa 200 bis dato unveröffentlichte Fotos im Internet in Umlauf gebracht würden. Das US-amerikanische National Centre on Missing and Exploited Children (NCMEC) hatte zwischen 1998 und 2009 rund 680000 Websites als justiziabel »kinderpornografisch« eingestuft. Eine Zahl des UNICEF-Berichts wurde besonders häufig zitiert und hält sich bis heute in Veröffentlichungen, wiewohl sie mit an Sicherheit grenzender Wahrscheinlichkeit völlig veraltet ist: 750000 Pädokriminelle (»predators«) seien in jeder Sekunde online.

Es lässt sich in vielen Fällen nicht nachvollziehen, wie die Zahlen zustande kommen, wer sie mit welchen Methoden und Kriterien für welche Zwecke erhebt. Sie valide miteinander zu vergleichen, ist unmöglich. Dieser Hinweis soll nichts relativieren, wir müssen diesen Aspekt der Aussagekraft aber im Hinterkopf behalten, denn findige Politiker:innen und Sicherheitsbehörden erkannten im Lauf der 2000er-Jahre, dass sie mit diesen astronomisch hohen Zahlen Politik machen können. Wir werden im Kapitel über sicherheitspolitische Symbolpolitik detailliert darauf eingehen. Die Dimensionen der Gegenwart verwischen einerseits, was in der Vergangenheit alles schiefgelaufen ist. Andererseits signalisieren sie dringenden Handlungsdruck, denn niemand kann wollen, dass die Entwicklung so weitergeht. Welchen Anteil zu geringe Prävention und unzeitgemäße Taktiken der Strafverfolgungsbehörden an diesen Zahlen haben, wurde bisher – wenn überhaupt – nur selten thematisiert. Es entstand ein »Grundrauschen« in den öffentlichen Diskursen, welches das Thema am Köcheln hielt.

Datenschutz versus Kinderschutz?

In dieses Rauschen platzierte der damalige BKA-Präsident Jörg Ziercke, flankiert von einigen Kinderschutzorganisationen, auf einer Pressekonferenz das Ansinnen, Internetprovider zur Sperrung von Websites verpflichten zu wollen. Vielen erschien die Idee plausibel und nachvollziehbar: Das Internet hat zu Tausenden schreckliche, illegale Websites hervorgebracht – da müsse es in einem Rechtsstaat doch möglich sein, diese zu sperren.

Die damalige Bundesfamilienministerin Ursula von der Leyen gab Ziercke politische Rückendeckung und unternahm mehrere Schritte, um Provider wie Telekom oder Vodafone verpflichten zu können, »kinderpornografische Inhalte« zu sperren. Erst wurden Verträge mit den Providern geschlossen, später wurde ein Gesetz diskutiert, dessen Namen nur noch Expert:innen auf dem Schirm haben: Gesetz zur Erschwerung des Zugangs zu kinderpornografischen Inhalten in Kommunikationsnetzen, kurz Zugangserschwerungsgesetz. Öffentlich diskutiert wurde es unter dem Stichwort »Zensursula«, als Mischung der befürchteten Zensur und Ursula von der Leyens politischer Verantwortung dafür. Es entwickelte sich eine Kontroverse, von der sich das Thema, wie es Julia von Weiler in unserem Gespräch formuliert, »bis heute nicht erholt hat«. Das Mantra vom Kinderschutz als Widerspruch zu elementaren Bürgerrechten war geboren. Emotionalisierende Begriffe wie Kindeswohl und Zensur wurden gegeneinander ausgespielt, ohne wirkliche Kompromissbereitschaft – auf beiden Seiten. Wir werden sehen, wie diese Maximalpositionen den politischen Diskurs bis heute lähmen, etwa bei der Vorratsdatenspeicherung oder neuerdings der sogenannten Chatkontrolle.

Der Argwohn der Kritiker:innen richtete sich nicht gegen das Ziel, nämlich die Verbreitung illegalen Materials unterbinden zu wollen, sondern gegen die Art und Weise. Es sollte geheime Sperrlisten geben, die das Bundeskriminalamt täglich mit zu sperrenden Links »füttern« sollte – ohne richterliche Kontrolle und Transparenz gegenüber der Öffentlichkeit. Für einen Rechtsstaat waren das neue Wege, auf denen er sich von der Idee einer durch Gerichte kontrollierten Exekutive entfernte. Auch die Sinnhaftigkeit von Netzsperren wurde infrage gestellt, denn die Sperrung durch die Provider konnte durch einfachste technische Mittel umgangen werden, und die Anbieter konnten durch einfachste Mittel ihre Links ändern, um die Sperrung ins Leere laufen zu lassen. Wir werden in den nächsten Kapiteln sehen, dass die technischen Argumente im Rückblick berechtigt waren.

Der Gesetzesprozess wurde dann noch denkwürdiger als die vorangegangene Debatte: Im Sommer 2009 nahm der Bundestag das Gesetz mit den Stimmen von Union und SPD an, doch die neue Bundesregierung aus Union und FDP vereinbarte in ihrem Koalitionsvertrag auf Drängen der Liberalen, dass statt auf Sperrung lieber auf Löschung der Websites gesetzt werden sollte. Auch die SPD, seit den Wahlen im September 2009 in der Opposition, änderte ihre Meinung zu dem Gesetz, das sie wenige Monate zuvor noch selbst mit verabschiedet hatte. Zwar trat das Gesetz im Februar 2010 in Kraft, aber das Bundeskriminalamt wurde durch einen Erlass des Kanzleramtes angewiesen, es nicht anzuwenden und keine Sperrlisten anzufertigen. Ende 2011 wurde das »Zensursula«-Gesetz auch formal aufgehoben. Seitdem bemühen sich das BKA und andere Stellen in Deutschland, illegale Inhalte und Websites aus dem Netz löschen zu lassen, indem sie die Provider und Hoster (Speicherdienste) auffordern, sie von ihren Diensten zu entfernen. Der Ansatz heißt also »Löschen statt Sperren«. Wir werden auch darauf zurückkommen.

Die zweite Welle

In die »Zensursula«-Debatte platzte im Januar 2010 der Artikel »Das Schweigen muss gebrochen werden« der *Berliner Morgenpost* und trat die zweite große Aufklärungswelle in Deutschland los. Entsprang die erste Welle noch der Frauenbewegung, waren es nun vor allem Männer, die ihren Missbrauch auf Eliteschulen öffentlich machten. Auslöser war das Canisius-Kolleg in Berlin-Tiergarten, betrieben vom Jesuitenorden. Der damalige Schulleiter Pater Klaus Mertes hatte vermehrt Hinweise auf Missbrauch in den 1970er- und 1980er-Jahren am Canisius-Kolleg erhalten und schrieb allen Schülern aus dieser Zeit einen Brief, in dem er um Entschuldigung bat und Betroffenen anbot, sich zum Zwecke der Aufklärung zu melden. Der öffentliche Aufschrei war groß, was weitere Menschen ermutigte, sich zu outen. Nun rückte auch die Odenwaldschule ins Blickfeld, obwohl der Journalist Jörg Schindler schon 1999 in der *Frankfurter Rundschau* über einschlägige Vorwürfe berichtet hatte.

Mit voller Wucht rüttelten die Berichte aus diversen, meist kirchlichen Erziehungseinrichtungen Deutschland wach: Männer als Betroffene, dazu die Kirche und das Juwel der Reformpädagogik, die Odenwaldschule, als Täter – es waren die Zutaten für einen Skandal, der nachhaltig etwas verändern sollte. »Das gab dem Thema einen Wumms, und es entwickelte sich eine andere Dynamik als bei allen Fällen, die wir bisher kannten«, sagt Julia von Weiler.

Alle meine Gesprächspartnerinnen, mit denen ich mich dazu unterhalte, weisen auf die besondere Bedeutung der Männer als Betroffene hin. »Was 2010 vom Canisius-Kolleg oder der Odenwaldschule öffentlich wurde, passte nicht in das damalige gesellschaftliche Bild von Betroffenen sexualisierter Gewalt in der Kindheit: der Mann als Opfer? Das hat die Öffentlichkeit irritiert«, erinnert sich Katrin Schwedes von der Bundeskoordinierung spezialisierter Fachberatungsstellen.

Auch politisch kam nun Bewegung in die Sache: Die Bundesregierung schuf noch 2010 das Amt der Unabhängigen Beauftragten für Fragen des sexuellen Kindesmissbrauchs, kurz UBSKM. 2015 beschloss der Bundestag die Gründung einer sogenannten Aufarbeitungskommission, die sexuellen Kindesmissbrauch in der BRD und der ehemaligen DDR systematisch aufarbeiten soll. In Sachen Vernetzung und Betreuung der Betroffenen ist seitdem einiges passiert, vieles hat sich zum Besseren entwickelt. Das war nicht besonders schwierig, weil Betroffene über Generationen hinweg allein gelassen worden waren oder sich, wenn sie sich öffentlich äußerten, nicht selten mit Vorwürfen konfrontiert sahen, das Gesagte nicht belegen zu können, oder mit kritischen Gegenfragen, weshalb sie so viele Jahre geschwiegen hätten.

Allerdings schaffte es auch die zweite Welle nicht, der Gesamtbevölkerung vor Augen zu führen, wie allgegenwärtig und nah am eigenen Leben sexueller Kindesmissbrauch auch heute noch ist. Der Tenor war vielmehr: »Schlimm muss das damals gewesen sein für die Kinder. Zum Glück leben wir heute in einer anderen Zeit.« Das lag nicht an mangelnden Fakten, denn diese liegen seit Jahrzehnten auf dem Tisch.

Die dritte Welle

Ab 2015, und besonders intensiv ab 2020 erschütterten mehrere Missbrauchskomplexe Deutschland. Die Stichworte sind Staufen, Lügde, Bergisch-Gladbach, Münster, Berlin und Wermelskirchen. Die Täter:innen waren Eltern, Stiefeltern, Verwandte oder Nachbarn, Freunde der Familie, der Babysitter. Die betroffenen Kinder waren teilweise noch Säuglinge. Die

Taten waren fürchterlich, neben sexualisierter Gewalt wurden selbst Kleinstkinder teilweise sadistisch gequält. Meistens gab es irgendeinen Bezug zum Internet, sei es, weil sich die Täter:innen in Chatgruppen organisierten, weil sie selbst IT-Experten waren oder ihre Aufnahmen im Netz verbreitet hatten. Manchmal auch alles zusammen. Der Missbrauch dauerte meist über Jahre, niemand bekam etwas mit.

Auch das Darknet geriet nun zunehmend in den Blickpunkt. Allein das BKA nahm bislang in drei Aktionen große Foren mit jeweils Hunderttausenden Registrierungen vom Netz: 2017 Elysium, 2021 Boystown und 2022 BoyVids 6.0 sowie Forbidden Love.

Diese dritte Welle ist die erste, die losgetreten wurde, weil Strafverfolgungsbehörden konsequenter und erfolgreicher ermitteln konnten, da Hinweisen auf Kindeswohlgefährdung häufiger und ernsthafter nachgegangen wurde. Das Thema der sexualisierten Gewalt an Kindern ist im öffentlichen Mainstream angekommen, was eine gute Nachricht ist. Was über Generationen im Verborgenen stattfand, soll zunehmend an das Licht der Öffentlichkeit gebracht werden, um betroffenen Kindern zu helfen und die Täter:innen zu fassen. Immer mehr Menschen begreifen nun: Das Thema ist nicht weit weg, sondern höchst real. Dennoch ist die Welt der Pädokriminellen den allermeisten noch komplett fremd.

Zeit, sich mit den Netzwerken der Pädokriminellen zu befassen.

Teil II
Problemanalyse

Durch die Augen der Gegner:innen
Einführung in die Denktechnik
Threat Modeling

Für die Entwicklung von Schutzmöglichkeiten gegenüber Missbrauchstäter:innen und Pädokriminellen halte ich es für zentral, dass wir uns viel intensiver als bisher mit jenen Personen befassen, die den allermeisten von uns so unglaublich fremd sind, auf die wir herabsehen und denen wir alles Böse der Welt wünschen. Es ist unmöglich, nicht emotional zu werden, wenn es um sexualisierte Gewalt an Kindern und Jugendlichen geht, aber Emotionen allein sind zu wenig, wenn wir Kinder und Jugendliche effizient und nachhaltig schützen wollen. Wir brauchen Struktur für unsere Analyse. Ich meine: Wir brauchen ein Threat Model.*

Um zu verstehen, was das ist und wozu es gut sein soll, gebe ich Ihnen noch ein paar ergänzende Informationen zu mir. Neben meiner Arbeit als Journalist trainiere ich (angehende) Journalist:innen und Menschenrechtsaktivist:innen auf der ganzen Welt in digitaler Sicherheit. Es geht dabei zum Beispiel darum, E-Mails zu verschlüsseln, Filmmaterial sicher durch die Grenzkontrolle am Flughafen zu bekommen oder beim Recherchieren keine digitalen Spuren zu hinterlassen, letztlich also um konkrete Softwarelösungen, Tools und Handlungsleitfäden. Zentral ist jedoch, dass ich Menschen befähigen will, digitale Gefahren überhaupt erst einmal realistisch einzu-

---

* Der Begriff und die Methode werden im Folgenden erklärt. Wer es noch genauer wissen will, kann einen »How To«-Guide nutzen, an dem ich mitgewirkt habe: DW Akademie (21. Oktober 2020): *Threat modeling guide. How to identify digital risks in international development projects* [Onlinequelle].

schätzen, um dann zu wissen, wovor die sichere Software schützt – und wovor nicht.

Threat Modeling, das man frei als »Einschätzen von Bedrohungskontexten« übersetzen könnte, hilft dabei, eine Umgebung strukturiert abzuscannen, Gefahren nach ihrer Priorität zu ordnen und dann individuelle Sicherheitslösungen zu finden. Eine Prioritätenliste brauchen wir, da wir uns nie um alle Gefahren gleichzeitig kümmern können.

Threat Modeling kann Gefahren unseres Zusammenlebens nicht nivellieren, aber als Denkmethode hilft es, für Herausforderungen des Alltags strukturiert eine Lösung zu finden.

Was steht auf dem Spiel?

Beim Threat Modeling für IT-Sicherheit fragen wir uns zunächst einmal, was überhaupt geschützt werden soll. Wie schutzwürdig sind bestimmte Güter, Prozesse oder Daten? Und was würde passieren, wenn der Schutz versagt? An dieser Stelle ahnen Sie vielleicht schon, wieso Threat Modeling aus meiner Sicht auch beim Schutz von Kindern in der digitalen Welt essenziell ist: Es gibt so wahnsinnig viele Gefahren und Anknüpfungspunkte für Bedrohungen, dass man sich fragen muss: Was steht hier eigentlich alles auf dem Spiel? Was müssen wir in welcher Priorität schützen?

Es ist offenkundig, dass das höchste Gut die körperliche Unversehrtheit und psychische Gesundheit der Kinder ist. Für dieses Schutzgut werden wir die strengsten Sicherheitsvorkehrungen einrichten, besonders genau hinsehen und gegebenenfalls Verbote aussprechen müssen.

Aber es sind mittlerweile noch weit mehr Dinge, die wir schützen möchten und müssen: Wir möchten Kinder in einem gesunden sozialen Umfeld aufwachsen sehen, ohne zwielichtige Onlinekontakte und gefährliche Personen im realen Leben. Wir möchten das Recht am eigenen Bild, das jede Person hat, schützen, sodass Fotos und Videos von Kindern nicht zweckentfremdet werden. Wir möchten aber auch, dass Kinder möglichst gute Freund:innen haben – und Freundschaften können ab einem gewissen Alter nur noch zeitgemäß gepflegt werden, wenn sich Kinder digital vernetzen dürfen. Kinder sollten digital mündig sein, also auch wissen, dass im Netz Gefahren lauern können. Damit wären wir bei der Privatsphäre: Wir möchten, dass Kinder ein gesundes Verständnis dafür entwickeln, dass manche Details über sie privat sind und besser geheim gehalten werden sollten – vor Unbekannten im Netz sowieso, aber manchmal auch vor ihren besten Freund:innen und teilweise sogar vor ihren Eltern.

Es wäre toll, alle Ziele gleichermaßen zu erreichen. Aber das ist unmöglich. Umfassende physische Sicherheit könnte mit einer totalen Kontrolle des Kindes, sowohl digital als auch im echten Leben, in der Theorie zwar eventuell erreicht werden, aber ob das Kind dann viele Freund:innen findet, wenn Mama und Papa immer dabei sind, ob es ein Verständnis von Privatsphäre entwickelt, wenn Mama und Papa über eine Überwachungsapp alles live mitverfolgen, und ob es eine digital mündige Person wird, darf bezweifelt werden.

Soziolog:innen sprechen bei solchen Konflikten auch von Transintentionalität, das heißt, unsere Absichten überlagern einander und konkurrieren miteinander. Eine Handlung, mit der ich Absicht A verwirkliche, hat dann nicht gewünschte Nebenfolgen, mit denen meine anderen Absichten B, C und D konterkariert werden können. Diese Transintentionalität ist nicht neu, sie hat sich jedoch mit Beginn der Moderne immer weiter gesteigert. Die Digitalisierung, die im Kern eine Vernetzung vormals getrennter Bereiche meint, hat dieser Entwicklung weiter an Tempo verliehen. Nichts, was wir im Netz tun, bleibt folgenlos – die spannende Frage ist nur noch, ob wir die Folgen kalkulieren können. Threat Modeling soll uns dabei helfen.

Es wird in den folgenden Analysekapiteln also immer darum gehen, was in einem konkreten Fall eigentlich auf dem Spiel steht. Wenn ein Kind einen Chat mit einem Pädokriminellen beginnt, steht in der Regel nicht auf dem Spiel, dass es zwei Minuten später an der Tür klingelt und das Kind gewaltsam entführt wird. Realistischer ist, dass das Kind verstört wird, wenn es sieht, wie ein Mann onaniert und gegen die Kamera ejakuliert. Im besten Fall findet das Kind dies witzig und erzählt es den Eltern – die dem Kind hoffentlich danken, dass es ihnen davon erzählt, und ihm erklären, warum es auf Dauer nicht gut ist, solche Sachen zu erleben, dass sie aber nicht böse auf das Kind sind, weil es nicht sofort weggeklickt hat.

Vermutlich hat der oder die Pädokriminelle aber dafür Sorge getragen, dass das Kind sich nicht seinen Eltern anvertraut. Er oder sie wird Dinge geschrieben haben wie: »Wieso hast du dir das angesehen? Deine Eltern haben doch gesagt, dass du nicht mit Fremden chatten sollst. Ich verspreche dir, dass ich es deinen Eltern nicht erzähle, wenn du morgen um 14 Uhr wieder im Chat bist. Sonst rufe ich um 15 Uhr bei Mama auf dem Handy an.«

Wer greift mich an?

Wir sind nun en passant schon zur nächsten Stufe des Threat Modelings gewechselt, nämlich zur Analyse der Gegner:innen. Tatsächlich meint Threat Modeling vor allem, durch die Augen der Angreifer:innen zu blicken. Der Begriff »Angreifer« stammt aus der IT-Sicherheit und ist sehr breit zu verstehen. Dabei kann es sich um einen kriminellen Hacker handeln, der ins IT-System eines Atomkraftwerks eindringt, um jemanden, der mit vielen Hasspostings auf meinem Social-Media-Kanal Unruhe stiftet, oder eben um Pädokriminelle und andere Missbrauchstäter:innen.

Es hilft ungemein, sich klar vor Augen zu führen, durch wen die Güter, die ich schützen möchte, bedroht sind, sprich, welche Angreifenden daran ein Interesse haben. Wir werden schnell merken, dass uns Datenschutzdiskussionen nicht primär interessieren. Für den körperlichen und seelischen Schutz von Kindern ist es vermutlich erst einmal egal, ob WhatsApp-Daten über uns erhoben werden und ob die Server in den USA stehen. Vielleicht ist es sogar sinnvoll, zu Angeboten der Big Tech zu gehen, *gerade weil* sie viele Daten über uns erheben. Immerhin kooperieren viele der großen Anbieter mit Kinderschutzorganisationen und haben mehr finanzielle Ressourcen und rechtliche Vorgaben, proaktiv verdächtiges Verhalten zu melden. Von der anonymen Spiele-App, deren Entwickler und Finanzierungsmodell wir nicht kennen, kann man das in der Regel nicht behaupten. Das ist ausdrücklich keine allgemeine Empfehlung, nur noch Google, Instagram, Amazon & Co. zu nutzen. Im Gegenteil, denn Privatsphäre ist ein Gut, das wir im Grundsatz schützen möchten, und auch bei den großen Techplayern ist in puncto Kinderschutz oft noch viel Luft nach oben. Ich möchte nur gleich zu Beginn verdeutlichen, dass wir mit Pauschalurteilen à la »Google ist böse!« oder »Kein Smartphone für Kinder!« nicht sehr weit kommen werden, wenn wir unsere Kinder im Alltag praktisch schützen möchten.

Die dritte Frage des Threat Modelings bleibt bei den Täter:innen und fragt nach ihren Erfolgschancen. Ein Pädokrimineller mag die Fantasie haben, einmal mit vielen Kindern gleichzeitig nackt zu sein und die Situation zu sexualisieren. Es ist eher unwahrscheinlich, dass er mit diesem Ziel in einem anonymen Chat weiterkommt, wo er erst Kinder finden und mit ihnen einen Kontakt anbahnen muss. Die Kinder sind vielleicht Hunderte Kilometer entfernt, und die Wahrscheinlichkeit, dass sie sich mit einem völlig Fremden treffen, dazu noch in einer Gruppe, ist äußerst gering. Realistischer wäre es, wenn der Pädokriminelle sich als Erzieher ausbilden ließe, um auf Ausflügen regelmäßig in Situationen zu kommen, in denen Kinder duschen, und sich so ein »Alibi« zu verschaffen. Es geht bei der dritten Frage also um den Kontext, in denen Strategien besonders erfolgversprechend sind.

Die vierte Leitfrage im Threat Modeling zielt darauf ab, wie wir die vielen Gefahren, die wir identifiziert haben, ordnen. Wenn wir beispielsweise analysiert haben, dass beim eigenen Babysitter, im Onlinespiel der Kinder und beim Teilen von Kinderfotos Gefahren bestehen, müssen wir diesen Punkten Prioritäten zuordnen: Wo sind Taten am wahrscheinlichsten? Dass wir uns die vierte Frage überhaupt stellen müssen, hängt damit zusammen, dass unsere Ressourcen begrenzt sind und wir entscheiden müssen, wie wir sie investieren. Es wird niemals (!) möglich sein, sämtliche Gefahren immer perfekt abzusichern. Ein gewisses Risiko gehört zum Leben. Am Ende des Threat Models stellen wir dann die Weichen für das Schutzkonzept und legen fest, wo wir kein Risiko eingehen wollen, weil Taten wahrscheinlich sind und das Schutzgut hoch ist, während wir andere Risiken vielleicht auch dauerhaft aushalten müssen.

In den folgenden Kapiteln erwarten Sie keine fertigen pädagogischen Konzepte aus dem Elfenbeinturm. Stattdessen macht es das Threat Modeling nötig, überwiegend die Perspektive der Angreifenden einzunehmen. Wir werden immer wieder beleuchten, was Pädokriminelle antreibt, wie sie vorgehen und worauf sie in verschiedenen Kontexten abzielen. Ich werde daher nicht darum herumkommen, zumindest in Ausschnitten zu berichten, welche Weltbilder Pädokriminelle haben, welche Überzeugungen sie teilen, welche Motive sie haben können, worum es ihnen mit ihrem Handeln geht und wie sie konkret vorgehen.

Man mag befürchten, dass mein Buch durch diesen Ansatz Pädokriminellen und anderen Täter:innen als Leitfaden dienen könnte, doch wer hier »Anleitungen« sucht, kann das Buch spätestens jetzt weglegen und sich an ein Hilfsangebot wenden, das am Ende des Buches aufgelistet ist. Sämtliche Namen von Plattformen oder Hashtags sind systematisch verzerrt, alle sensiblen Informationen so gefiltert, dass zwar eine Strategie der Täter:innen deutlich wird, aber ohne konkrete Anknüpfungspunkte, diese unmittelbar in die Tat umzusetzen.

Ich möchte mit diesem Buch beweisen, dass man über das Thema Pädokriminalität aufklären kann, ohne gefährliche »Werbung« zu machen. Ich halte das jahrelange Kleinhalten des Themas für eine der Hauptursachen, weshalb es uns so entglitten ist. Es war beruhigend zu hören, wenn Strafverfolgungsbehörden »alle Jahre wieder« eine Darknetplattform abschalteten oder einen Missbrauchskomplex aushoben. »Problem erkannt, Gefahr gebannt«, war die beruhigende Botschaft, mit der wir das schlimme Thema rasch wieder verdrängen konnten. Von den strukturellen Problemen dahinter hat die Öffentlichkeit bis heute kein umfassendes Bild.

Wer glaubt, mit einer Tabuisierung etwas erreichen zu können, handelt naiv und fahrlässig. Wir kommen nicht drum herum, die Strukturen und Dynamiken der Pädokriminalität umfassend zu beleuchten, um sie wirksam bekämpfen zu können. Machen wir uns an die Arbeit.

»Gute Nacht, Liebling«
Das Smartphone als Werkzeug zum Machterhalt

Jens gilt als talentierter Radsportler. Ob es mit einer Profikarriere klappen wird, sei einmal dahingestellt, das strebt Jens auch gar nicht an. Aber in seinem Verein gilt er als fleißig, ehrgeizig, als Teamplayer und jemand, mit dem man gerne eine Trainingsrunde dreht. In seiner Trainingsgruppe gilt Jens als einer der stärksten Fahrer, einer, der andere mitreißen und zum Sieg führen kann. Jens ist 13 Jahre alt.

Die Kommunikation im Team läuft wie selbstverständlich über WhatsApp. Niemand schreibt E-Mails, stattdessen ist die gemeinsame WhatsApp-Gruppe der Dreh- und Angelpunkt. Auch der Trainer der Gruppe, ein Anfang 30-Jähriger, ist natürlich Teil dieser Gruppe, schließlich muss fast täglich etwas koordiniert werden. Wann ist heute Training? Welches Rennen fahren wir am Wochenende? Haben wir genug Räder, weil doch letzte Woche Freitag zwei kaputtgegangen sind? Dazu teilen die Jungs untereinander immer wieder Fotos vom Training und von Wettkämpfen, am liebsten natürlich mit einem Siegerpokal in der Hand.

Hin und wieder kommuniziert Jens auch mit seinem Trainer in einem 1:1-Chat. Nichts Wildes, man könnte das grundsätzlich auch im Gruppenchat lösen, aber man will die anderen ja auch nicht dauernd nerven mit individuellen, für die Gruppe vollkommen unwichtigen Details.

Dann kommt Corona. Erst einmal kein Training mehr in der Gruppe, Wettkämpfe sowieso nicht. Die Jungs mussten individuell trainieren, persönlicher Kontakt galt plötzlich als gefährlich. Dass Jens von seinem Trainer nun trotzdem aufmunternde, ermutigende Nachrichten erhält, motiviert ihn. Der Trainer redet ihm zu, dass er sich durch die Pandemie nicht von seinem Weg abbringen lassen solle, er habe so viel Talent wie sonst kein Jugendlicher im Verein. Sobald es die Pandemiesituation wieder zulasse, könnte er auch mal ein individuelles Training bekommen. An der frischen Luft auf dem Rad, was soll da schon passieren?

Schleichend verändert sich etwas, was Jens aber erst im Rückblick realisiert. Die Kommunikation zwischen ihm und seinem Trainer wird intensiver, es gibt immer mehr Emojis, auch die Uhrzeiten verändern sich. Gab es sonst Nachrichten vom Trainer um zehn Uhr morgens oder 18 Uhr abends, chatten sie nun häufiger mal bis Mitternacht, teilweise bis ein, zwei Uhr nachts. Aber in dieser Zeit ist eh alles surreal, Jens muss nicht in die Schule, es ist die Zeit des Homeschoolings, alles ist anders als sonst. In dieser Zeit, als Freunde treffen uncool ist und überall Gefahren lauern, wird der Trainer zur wichtigsten Bezugsperson für Jens. Dass ihm jemand täglich sagt, dass er stark ist, dass er gut ist, wie er ist, das tut Jens spürbar gut. Es gibt dann irgendwann auch rote Herzchen, Kuss-Emojis, rote Lippen und abends ein »Gute Nacht, Liebling«.

Ohne dass Jens es gemerkt hat, ist sein Trainer nun immer da. Morgens gibt es ein »Guten Morgen, Schatz«, täglich dann viele Nachrichten, teilweise ununterbrochen. Jens werden nun auch Fragen gestellt wie »Denkst du auch an mich?« oder »Was hast du eben gemacht, als du eine Stunde nicht geantwortet hast?«.

Die intensivere Kommunikation erstreckt sich dann auch auf das Training, sobald es wieder möglich ist. Der Trainer fragt ihn nun via WhatsApp, ob Jens nach dem Training kurz noch in die Kabine kommen könne, um den Trainingsplan durchzugehen. Er fragt ihn nach der Größe seiner Unterhose, weil sie für das Team neue Radsporthosen bestellen wollen. Teamkollegen sollen nie länger bleiben, sie erhalten alle einen Standardtrainingsplan und Standardgrößen für die neuen Hosen. Jens wird besser behandelt als die anderen.

Aber der Trainer kann auch anders: Als Jens den Trainer zur Begrüßung mal nicht umarmt, sondern nur mit ihm abklatscht, ohne sich etwas dabei zu denken, muss er sich nach dem Training via WhatsApp rechtfertigen: »Wieso hast du mich heute zur Begrüßung ignoriert? Magst du mich nicht mehr? Bin jetzt traurig.« Dazu, natürlich, ein weinender Emoji.

Irgendwann, Jens ist nun 14, fast 15, treffen sich Trainer und Jugendlicher auch außerhalb des Sports. Jens übernachtet bei seinem Trainer und kümmert sich in dessen Urlaub um die Pflanzen, erhält Zutritt zur Wohnung, selbst wenn der Trainer gar nicht da ist.

Was in den Nächten, als Jens bei seinem Trainer schlief, passierte, dazu wird er schweigen. An den Tagen nach solchen Übernachtungen schrieb sein Trainer Nachrichten wie: »Es war so schön mit dir. Denke nur an dich.« Oder auch: »Wie sieht dein Schwanz heute aus?«

Irgendwann eskaliert das Verhältnis. Als der Trainer ihm vorschlägt, ihn nach dem Training mit dem Auto mit nach Hause zu nehmen, sagt ihm Jens, dass er die Bahn nehmen wolle, um noch etwas zu erledigen. Der Trainer insistiert darauf, ihn mitnehmen zu wollen, bedrängt ihn, spricht Drohungen aus. Jens setzt sich dennoch in die Bahn. Am Bahnhof angekommen, wartet sein Trainer auf ihn, will ihn zur Rede stellen, fährt mit dem Auto neben ihm her, will ihm als Fußgänger den Weg abschneiden und hört erst auf, als Jens fast zu Hause ist.

Jens will nun den Kontakt abbrechen, den Verein verlassen, zieht sich zurück. Warum, sagt er nicht. Durch einen Zufall geraten aber die WhatsApp-Chats in die Hände seines Vaters, der gemeinsam mit der Mutter dann nach Hilfe sucht. Jens will nicht darüber reden, auch wenn die Chats eine eindeutige Sprache sprechen. Er will seine Ruhe, er will sein Abi machen, er will den Verein wechseln, er will einfach wieder Rad fahren – und er will den Trainer nie wiedersehen.

Fotos von Tom

Sandra wüsste nicht, was sie ohne Adam machen solle. Die beiden sind seit Kindestagen beste Freunde. Wie wertvoll Adam für sie ist, merkte Sandra vor allem in der Zeit, als es ihr besonders schlecht ging. Ihr Sohn Tom war gerade drei Jahre alt geworden, als sie sich von ihrem Freund trennte. Seitdem ist sie alleinerziehend, Tom ist mittlerweile acht Jahre alt. Adam kann und will kein Ersatzvater für Tom sein, dafür fehlt ihm die Zeit. Aber er unterstützt Sandra nach Kräften, holt Tom von der Schule ab, wenn Sandra kurzfristig Überstunden machen muss, geht mit Tom auf den Spielplatz, damit Sandra mal zwei Stunden für sich hat. Die drei unternehmen auch häufiger etwas zu dritt. Zwischen Sandra und Adam ist nie etwas gelaufen, Adam lebt seit einiger Zeit wieder in einer Beziehung, worüber sich Sandra sehr freut.

Das Smartphone hat Adam immer dabei. Er macht wahnsinnig viele Fotos, von allem. Vom Essen, von der Landschaft, von anderen Menschen in der Fußgängerzone, von sich selbst vorm Spiegel, von Sandra, von sich und Sandra und natürlich auch von Tom. Tom beim Eisessen, Tom auf der Schaukel, Tom beim Zähneputzen, Tom in der Straßenbahn, Tom überall. Sandra freut sich darüber. Manches findet sie ein bisschen überflüssig, manchmal möchte sie einfach mal gern ohne Kamera in einem Café sitzen, aber so ist Adam halt. Er schickt ihr regelmäßig Dutzende Bilder von Tom, die schönsten hat sie sich entwickeln lassen und in der Wohnung aufgehängt.

Eines Tages hat Sandra Adams Smartphone in der Hand. Sie und Adam kochen gemeinsam, und Sandra knipst ein Foto vom Essen. Adam ist in diesem Moment nicht im Raum. Sandra will nachsehen, ob die Aufnahme etwas geworden ist, und sieht dabei auch neue Fotos von Tom, die ihr Adam noch nicht geschickt hat. Gedankenverloren scrollt sie durch die Bibliothek und stößt dabei auch auf ältere Fotos von Tom, die sie nicht kennt. Eine Serie von Bildern irritiert sie sofort: Tom in Unterhose im Türrahmen mit herausgestrecktem Po. Tom, wieder in Unterhose, mit gespreizten Beinen auf dem Sofa sitzend, den Mund geöffnet, als ob er eine Banane essen wollte. Tom beim Eisessen mit weit herausgestreckter Zunge, mal mit, mal ohne Eis im Bild. Ein Porträt von Tom mit abgeklärtem Blick in die Kamera, der Mund halb geöffnet, die Zungenspitze berührt die Oberlippe.

Sandra starrt wie paralysiert auf das Handy. Sie findet, dass Tom auf diesem Foto lasziv schaut. Aber wie kann sie das von ihrem eigenen Sohn denken? Tom ist acht Jahre alt! Interpretiert sie da etwas hinein? Es geht um ihren besten Freund, der immer für sie da ist. Er hat eine Freundin. Tom lacht auf den allermeisten Bildern. Er hat nie erzählt, dass ihn das Fotomachen stört. Warum sind aber ausgerechnet die Fotos, die Sandra nun irritieren, exakt diejenigen, die Adam ihr nicht geschickt hat?

Als sie hört, dass Adam zurückkommt, legt Sandra sein Handy rasch zur Seite und versucht, sich nichts anmerken zu lassen. Sie essen gemeinsam, aber danach bricht Sandra so rasch wie möglich auf. Zu Hause lenkt sie das Gespräch mit Tom auf das Thema Fotos im Allgemeinen und die Unterhosenfotos im Besonderen. Tom erzählt davon und berichtet ausführlich, wie Adam sagte, er solle sich in den Türrahmen stellen. »Fandest du das nicht komisch?«, fragt ihn seine Mutter. »Was meinst du mit komisch?«, fragt Tom zurück.

Sandra schiebt das Thema beiseite, redet sich ein, dass sie sich in etwas hineinsteigert. Tom geht es gut, Adam behandelt ihn gut, sie kann dankbar sein, dass sie Adam hat. Ohne ihn könnte sie ihr Leben als Alleinerziehende nicht so leben, wie sie es möchte. Aber sie hat fortan ein mulmiges Gefühl, wann immer Adam eine Fotosession startet. Warum will Adam beim Eisessen immer auch ein Foto, bei dem Tom die Zunge herausstreckt? Warum genügt nie ein Foto vom lächelnden Tom, der einfach glücklich ein Eis in der Hand hält?

Nach einigen Monaten des Zögerns wendet sich Sandra an eine Fachberatungsstelle. Dort sagt man ihr, dass die Fotos von Tom im Türrahmen mit herausgestrecktem Po und auf dem Sofa mit gespreizten Beinen, jeweils nur mit Unterhose bekleidet, mit höchster Wahrscheinlichkeit sogenanntes Posing darstellen. Das Anfertigen solcher Bilder ist eine Form von sexuellem Kindesmissbrauch, der Besitz der Fotos strafbar. Sandra erfährt, dass alles, was sie erzählt hat, keinesfalls »normal« ist beziehungsweise – schlimmer noch – relativ »normal« für einen Täter, der Zugriff auf ein Kind hat und sexualisierte Gewalt ausübt.

Die Gefahr im Nahfeld

Die Fälle von Jens und Tom sind keine fiktiven Geschichten. Sie wurden mir von Fachberater:innen für sexualisierte Gewalt an Kindern und Therapeut:innen erzählt, als ich sie fragte, was in ihrer Arbeit ein »typischer Fall« ist. Die Namen habe ich geändert, manche Details bewusst weggelassen und die Dialoge teilweise auf Basis der Erzählungen der Fachleute konstruiert, dies alles in einer Weise, dass keine Rückschlüsse auf die wahren Fälle möglich sind. Das war die Abmachung, um die Fälle in diesem Buch beschreiben zu können.

Viele Fälle, von denen mir erzählt wurde, haben starke Bezüge in die reale, physische Welt, wären aber ohne die Digitalisierung niemals auf diese Art und Weise möglich gewesen. Insbesondere das Smartphone als Tatwerkzeug lässt sexualisierte Gewalt an Kindern im Nahfeld wahrscheinlicher werden.

Dieses Nahfeld ist, so ungern wir das hören, statistisch betrachtet das mit großem Abstand bedrohlichste Umfeld. Die Bundeskoordinierung Spezialisierter Fachberatung gegen sexualisierte Gewalt in Kindheit und Jugend, BKSF, schätzt,[1] dass etwa 80 bis 90 Prozent der Fälle, mit denen die Fachberatungsstellen zu tun haben, im sozialen Nahbereich stattfinden, heißt: Die Kinder erfahren sexualisierte Gewalt durch Familienangehörige oder Freund:innen der Familie, Täter:innen lauern auch in der Verwandtschaft, der Nachbarschaft oder sind andere Bezugspersonen der Kinder wie Autoritätspersonen in Vereinen, Kitas oder der Schule. Zahlen der Unabhängigen Beauftragten für Fragen des sexuellen Kindesmissbrauchs (UBSKM) stützen dies: Die UBSKM schätzte für 2021,[2] dass etwa ein Viertel der Fälle von sexualisierter Gewalt im engsten Familienkreis stattfand und die Hälfte aller Fälle im sozialen Nahfeld, also im erweiterten Familien- und Bekanntenkreis, inklusive Vereinen und Nachbarschaft. Zusammengenommen geht die UBSKM also bei drei von vier Fällen davon aus, dass die Täter:innen aus dem Nahfeld kommen. Sie nimmt ferner an, dass etwa eine Million Kinder von sexualisierter Gewalt betroffen sind – anschaulicher formuliert: Statistisch betrachtet sitzen in jeder Schulklasse ein bis zwei betroffene Kinder.

In der Mehrheit handelt es sich zwar um Männer als Täter, aber Täterinnen kommen bedeutend häufiger vor als gemeinhin gedacht. »Frauen als Täterin sind das Tabu im Tabuthema Kindesmissbrauch«, sagt mein Kollege Sebastian Bellwinkel, der für das ARD-Politikmagazin *Panorama*[3] der Frage nachgegangen ist, wie häufig Frauen pädokriminell handeln. Er interviewte dafür einen Mann, der seit seinem fünften Lebensjahr über Jahre hinweg von seiner Tante sexuell missbraucht worden war. 2015 kam die MiKADO-Studie[4] zu dem Ergebnis, dass etwa 20 Prozent der Täter:innen, die Kinder sexuell missbraucht haben, weiblich waren. Die Autorinnen einer Studie[5] vom Universitätsklinikum Hamburg-Eppendorf für die Aufarbeitungskommission berichteten, dass es sich in 62 Prozent der Fälle, in denen eine Frau die Täterin war, um die Mutter der Kinder handelte.

Betroffene Kinder gehören allen gesellschaftlichen Schichten an. Ein besonderes Risiko lässt sich bei Kindern mit kognitiven oder körperlichen Behinderungen ausmachen, weil sie oftmals in einem besonders ausgeprägten Abhängigkeitsverhältnis zu den Täter:innen stehen und sich (anderen gegenüber) schlechter artikulieren können. Die Prävalenz für sexualisierte und körperliche Gewalt, also die Häufigkeit betroffener Personen, wird in Deutschland bei Kindern ohne Behinderung mit neun Prozent, bei Kindern mit Behinderung mit 31 Prozent angegeben. Das heißt: Von den Kindern ohne Behinderung ist etwa jedes elfte Kind betroffen, liegt eine Behinderung vor, sogar jedes dritte.

Die Gefahr im Nahfeld ist kontraintuitiv. Genau die Personen, denen wir am meisten vertrauen, werden zu Täter:innen und schaffen es, uns zu manipulieren. Der oder die Partner:in, Verwandte, Nachbar:in, Babysitter, Erzieher:in in Kita oder Kindergarten, Lehrer:in, Freund:in, Arbeitskolleg:in – eben all jene, die über uns »Zugriff«, wie es Täter:innen nennen, auf die Kinder erhalten. Diese Erkenntnis ist in der Fachwelt nicht sonderlich neu. Im allgemeinen Bewusstsein ist die Gefahr im Nahfeld aber weiterhin kaum präsent. Wir warnen Kinder eher, wenn sie abends allein durch den Park laufen, oder denken an spektakuläre Kriminalfälle, bei denen ein Kind auf dem Schulweg in einen Bulli gerissen und entführt worden ist. Natürlich gibt es diese Fälle. Dass sich Eltern nun durch das Internet besonders vor den Gefahren »im Netz« fürchten, hat auch damit zu tun, dass es in das Narrativ des oder der Fremden als Täter:in passt – schräge Typen, mit denen man sonst nichts zu tun haben würde, die sich den eigenen Kindern nun aber über das Internet nähern wollen. Die schlechte Nachricht ist, dass diese Gefahr tatsächlich signifikant angestiegen ist, wie wir im folgenden Kapitel sehen werden.

Im Sinne des Threat Modelings müssen wir uns erst einmal ergebnisoffen fragen: Wer sind realistischerweise die Angreifenden, wer von ihnen kann am ehesten erfolgreich sein, und, falls es mehrere gibt, wie wahrscheinlich sind verschiedene Szenarien? Blickt man durch die Augen der Täter:innen, wird schnell klar: Es ist im Regelfall deutlich einfacher, kalkulierbarer und risikoärmer, sich die Opfer im sozialen Nahbereich zu suchen.

Kreislauf des Missbrauchs

In der Fachliteratur gibt es typische Strategien der Täter:innen, die wie eine Art Kreislauf des Missbrauchs daherkommen.[6] Die Detailtiefe und Ausprägung ist zwar von Modell zu Modell unterschiedlich, es lassen sich aber bestimmte Muster ablesen, die in fast allen Missbrauchskonstellationen vorkommen, online wie offline. Ich werde im Folgenden diesen Kreislauf schildern, wie er in der Fachliteratur skizziert wird – und mit einem parallelen Blick ins Darknet zeigen, dass er keinesfalls »nur« Theorie ist, sondern grausame Praxis der Pädokriminellen. Im Darknet zirkulieren Informationen*, die Pädokriminellen helfen sollen, Kinder sexuell zu missbrauchen.

Interessant ist, dass sämtliche Ausprägungen von sexuellem Kindesmissbrauch in den Missbrauchskreislauf »eingebettet« sind. Er beginnt immer mit irgendeiner Form von »sozialer Basis«, die Täter:in und Betroffene:n miteinander verbindet. Diese Basis kann in familiären oder örtlichen Verbindungen, im ehrenamtlichen Engagement, im Betreuungsumfeld der Kinder (Schulen, Kitas …), durch sonstige Dienstleistungen gelegt werden. Bei Jens war der Sportverein die Basis, bei Tom die Freundschaft zwischen seiner Mutter und Adam.

Es kann natürlich auch sein, dass Täter:innen diese Basis erst herstellen, sie bewusst anbahnen. Ein Beispiel ist ein 2021 verhafteter Täter aus Wermelskirchen, der sich als Babysitter anbot und damit »Zugriff« auf Kleinstkinder erhielt. 14 Jahre lang soll diese Methode in über 100 Fällen geklappt haben, das jüngste Opfer soll ein damals einmonatiges Mädchen gewesen sein. In der pädokriminellen Szene wird Babysitting in der Tat immer wieder als »Chance« bezeichnet, sich Kindern nähern zu können. Der Vorteil liegt darin, dass die Täter:innen weitestgehend ungestört mit den Kindern sein können. Auch die Kinder alleinerziehender Mütter und Väter müssen als klare Risikogruppe genannt werden. Für Pädokriminelle bietet sich die Gelegenheit, sich als kümmernde:r, liebende:r Partner:in zu geben, damit die leiblichen Mütter und Väter zu blenden, emotionale und finanzielle Abhängigkeiten zu schaffen und gleichzeitig dauerhaften »Zugriff« auf das Kind zu erhalten.

---

* Mir ist bewusst, dass Teile dieser Informationen öffentlich bekannt sind und in mindestens einem europäischen Land bereits breit diskutiert worden sind. Dennoch möchte ich an dieser Stelle nicht konkreter werden, weil Namen Pädokriminellen helfen könnten, sie zu finden.

Der Vorteil aus pädokrimineller Perspektive bei Betreuungseinrichtungen wie Kitas, Kindergärten und Schulen ist, dass die Täter:innen Einblick in sensible Daten erhalten, zum Beispiel, welche Kinder aus schwierigen Verhältnissen kommen, Krankheiten oder sonstige Probleme haben und damit, so schlimm das klingt, ein »geeigneteres« Opfer sind als andere.

Typisch ist auch, dass die Täter:innen den Kindern Geschenke machen, damit die Kinder ein Schuldgefühl entwickeln, sie angenommen zu haben. Etwas älteren Kindern, mit denen sprachlich kommuniziert werden kann, können die Täter:innen auch falsche sexuelle Normen vermitteln, um ihre Handlung später als »normal« erscheinen zu lassen.

Diese Beispiele sollen als Andeutung genügen. Sie zeigen, wie wirksam es für den Schutz von Kindern sein kann, im Sinne des Threat Modelings die Perspektive zu wechseln und möglichst immer durch die Augen der möglichen Angreifer:innen zu schauen. »Am häufigsten nutzen die Erwachsenen die emotionale Abhängigkeit oder Bedürftigkeit der Kinder aus«, schrieben[7] Dirk Bange und Günther Deegener als Ergebnis einer breiten empirischen Befragung von Betroffenen.

Ist eine soziale Basis vorhanden oder geschaffen, entwickeln Täter:innen eine Idee vom Missbrauch, was konkret sie reizt und wie sie ihr Ziel bestmöglich umsetzen könnten. Dass Täter:innen ihre Opfer zufällig auswählen, um dann impulsgetrieben »frei von Sinnen« im Affekt zu handeln, ist ein weitverbreiteter Mythos. Die Fülle an Fallkonstellationen ist reich, sodass sicherlich auch solche Impulshandlungen vorkommen, tatsächlich aber bedürfen sexualisierte Gewalthandlungen an Kindern vor allem eines: der Planung. »Wovon wir uns gedanklich verabschieden müssen, ist der blitzartige Übergriff ohne jede Vorwarnung. In aller Regel ist sexualisierte Gewalt eingebettet in einen langen, schleichenden und manipulativen Prozess«, sagt die Kriminologin Kristina Straßburger.

Täter:innen überlegen sich genau, mit welchem Plan sie ans Ziel kommen, wo, wann und wie er sich am besten umsetzen lässt und welche Ressourcen sie dafür brauchen. Es gibt zwar auch Pädokriminelle, die sich als »Jäger:in« sehen und Kontakt zu Kindern suchen, ohne beispielsweise Trainer in einem Sportverein zu werden, aber auch eine solche »Jagd« wird akribisch geplant.

Natürlich kommt es für Missbrauchstäter:innen stark darauf an, wie alt das Kind ist. Ein Säugling kann nur schreien, weshalb Täter:innen einen Kontakt an Orten herbeiführen möchten, wo dies kein Problem darstellt. Sei es in einer Wohnung, wenn die Eltern nicht zu Hause sind, oder, was ungemein aufwendiger wäre, in einem Hotelzimmer. Aber auch sonst sind »zeugenfreie Situationen«, wie Täter:innen im Internet diese Szenen beschreiben, wünschenswert. Beim Radsportler Jens war es der Umstand, dass er mit dem Trainer allein war, ob in der Kabine oder später beim Trainer zu Hause. Und Adam konnte die Posingbilder von Tom nur dann machen, wenn die beiden allein waren. Art und Umfang der »zeugenfreien Situationen« bestimmen nicht selten auch Art und Umfang des eigentlichen Missbrauchs. Ist es beispielsweise nicht möglich, mit einem Kleinstkind wirklich allein zu sein, könnte sich der Missbrauch darauf »beschränken«, geräuschlos Nacktfotos zu machen und einen körperlichen Kontakt zu vermeiden, bei dem es wahrscheinlich ist, dass das Kind zu weinen beginnt. Ich musste erfahren, dass viele Täter:innen vor nackten Säuglingen masturbieren und dann auf den Kindeskörper ejakulieren, vorzugsweise wohl auch im Schlaf der Kinder. Damit rechtfertigen sie sich vor sich selbst, da dem Kind ja nichts passiere. Dies ist widerwärtig, aber die

Schilderung soll ein Gefühl davon vermitteln, wie Täter:innen denken und welche Optionen wir für ein Schutzkonzept in Betracht ziehen müssen.

Die Planung wird von umsichtig agierenden Täter:innen ins Extreme getrieben, um möglichst nichts dem Zufall zu überlassen. Man kann sich nicht ausmalen, um welche Fragen sich diese Gedanken teilweise drehen. Vieles von dem, was ich in unseren Recherchen lernen musste, könnte und würde ich niemals öffentlich wiedergeben. Etliches dreht sich in pädokriminellen Onlinenetzwerken mittlerweile um technische Fragen, also etwa auf welche Art und Weise Fotos und Videos gemacht werden sollten, um möglichst keine Spuren zu hinterlassen. Was mich während meiner Darknetrecherchen mit am meisten verstört hat, waren pseudowissenschaftliche Metriken, erarbeitet von einem Kollektiv mehrerer Täter:innen auf Basis »empirischer Daten«, mit denen eine durchschnittliche Penetration »berechnet« werden könne. Das sind gewiss Extremfälle, und ein Großteil der Täter:innen wird solche »Literatur« niemals lesen. Aber im Extremen zeigt sich besonders deutlich, wie wichtig Planung für Täter:innen ist.

Teil einer jeden Planung ist weiterhin, das Umfeld des Kindes zu manipulieren. Täter:innen schotten sich häufig nicht etwa ab von Eltern und Bezugspersonen des Kindes, sondern suchen sehr bewusst den Kontakt. Die Täter:innen wollen sein Vertrauen gewinnen, um es weniger sensibel für mögliche Indizien zu machen. Dazu zählt, dass die Täter:innen gezielt eine »Freundschaft« zu den Kindern aufzubauen versuchen, um diese zutraulicher zu machen. Ein Effekt dürfte meiner Meinung nach aber auch sein, dass sich ein Missbrauch vor sich selbst besser rechtfertigen lässt, wenn man als Teil der »Child Lover Community« tatsächlich eine freundschaftliche Beziehung mit dem betroffenen Kind hat und diese, wie es in der pädokriminellen Szene genannt wird, zu einer »Romanze weiterentwickelt«.

Wichtig ist für Täter:innen auch, dass die betroffenen Kinder die gute Beziehung zwischen Täter:in und Kindesumfeld mitbekommen, denn das senkt massiv die Wahrscheinlichkeit, dass die Kinder ein »Schweigegebot« brechen.

Für professionell agierende Täter:innen ist typisch, dass der Plan eine Steigerung der Grenzverletzungen vorsieht. Das gewünschte Endziel, beispielsweise ein Nacktfoto des Kindes, soll nicht mit dem ersten Versuch erreicht werden, sondern am Ende eines Prozesses stehen. Häufig wird dafür mit scheinbar harmlosen Dingen die Reaktion des Kindes und seines Umfelds getestet. Wie reagiert Tom, wenn Adam ihm – ohne dass die Mutter dabei ist – klare Instruktionen gibt, wie er bei einem Foto posieren soll, beispielsweise beim harmlosen Schaukeln auf dem Spielplatz? Beschwert sich Sandra, wenn Adam viele Fotos von Tom macht? Im Fall von Jens bestanden die »Tests« in den direkten WhatsApp-Nachrichten des Trainers, die häufiger und persönlicher wurden. Antwortet Jens? Es dürfte aber auch wichtig gewesen sein, dass sich der Junge während der Trainingseinheiten aus Sicht des Täters »normal« verhalten und nicht offen in der Gruppe thematisiert hat, dass er nun intensiv mit seinem Trainer chatte. Um nicht missverstanden zu werden: Wenn Betroffene schweigen, tragen sie dadurch keine Mitschuld. Die alleinige Schuld für grenzverletzendes Verhalten tragen die Täter:innen. Es soll hier deutlich werden, dass die Täter:innen ihre »Tests« so gestalten, dass sie sich einfach herausreden können. Hätte Jens die Chats zu einem frühen Zeitpunkt gegenüber den anderen erwähnt, hätte sich für den Trainer die Möglichkeit geboten, sie zu bagatellisieren, sich als einsichtig zu zeigen, verbunden mit der Beteuerung, es nur freundschaftlich und nett gemeint zu haben.

Es ist für das Kind und dessen Umfeld unglaublich schwierig, erste »Tests« als solche zu identifizieren, denn Täter:innen achten zu ihrer eigenen Sicherheit am Beginn peinlich genau darauf, nichts Illegales zu tun und selbst einen »Graubereich« zu meiden – so wird es ihnen in der pädokriminellen Szene geradezu eingetrichtert. Eine zunächst überraschende Empfehlung lautet beispielsweise, bei den ersten »Tests« nie länger als fünf bis zehn Minuten am Stück mit dem Kind allein sein zu wollen, um den Eindruck zu erwecken, dass man gar keine Zeit für grenzverletzendes Verhalten gehabt hätte. Körperkontakt soll in diesen ersten »Tests« immer nur oberhalb der Kleidung des Kindes passieren, Umarmungen sollen völlig normal sein, und Küsse sind verboten.

Erst wenn ein Zugriff aufs Kind besteht, der Plan entwickelt sowie das Umfeld manipuliert ist und die »Tests« erfolgreich verliefen, kommt es aus Sicht der Täter:innen zum eigentlichen Missbrauch. Natürlich können die Grenzverletzungen schon vorher illegal oder zumindest illegitim gewesen sein, aber im Zentrum des Plans steht letztlich immer ein bestimmtes, täterindividuelles Ziel. Dies kann im Extremfall der reale, physische Missbrauch sein oder eine andere Form der sexualisierten Gewalt, beispielsweise das Anfertigen von (anzüglichen) Fotos, sexualisierte Konversationen, getarnt als »Flirt« oder »Albernheit«.

Was ich gerade bewusst verneint habe, nämlich eine Mitschuld der Betroffenen – etwa von Jens, indem er auf die privaten Nachrichten seines Trainers geantwortet hat –, interpretieren Täter:innen in ihrem Sinn und sammeln es als Argumente, um den Missbrauch später leugnen und bagatellisieren zu können. Es findet eine Umkehr der Verantwortung statt: Nicht sie tragen die Schuld für die Grenzverletzung, sondern die Betroffenen, die sich ja rechtzeitig hätten wehren können.

Bis heute sehen sich sexuell missbrauchte Mädchen im sogenannten »Lolitaalter« dem Vorwurf ausgesetzt, sie hätten als Lolita – eine Bezeichnung für eine Kindsfrau – den Täter »angemacht« und den Missbrauch daher provoziert. Bange und Deegener berichten[8] von einem Fall in 1984, bei dem der Richter in seiner Urteilsbegründung über den Täter festhalten ließ, dass die Initiative zur Tat »bis zu einer gewissen Grenze von seinem frühreifen Opfer ausgegangen sei«. Das Mädchen war gerade mal sieben Jahre alt.

Da sexueller Missbrauch von Kindern in nahezu allen Ländern der Welt stark kriminalisiert ist, wollen Täter:innen ihre Taten geheim halten. Neben einem wachsamen Umfeld ist ihr größtes Risiko das Kind selbst. Es zirkulieren diverse Abhandlungen im Netz, welche Kinder – aus Sicht der Pädokriminellen – »sicher« beziehungsweise »unsicher« sind. Säuglinge gelten aufgrund ihrer Wehrlosigkeit als relativ »sicher«, während Kinder zwischen einem und sechs Jahren eher als »unsicher« gelten, weil sie sich bereits artikulieren, aber ein »Geheimnis« nicht gut für sich behalten können. Ein »Geheimnis« wird gern positiv gerahmt, beispielsweise als gemeinsame Aufgabe zwischen Täter:in und betroffenem Kind mit dem Ausblick auf Belohnungen. Je älter Kinder werden, als desto »sicherer« gelten sie, weil eine vom Kind immer stärker wahrgenommene Abhängigkeit und Machtunterlegenheit aufgebaut werden kann. Flankiert wird diese Strategie von empirischen Erkenntnissen von Bange und Deegener, wonach Täter:innen verstärkt physische Gewalt einsetzen, sobald sie fürchten müssen, dass sich die Kinder anderen mitteilen könnten.

Dann beginnt der Kreislauf des Missbrauchs von Neuem: Nun ist »etwas passiert«, die gemeinsame Basis hat sich verändert. Darauf aufbauend können die Täter:innen neue Ideen entwickeln, das Umfeld weiterhin in ihrem Vertrauen manipulieren, neue »Schritte« testen und schließlich weitere Missbrauchstaten begehen. Jede erfolgte Tat schmälert die Chancen des Umfelds, das Ganze zu stoppen, und ist ein soziales Faktum, das es den Betroffenen erschwert, aus dem Kreislauf auszubrechen.

Vertrauen und Macht

In diesem Kreislauf missbrauchen die Täter:innen zwei für unser menschliches Zusammenleben elementare soziale Praktiken: Vertrauen und Macht. Gäbe es nicht eine Möglichkeit, diesen Vertrauens- und Machtmissbrauch besser zu erkennen? Dafür müssen wir uns etwas theoretischer damit befassen, was die im Alltag so häufig genutzten Begriffe Macht und Vertrauen soziologisch bedeuten.

Macht liegt für den Soziologen Niklas Luhmann dann vor, wenn eine Person die »Verhaltensprämisse« eines anderen Menschen für das eigene Handeln übernimmt, um Sanktionen zu vermeiden. Wer sich Macht beugt, tut dies also nicht gänzlich freiwillig, sondern in der Erwartung, dass Gehorsam die bessere Alternative ist, als sich dem Willen des Machthabenden zu widersetzen.[9]

Im Kern bauen Täter:innen in Nahfeldkonstellationen darauf, die Machtbeziehung zwischen ihnen und dem Kind zu festigen. Weil Kinder die Folgen ihres Handelns nicht vollends überblicken können, sind sie einer erwachsenen Person machttheoretisch strukturell unterlegen. Sie verfügen nicht über die kognitive und emotionale Reife, um informiert einwilligen zu können, selbstbestimmten Sex mit einem Erwachsenen zu haben. Daher sind sexuelle Handlungen von Erwachsenen und älteren Jugendlichen mit Kindern, also Untervierzehnjährigen, strafbar.

Luhmann weist in seiner Machttheorie auch auf die Verletzlichkeit der Macht hin, denn wer Macht ausübt, riskiert Nichtgehorsam. Gerade weil Kinder sich »verplappern« oder das »Schweigeversprechen« brechen könnten, sind die Machttests der Täter:innen von elementarer Bedeutung. Macht ist, so Luhmann, ständig darauf angewiesen, präsent zu bleiben.

Dem sozialen Umfeld hingegen soll gerade nicht ständig vor Augen geführt werden, dass es eine Machtkonstellation zwischen Täter:in und Betroffenen gibt. Es soll nicht hinterfragen, was die Machtausübenden eigentlich alles mit ihren Machtpotenzialen anstellen (könnten). Dies gelingt maßgeblich über Vertrauen. Auch hierfür sind Luhmanns Ausführungen instruktiv.[10] »Im Akt des Vertrauens wird die Komplexität der zukünftigen Welt reduziert. Der vertrauensvoll Handelnde engagiert sich so, als ob es in der Zukunft nur bestimmte Möglichkeiten gäbe«, schreibt Luhmann. Wir projizieren das Vergangene in die Zukunft und müssen uns dadurch nicht ständig mit einer detaillierten Risikoanalyse und quälenden Überlegungen befassen, was alles passieren könnte. Vertrauen entlastet uns und erlaubt uns, einen bestimmten Handlungsverlauf erwarten zu dürfen. Einem Sporttrainer vertrauen wir, weil er mit den Kindern Sport treiben will (und sonst nichts). Unserer besten Freundin vertrauen wir, weil sie uns mit der Betreuung unseres Sohnes entlasten will (und sonst nichts). Vertrauen birgt die Gefahr, dass wir dadurch den Blick für relevante Indizien verlieren und es uns schwerer fällt, Kindern zu glauben, wenn sie von einem Vorfall – einem massiven Vertrauensbruch! – berichten.

Die Rolle der Pädophilie

Wenn Täter:innen mit wissenschaftsähnlicher Akribie Theorien und Strategien entwickeln, um ein Umfeld systematisch zu manipulieren, Vertrauen zu missbrauchen und Machtasymmetrien auszunutzen, drängt sich die Frage auf: Wie können sich diese Menschen im Internet dann in Foren für »Child Lover«, also für »Menschen, die Kinder lieben«, herumtreiben? Wie können sie glauben, dass eine romantische Liebesbeziehung zu und einvernehmlicher Geschlechtsverkehr mit einem Kind möglich ist? Ist das alles Teil des sexuellen Leidensdrucks, den diese Menschen spüren? Die Frage führt uns zurück zur Rolle der Pädophilie im Kontext des sexuellen Kindesmissbrauchs.

Seit der elften Version der Internationalen statistischen Klassifikation der Krankheiten und verwandter Gesundheitsprobleme – einem von der Weltgesundheitsorganisation herausgegebenen System, um medizinische Diagnosen stellen zu können – vom 1. Januar 2022 gilt aus medizinischer Sicht zwar eine »pädophile Störung« als Krankheit oder krankhafte Entwicklung, nicht (mehr) aber Pädophilie an sich. Klingt kompliziert, ist aber einfach: Nicht jede:r Pädophile hat automatisch eine pädophile Störung. In der ICD-Definition heißt es: »Eine pädophile Störung ist durch ein anhaltendes, konzentriertes und intensives Muster sexueller Erregung gekennzeichnet, das sich in anhaltenden sexuellen Gedanken, Phantasien, Trieben oder Verhaltensweisen äußert und sich auf vorpubertäre Kinder bezieht. Damit eine pädophile Störung diagnostiziert werden kann, muss die betreffende Person diese Gedanken, Phantasien oder Triebe ausgelebt haben oder durch sie stark belastet sein. Diese Diagnose gilt nicht für sexuelles Verhalten unter prä- oder postpubertären Kindern mit Gleichaltrigen, die dem Alter nach ähnlich sind.«[11] Vereinfachend würde ich umgangssprachlich zusammenfassen, dass es bei einem pädophilen Menschen darauf ankommt, ob er darunter leidet, weil er seine Bedürfnisse in die Tat umsetzen möchte oder schon umgesetzt hat – oder ob er diese Neigung reflektiert und sich »im Griff hat«.

Diese Differenzierung, gefüttert durch den medizinischen Erkenntnisfortschritt, ist einer breiten Öffentlichkeit weitestgehend unbekannt. Hilfreich ist das nicht. Die Stigmatisierung pädophiler Menschen und die gesellschaftliche Tabuisierung des Themas führen nicht nur dazu, dass pädophile Menschen chronisch zu wenige Hilfs- und Therapieangebote erhalten. Auch die wissenschaftliche Forschung zum Thema ist sehr übersichtlich, nicht zuletzt mangels Förderung entsprechender Forschungsprojekte. Es ist nicht einmal gesichert erforscht, wie viele Menschen überhaupt pädophile Neigungen haben.[12, 13]

Eine viel zitierte Zahl auf Basis empirischer Daten[14, 15] lautet, dass etwa ein Prozent der männlichen Bevölkerung pädophil ist, bei Frauen ist der Anteil wohl geringer. Die Zahl stammt von einem Forscherteam um Professor Klaus Beier, Direktor des Instituts für Sexualwissenschaft und Sexualmedizin an der Berliner Charité. Beier ist auch Sprecher des Präventionsnetzwerks »Kein Täter werden«, das Personen ein Behandlungsangebot macht, die sich sexuell zu Kindern hingezogen fühlen. In Deutschland entspräche ein Prozent der männlichen Bevölkerung rund 350000 Männern, wenn man vereinfachend annimmt, dass hier rund 72 Millionen Menschen über 14 Jahren leben und rund 49 Prozent davon männlichen Geschlechts sind.

Die Spannbreite ist jedoch immens, was auch die klinische Feststellung von Pädophilie schwierig und die Zahlen untereinander kaum vergleichbar macht. Manche Menschen haben hin und wieder eine abwegige Sexualfantasie, in der Kinder vorkommen, ohne jemals wirklich ein Kind sexuell missbrauchen zu wollen, andere können sich Sex nur mit Kindern vorstellen und möchten dies in die Tat umsetzen. Beiers kanadischer Kollege Michael Seto schätzte auf Basis eigener Daten in einer Veröffentlichung von 2009, dass der Anteil pädophiler Männer bei rund fünf Prozent liegen dürfte.[16] Auch in einer anonymen Onlineumfrage[17] gaben 5,5 Prozent von 8718 deutschen Männern an, pädophile Interessen zu haben.

Da also nicht genau bekannt ist, wie viele Menschen eine pädophile Neigung haben, lässt sich folglich auch nicht valide sagen, wie viele Pädophile ihre Sexualität gänzlich unterdrücken, wie viele sich pädosexuell und wie viele sich pädokriminell verhalten. Klar ist nur, dass ein Großteil der Pädophilen zwar diese Sexualpräferenz hat, aber weiß, dass Kinder per se nie ihr mündiges, informiertes Einverständnis zu Sex mit Erwachsenen geben könnten. Solche Pädophilen wissen, dass beim Ausleben ihrer Fantasien zwingend Gewalt gegen das Kind angewendet werden müsste, doch als Menschen, die aus ihrer Perspektive eine Liebe zu Kindern entwickeln, wollen sie gerade dies nicht.*

Die Frage, wie viele Pädophile kriminell handeln, lässt sich allenfalls indirekt erschließen, denn es gibt zwar Studien, wie hoch der Anteil an pädophilen Menschen unter Missbrauchstäter:innen ist, aber keine einschlägigen Studien nur zu Pädophilen.

In den Niederlanden veröffentlichte der dortige Berichterstatter zu sexualisierter Gewalt gegen Kinder 2014 einen Bericht mit dem Titel *Auf sicherer Grundlage*.[18] Demnach konnte

---

* Wer sich für diese Sicht auf Pädophilie interessiert, findet auf der Website https://wir-sind-auch-menschen.de/ einen einfach verständlichen Startpunkt. Man muss nicht mit allem übereinstimmen, aber als Ausgangsbasis für weitere Recherchen hat das Angebot von Sirius, mit dem ich gesprochen habe, mir geholfen.

bei 20 Prozent der befragten Sexualstraftäter:innen eine sogenannte Paraphilie festgestellt werden. Als Paraphilie bezeichnet man allgemein sexuelle Neigungen, die von der empirischen Norm abweichen, was neben dem Bedürfnis nach Kindern auch Fetischismus (Bedürfnis nach Objekten), ein Bedürfnis nach Schmerz, Demütigung oder nach Tieren umfassen kann. Eine 2001 veröffentlichte Untersuchung[19] im Fachmagazin *Sexual Abuse* kam zum Ergebnis, dass von 1113 Sexualstraftäter:innen, die Kinder sexuell missbraucht hatten, in 27 Prozent der Fälle ein »pädophiles Interesse« nachgewiesen werden konnte. Den wohl höchsten Anteil an Menschen mit pädophilen Neigungen unter Straftäter:innen fand eine Studie aus Österreich heraus. Dabei wurden die forensischen Berichte von 223 männlichen Missbrauchstätern untersucht. Unterschieden wurde dabei, ob die Täter über ihren Beruf mit den von ihnen missbrauchten Kindern in Kontakt kamen, ob sie Familienmitglieder waren oder andere, familien- und berufsexterne Beziehungen zu den Kindern hatten. Zwischen zwei und 19 Prozent der Täter hatten selbst angegeben, pädophil zu sein. Therapeut:innen stellten bei diesen Personen deutlich häufiger Kriterien für eine pädophile Sexualpräferenz fest, im Durchschnitt bei 46 Prozent. Allerdings galten auch aus Sicht der Therapeut:innen (nur) rund zehn Prozent als exklusiv pädophil in ihrer Sexualpräferenz.

Dieser Ausflug in die Wissenschaft zeigt vor allem eines: Genaues wissen wir (noch) nicht. Allgemein gehen Expert:innen davon aus, dass die Mehrheit der Missbrauchstaten an Kindern nicht von Menschen mit pädophiler Sexualpräferenz begangen wird, sondern von Täter:innen, bei denen eher der Wunsch dominierte, Überlegenheit auszuleben, eine machtvolle Position einzunehmen, häufig auch, Gewaltfantasien auszuleben.

Mit der ausführlichen Darlegung der Faktenlage will ich Menschen mit pädophilen Neigungen nicht per se für ungefährlich erklären. Natürlich ist es immer noch eine äußerst signifikante Zahl, wenn – je nach Studie – zwischen etwa zehn bis nahezu 50 Prozent der Täter:innen, die Kinder sexuell missbrauchen, pädophile Neigungen haben. Im Sinne des Threat Modelings geht es mir darum, sich klarzumachen, wer genau eigentlich die Angreifenden sind, die wir im Blick haben müssen. Wenn wir nur von »den Pädophilen« sprechen, gerät ein mindestens ebenso großer Kreis an Personen, nämlich gewaltwillige Missbrauchstäter:innen, bei jeder Analyse außen vor. Wir müssen alle Gruppen von Täter:innen in den Blick nehmen und ihre gruppentypischen Motivationen für unsere Analyse im Hinterkopf behalten.

Das Smartphone als soziales Werkzeug

Wie wir gesehen haben, basiert sexueller Kindesmissbrauch auf tief verankerten Gesellschaftsstrukturen, die schon lange vor der Digitalisierung bestanden. Digitale Technologien können aber natürlich von den Akteur:innen gezielt zur Steigerung von Machtasymmetrien und zur Stärkung von Vertrauensbeziehungen eingesetzt werden.

Ein »Game Changer« war in dieser Hinsicht das Smartphone im wortwörtlichen Sinne eines internetfähigen Mobiltelefons. Der IT-Branchenverband veröffentlichte 2022 eine repräsentative Befragung[20], wonach 95 Prozent der Kinder zwischen sechs und neun Jahren regelmäßig ein Smartphone oder Tablet nutzen. Zehn- bis Zwölfjährige waren demnach im Schnitt rund eineinhalb Stunden pro Tag online.

In allen Gesprächen, die ich mit Personen geführt habe, die mit Betroffenen von sexualisierter Gewalt arbeiten, wurde die

Ubiquität der Smartphones als die zentrale Veränderung in ihrer Arbeit bezeichnet. »Früher gingst du als Betroffener noch bedröppelt nach Hause und hattest Momente, das Erlebte zu verarbeiten. Das waren – zumindest in der Theorie – noch Interventionsmöglichkeiten«, schildert Lukas Weber, Geschäftsführer des Berliner Vereins HILFE-FÜR-JUNGS. »Mit dem Smartphone aber bist du allzeit verfügbar, allzeit erreichbar. Es ist nie ruhig, die Täter:innen können immer schreiben, immer anrufen, immer nett sein, immer Druck ausüben, immer belohnen, immer bestrafen.« Auch Hannah Gestrich, Mitarbeiterin in der Beratungsstelle für Mädchen* von Wildwasser in Berlin, erlebt diese Dauerpräsenz der sexualisierten Gewalt als großes Problem für die Betroffenen: »Die Gewaltdynamik setzt sich dann immer weiter fort. Selbst wenn sie eigentlich gar nicht stattfindet, weil im Moment nichts passiert, bleibt sie präsent, weil sich die Lage in jeder Sekunde ändern könnte. Das gilt für die Kommunikation mit den Täter:innen selbst, aber unter Jugendlichen zum Beispiel auch dadurch, dass ständig Fotos und Videos herumgeschickt werden. Wenn ein Mädchen weiß, dass eine andere Person Aufnahmen von ihr besitzt, kann jedes Klingeln des Smartphones ein Schreckmoment sein.«

Neben der dauerhaften Präsenz spielt das Smartphone den Täter:innen auch dadurch in die Karten, dass Taten tendenziell einfacher bagatellisiert werden können. Da immer und überall im Alltag Fotos und Videos von Kindern gemacht werden, gelten Eltern, die dies für ihre Kinder nicht wollen, schnell als rückständig. Dies gilt selbstverständlich nicht für explizite Missbrauchsdarstellungen, sehr wohl aber für scheinbar harmlose Kinderfotos, die – wie wir im Kapitel über die ge-

---

* Mit dem Sternchen hinter Mädchen möchte der Verein darauf aufmerksam machen, dass sich auch non-binäre Betroffene melden können.

klauten Alltagsaufnahmen sehen werden – in bestimmten pädokriminellen Zirkeln sehr beliebt sind und zu Hunderttausenden getauscht werden.

Aus der Täter:innen-Perspektive ist es vorteilhaft, dass gerade ältere Kinder ihr Smartphone rege nutzen und es gewohnt sind, Selfies zu machen und zu verschicken. Gelingt es Pädokriminellen, dass die Betroffenen anzügliche Aufnahmen verschicken, ist dies nicht nur ein Problem wegen des eigentlichen Bildes, sondern auch, weil es im Missbrauchskreislauf für verschiedenste Zwecke eingesetzt werden kann: mindestens als Druckmittel, aber auch als Argument für die Verantwortungsumkehrung, denn die Kinder haben formal ja tatsächlich selbst die Fotos geschickt. Dass dieses Argument aufgrund der Machtasymmetrie nivelliert wird, ist für uns Erwachsene schnell erkennbar, Kindern mag es allerdings einleuchten, sodass sie Schuld und Verantwortung bei sich suchen.

All dies sind keine schönen Nachrichten. Aber wir werden bei den Lösungspotenzialen sehen, dass gerade das Routinierte und Regelhafte am Missbrauchskreislauf der wundeste Punkt der Täter:innen ist, denn sich wiederholende Verhaltensmuster lassen sich analysieren und beobachten, um dann unsere Sinne zu schärfen. Wir können uns selbst reflektieren, wenn wir Personen »blind« vertrauen, und wir können – im Gegensatz zu betroffenen Kindern – sehr wohl erkennen, wenn rein objektiv eine Macht- und Abhängigkeitsbeziehung zwischen einem Kind und einer erwachsenen Person besteht. Es gibt Vorschläge für Schutzkonzepte, welche die Risiken für Kinder stark senken können. Das Problem ist nur, dass sie bisher kaum verbreitet sind.

Zocken und nebenbei ein bisschen chatten
Cybergrooming macht das Internet zum Nahfeld

Obwohl ich mich früh für Computer interessierte und ab 2003 an einem damals revolutionären Modellprojekt teilnahm, bei dem in der Schule Hefte und Bücher für einen Laptop eingetauscht wurden, war ich nie ein »Gamer«. Ich hatte nie sonderlich Spaß daran, den gesamten Nachmittag vor dem PC zu hängen. Auch als meine Kumpels später ein ganzes Wochenende eine »LAN-Party« feierten, reizte mich das nicht wirklich. Drei Ausnahmen muss ich allerdings gestehen: »Crash Bandicoot« und »FIFA 2000« gegen meinen Bruder auf der Playstation 2 und »Age of Empires 2« am Windows-PC meiner Eltern. Das waren Spiele, die mich zeitweise in ihren Bann zogen, sodass ich selbst nach Stunden des Spielens protestierte, wenn meine Mutter sagte, ich hätte ja schon »eckige Augen« vom Starren auf den Bildschirm. Nach ein paar Wochen ebbte das Interesse aber wieder ab.

Abgesehen davon, dass ich diese drei Spiele einige Wochen lang vielleicht tatsächlich zu exzessiv gespielt haben dürfte, wird mir die Erfahrung nicht geschadet haben. Diese drei Spiele sind alle sehr unterschiedlich, haben aber eine Gemeinsamkeit: Sie wurden offline gespielt. Kein Chat mit Teammitgliedern, keine globalen Wettkämpfe, keine Extras im Store. Alles, was im Spiel passierte, passte auf die Speicherkarte für die PS2 oder die CD-ROM für den PC. Es war ein geschlossener Kosmos mit klaren Grenzen, verfügbar gemacht über digitale Speichermedien, aber ohne digitale Vernetzungspotenziale. Es waren Spiele aus einer mittlerweile längst vergangenen Zeit.

Plötzlich öffnet sich ein Chatfenster

Wie so vieles andere wurde auch die Spieleindustrie von der Digitalisierung erfasst, weil die Vernetzungspotenziale bessere Spiele und den Unternehmen damit größeres Wachstum ermöglichten. Und die Pädokriminellen entdeckten diese Spiele rasch als neue Orte, sich Kindern nähern zu können – worüber sich weder die Hersteller noch die Politik, noch die Eltern im Klaren waren.

Nun sind viele überrascht, dass sich Pädokriminelle »sogar« in Spielen für Kinder tummeln, um eine soziale Basis für Missbrauchstaten zu schaffen, also dort den Kreislauf des Missbrauchs starten zu können. Seit einigen Jahren hat das Phänomen auch einen eigenen Namen erhalten, was fälschlicherweise suggeriert, da sei etwas genuin Neues entstanden: Cybergrooming. »Wir haben es nach wie vor mit ganz grundsätzlichen, psychologisch erklärbaren Strategien der Täter:innen zu tun. Der Begriff Grooming ist neu, aber die Strategien sind uralt«, sagt Katrin Schwedes von der Bundeskoordinierung Spezialisierter Fachberatungsstellen, BKSF. Wer Fälle von Cybergrooming studiert, findet eine verblüffende Übereinstimmung mit dem Kreislauf des Missbrauchs, der ursprünglich einmal als Modell für physische Missbrauchshandlungen entwickelt worden war.

Einen solchen Fall erzählt mir in unserem Gespräch Hannah Gestrich vom Berliner Verein Wildwasser, natürlich ohne personenbezogene Details zu nennen. Mit dem betroffenen Kind und dessen Familie arbeitete Gestrich nach dem Fall zusammen, weshalb sie ihn bei unserem Gespräch sofort gut rekonstruieren kann. Betroffen war ein etwa zehnjähriges Mädchen, welches am Tablet der Familie mit Zustimmung der Mutter ein Spiel spielte. Es mutete wie ein stationär zu spielendes Spiel in einer App an, also ohne Onlineverbindungen.

Auch deswegen erlaubten die Eltern ihrer Tochter, das Spiel allein zu spielen. Was die Eltern nicht wussten: Als das Kind die ersten Level geschafft hatte, wurde als »Bonus« der Chat freigeschaltet. Es gab also sehr wohl einen Chat, doch dieser war zu Beginn nicht sichtbar. Das Mädchen selbst hätte dies wohl gar nicht mitbekommen, wäre sie nicht irgendwann angeschrieben worden. Aus Neugierde klickte sie auf die blinkende Sprechblase. Es entwickelte sich ein Gespräch über das Spiel, allgemein und unverfänglich. »Damit hat der Täter austariert, ob er da tatsächlich ein Kind vor sich hat und wie alt es ist«, vermutet Gestrich.

Der Täter (er gab sich als Mann aus) hat in diesem Fall durch den Chat irgendwann darauf schließen können, dass das Mädchen einen Bruder hat und ein Tablet nutzte. Plötzlich dann kam die Aufforderung, dass das Mädchen nun Fotos von sich mit dem Tablet machen und dem Täter schicken solle – ansonsten werde er den Bruder des Mädchens »umbringen«. Was für einen Erwachsenen nicht mehr als ein schlechter Scherz gewesen wäre, denn der Täter kannte weder Namen noch Wohnort des Mädchens, funktioniert beim Kind als Drohung. Aus Angst um ihren Bruder schickte das Kind die gewünschten Bilder, alles in dem Wissen, dass die Eltern ihr gesagt hatten, sie solle Fremden im Internet auf keinen Fall Fotos schicken.

Gerade weil die Eltern dem Kind immer wieder gesagt hatten, sie solle genau das nicht tun, schwieg das Mädchen im Anschluss zunächst, zog sich zurück, wollte nicht mehr ans Tablet. Erst nach einigen Tagen und durch energisches Nachfragen der verunsicherten Eltern sagte das Mädchen schließlich, dass sie einem Fremden im Netz Fotos von sich geschickt habe.

Cybergrooming als Massenphänomen

Die Wahrscheinlichkeit, dass ein Kind mit Cybergrooming in Kontakt kommt, ist beachtlich. Aussagekräftig ist für Deutschland vor allem eine Studie[1] der Landesanstalt für Medien NRW aus 2021. Etwa jedes elfte der Acht- bis Neunjährigen gab bei einer repräsentativen Befragung an, dass sich unbekannte Erwachsene schon einmal mit ihm im Realen treffen wollten. Bei den Zehn- bis Zwölfjährigen war es jedes siebte Kind, unter den 13- bis 15-Jährigen sogar jedes vierte. Acht Prozent der Acht- bis Neunjährigen wurden schon einmal aufgefordert, sich vor der Webcam auszuziehen oder Nacktbilder zu senden. Bei den 13- bis 15-Jährigen traf dies auf 15 Prozent zu. Und acht Prozent der Zehn- bis Zwölfjährigen haben bereits Nacktbilder von Erwachsenen erhalten. Ohne auf jede Prozentzahl einzugehen, förderte die Befragung vergleichbare Ergebnisse auch dazu, dass Kindern im Netz gedroht wurde, dass ihnen Belohnungen in Spielen versprochen wurden, wenn sie im Gegenzug Fotos von sich schickten, oder dass sich die Erwachsenen als professionelle Fotografen oder Talentscouts ausgaben, die »schöne Fotos« machen oder die Kinder »groß rausbringen« könnten.

Am häufigsten kommen Kinder mit solchen pädokriminellen Phänomenen in sozialen Netzwerken in Berührung. 30 Prozent der Betroffenen nannten Instagram als Tatort des Cybergroomings, gefolgt von WhatsApp (26 Prozent), Snapchat (24 Prozent), TikTok (20 Prozent) und Facebook (17 Prozent). Es folgen die Spiele FIFA 22 und Minecraft (jeweils neun Prozent) sowie GTA 5 Online (acht Prozent). Für diese Reihenfolge dürften zwar auch technologische Gesichtspunkte eine Rolle spielen, beispielsweise, dass Instagram verhältnismäßig offen ist, aber ebenso, dass die sozialen Netzwerke die Dienste sind, von denen die befragten Kinder am intensivsten

Gebrauch machten: Vier von fünf Befragten nutzten regelmäßig WhatsApp, über die Hälfte TikTok und Instagram.

Die absoluten Zahlen sind beeindruckend: 2020 teilte Bundesfamilienministerin Franziska Giffey auf einer Pressekonferenz mit, dass bis dahin etwa 250000 Kinder mit dem Ziel des sexuellen Missbrauchs im Internet kontaktiert wurden.[2] Die ergaunerten Bilder und Fotos landen dabei nicht nur auf den Festplatten der Täter:innen. Beim Blick in die großen pädokriminellen Darknetforen werden wir sehen, dass Aufnahmen aus Cybergrooming mittlerweile zu den größten »Quellen« für Missbrauchsdarstellungen geworden sind mit Zuwachsraten wie in keiner anderen Kategorie überhaupt. Jasmin Wahl kann diesen Trend bestätigen. Sie leitet bei jugendschutz.net den Bereich »Sexualisierte Gewalt«. Bei jugendschutz.net können Menschen Inhalte aus dem Netz melden, die sie für rechtswidrig halten, neben sexualisierter Gewalt auch Terrorinhalte oder Gewaltvideos. Weitere Beschwerdestellen sind der Verband der Internetwirtschaft (eco) sowie die Freiwillige Selbstkontrolle Multimedia-Diensteanbieter (FSM).

»Bei den Missbrauchsdarstellungen hat sich in den vergangenen Jahren einiges getan. Früher sahen wir meist Bilder, die die Kinder und Täter:innen am selben Ort zeigten, beispielsweise gemeinsam vor der Kamera oder Täter:in hinter der Kamera und das Kind vor der Kamera. Nun ist zu beobachten, dass die Kinder immer häufiger alleine zu sein scheinen und Anweisungen über digitale Formate erhalten. Die sexuellen Handlungen, die die Kinder vornehmen, werden dann mitgeschnitten und online verbreitet.«

Etablierte Muster auf allen Plattformen

Die Strategien der Täter:innen ähneln sich, unabhängig von der jeweiligen Plattform. Die Täter:innen sind anfangs nett zu den Kindern, bauen eine soziale Beziehung auf, zeigen Interesse und bieten teilweise auch an, den Kindern Geschenke zu machen. Dies können Gutscheine in Onlinespielen sein, »professionelle« Fotos oder Hilfe bei Alltagsproblemen wie Hausaufgaben. So rasch wie möglich möchten die Täter:innen dafür auf einen privaten Kommunikationskanal wechseln, beispielsweise einen Messenger. Damit erhalten sie die Telefonnummer oder das jeweilige Handle, also zum Beispiel den Profilnamen bei Instagram oder TikTok, um dort Direktnachrichten auszutauschen.

Irgendwann wird der Kontakt sexualisiert, indem Sex eindeutig als Thema der Konversation eingeführt, als Flirt kaschiert oder mittels anzüglicher Fotos und Videos in diese Richtung gelenkt wird. Nicht immer wollen Täter:innen dabei am Ende ein Treffen im realen Leben erreichen. Dies kommt zwar vor, viele verstehen sich jedoch als Jäger und Sammler von Aufnahmen, die sie dann in Foren tauschen können. Auch beim Cybergrooming entwickeln Täter:innen also individuelle Ideen vom Missbrauch, die sich untereinander stark unterscheiden können.

Wer den Kreislauf des Missbrauchs vor Augen hat, dem wird es kaum seltsam anmuten, dass Cybergrooming so stark zugenommen hat. Wieder wenden Täter:innen tradierte Missbrauchsstrategien in einem neuen Kontext an, dieses Mal in digitalen Kommunikationskanälen, seien es Chats, soziale Netzwerke oder Spiele: Sie legen eine Basis zu den Kindern, testen Grenzen aus, schaffen Abhängigkeiten, begehen den Missbrauch und wollen ihn dann verschleiern, hier vor allem durch technisch erschwerte Rückverfolgbarkeit und Pseudonyme. Das Verwunderliche ist also nicht so sehr das Phänomen selbst, sondern dass wir drei Jahrzehnte nach Erfindung des World Wide Web nun von einer Entwicklung überrascht sind, die wir zuvor schon bei anderen digitalen Vernetzungstechnologien hatten beobachten können, und nun von dem Problem komplett überrollt werden. Wieder gibt es schockierend hohe Zahlen von betroffenen Kindern, mit denen, wie wir sehen werden, Politik gemacht wird.

Cybergrooming ist im Grundsatz also nichts qualitativ Neues. Das Neue besteht aus Täter:innen-Perspektive darin, dass das soziale Nahfeld der Kinder, in dem weiterhin der Großteil des Missbrauchs geschieht, um die sozialen Räume im Internet erweitert und eine einfachere Kontaktanbahnung möglich ist. Während sich Täter:innen früher den Kindern immer physisch nähern mussten, sei es in der Familie, der Nachbarschaft oder dem Sportverein, bieten die sozialen Kommunikationsplattformen genuin fremden Personen nun eine weitere Option. Überall dort, wo menschliche Kommunikation möglich ist, muss mit Cybergrooming gerechnet werden.

Es bringt insofern wenig, sich zu fragen, ob beispielsweise WhatsApp »gefährlich« oder »ungefährlich« ist, denn weder das eine noch das andere trifft zu. Als Chatwerkzeug ist WhatsApp hochgradig anfällig für Grooming, andererseits ist es an die Telefonnummer gebunden, sodass ein Pädokrimineller erst einmal die Handynummer des Kindes braucht. Menschen aus dem erweiterten Umfeld dürften es leicht haben, sich die Nummer zu besorgen, völlig Fremde hingegen nicht. Diese werden daher eher zu einem Spiel greifen, wo sie mittels digitaler Geschenke die Aufmerksamkeit der Kinder binden können.

Eine KI gegen Cybergrooming

Es gibt verschiedene Anknüpfungspunkte, um Cybergrooming einzudämmen und Kinder besser davor zu schützen, auch für Eltern. Wir werden darauf am Schluss des Buches zurückkommen, wenn unser Threat Model komplett ist und wir Schutzmöglichkeiten im Detail erarbeiten.

Eine Idee möchte ich jedoch schon an dieser Stelle vorstellen, weil sie auf spannende Weise verdeutlicht, dass wir die Netzwerke der Pädokriminellen nur mit internetgerechten, zeitgemäßen Ansätzen werden bekämpfen können. Noch ist es vor allem eine Idee, aber eine mit Potenzial. Das norwegische Start-up AiBA trainiert eine künstliche Intelligenz, die in Chats von Spieleherstellern das Risiko ermitteln soll, ob dort Cybergrooming stattfindet. Übersteigt der Score einen bestimmten Wert, soll ein Mensch in den Chat schauen, gegebenenfalls intervenieren, Daten sichern und Anzeige erstatten – oder Entwarnung geben. Die scheinbare Stärke der Pädokriminellen – der ausgefeilte, routinierte Kreislauf des Missbrauchs – wird zu ihrer größten Schwäche, weil die immer gleichen Abläufe sie aus der Masse hervorstechen lassen.

Wenn Journalist:innen wie ich, die regelmäßig über digitale Themen berichten, »künstliche Intelligenz« (KI) hören, beschleicht uns erst einmal eine gewisse Grundskepsis. Mittlerweile werden selbst simpelste technische Systeme mit einfachen Wenn-dann-Beziehungen gern mal als KI bezeichnet, weil es modern und innovativ klingt. Besonderer Argwohn ist angebracht, wenn sonst nicht durch digitalen Sachverstand auffallende Politiker:innen mit KI heute das Heil und morgen den Untergang der Gesellschaft verbinden – oder wenn Produkte verkauft werden sollen.

AiBA hat einen gewissen Startvorteil in Sachen Glaubwürdigkeit, weil die Menschen dahinter direkt von der Universität kommen, an der sie die Technologie umfassend erforscht haben, ehe sie nun ein Geschäft daraus machen wollen. Doch wie soll ein technisches System Personen, die teils über Tage und Monate hinweg mit Kindern chatten und sich selbst als Gleichaltrige ausgeben, als Groomer überführen? »Wir schauen nicht auf Personen. Wir schauen auf Konversationen«, antwortet mir Patrick Bours, Informatik-Professor an der NTNU, der Technisch-Naturwissenschaftlichen Universität Norwegens. Die Konversationen sollen dann von der künstlichen Intelligenz laufend analysiert werden in ihrem Verlauf, ihrer Struktur, den behandelten Themen. Die Macher hinter dem Start-up wissen, dass eine Groomingkonversation andere Verläufe nimmt als die zwischen Kindern und damit aus der Masse hervorsticht.

Ein einfacher Algorithmus würde nur präzise vorgegebene Versionen beispielsweise der Fragen »Wie alt bist du?« und »Schickst du mir ein Foto von dir?« filtern können – und hätte damit (mindestens) zwei Schwächen: Er würde den Kontext ausblenden und beispielsweise auch dann ausschlagen, wenn sich zwei offensichtlich gut miteinander bekannte Freundinnen unterhalten und die eine die andere um ein Foto bittet. Da er nur bei Aussagen anschlägt, die vorher genau definiert wurden, bliebe er hingegen bei einer Aufforderung wie »Zück doch mal pls dein Händi und zeig, wie hot du bist« stumm, da sie keine zu filternden Wörter enthält. Mit der Taktik, Alternativen für indexierte Wörter zu finden, versuchen übrigens auch Menschen in China, der staatlichen Zensur und Überwachung zu entgehen. Und ich erinnere mich noch, dass ein Dealer, der bei uns an der Schule herumlungerte, immer augenzwinkernd fragte, ob wir nicht einen Burger essen wollten. Jede:r wusste, dass »Burger essen« für ihn das Codewort war, ihm einen Joint abzukaufen.

Eine künstliche Intelligenz, die ihren Namen verdient, könnte solche Verschleierungstaktiken in Onlinechats mit Kindern besser erkennen. Sie greift permanent auf einen großen Datensatz an bereits gelaufenen Konversationen zurück und gleicht verschiedene Parameter miteinander ab. Es geht dabei natürlich vor allem darum, was geschrieben wird, aber auch darum, wie schnell ein Chat bestimmte Themen behandelt oder wie sich die User:innen auf der Plattform sonst verhalten. Kinder spielen größtenteils bei einem Spiel und chatten nebenbei, deswegen sind sie da. Bei einem Groomer ist es andersherum: Für ihn ist das Spiel Mittel zum Zweck, häufig chatten diese Personen mit Dutzenden Kindern gleichzeitig, ohne wirklich aktiv zu »zocken«.

Der Informatiker Bours arbeitet auch daran, die Groomingerkennung mit einer anderen seiner Forschungsinteressen zu verknüpfen, nämlich die Art und Weise, wie Menschen auf einer Tastatur tippen. Diese sogenannten Keystroke Dynamics erfassen äußerst genau die Zeitstempel der Tastaturanschläge für jeden Buchstaben und können so über die Zeit immer genauer abschätzen, wie alt die Person ist, weil sich das Tippverhalten von Kindern und Erwachsenen unterscheidet.

All dies muss eine Künstliche Intelligenz von Menschen lernen, weshalb im Fall des norwegischen Start-ups in einem ersten Schritt Tausende Chats von Spieleherstellern ausgewertet wurden. Eine riesige Herausforderung. »Die Sprachmodelle, mit denen wir in der Informatik gewöhnlich arbeiten, sind trainiert worden anhand von Zeitungsartikeln, Duden-Deutsch und ›korrekter‹ Sprache. Für uns ist das kaum brauchbar, weil Kinder natürlich ganz anders chatten und sich ihre Sprache ständig weiterentwickelt«, berichtet Marcus Hülsdau, der bei AiBA als Data Scientist arbeitet. Hierzu setzen sie beim Start-up, wie viele andere auf der Welt auch, auf das sogenannte Natural Language Processing (NLP), mit dem Computer Texte in einer ähnlichen Art und Weise verarbeiten können sollen wie das menschliche Gehirn.

Jede KI ist immer eine Wette auf Zeiteinsparung in der Zukunft: Es ginge erst mal schneller, einen einfachen Algorithmus mit ein paar Filterwörtern zu programmieren. Eine Künstliche Intelligenz hingegen ist aufwendiger zu trainieren und dann ständig zu pflegen, liefert dann aber, so die Wette, qualitativ bessere Ergebnisse und wird bei größer werdenden Fallzahlen nicht ungenauer, sondern besser, weil sie immer weiter dazulernt. Bei AiBA sind sie, so erzählen sie es mir in unserem Gespräch, sehr zufrieden damit, dass sie Cybergrooming bereits innerhalb der ersten 20 bis 40 Nachrichten erkennen können. Durch diese Früherkennung sollen Groomer gestoppt werden, bevor Schlimmeres passiere. »Diese Fälle sind einfach für das System zu picken. Richtig schwierig ist es, wenn die Täter:innen über Monate mit den Kindern chatten und erst sehr spät die Konversation sexualisieren. Das ist ein Verhalten, wie es auch bei Kindern und Jugendlichen untereinander passiert«, sagt Informatikprofessor Patrick Bours.

Ob die KI-Wette von Bours und seinen Kolleg:innen aufgeht, ist ungewiss. Das Projekt imponiert mir, weil sie dort nie müde werden zu betonen, dass die letzte Entscheidung am Ende ein Mensch treffen muss, sie verfolgen den sogenannten Human-in-the-loop-Ansatz. »Cybergrooming ist in vielen Ländern strafbar. Wir können keinem technischen System automatisiert die Entscheidung überlassen, mögliche Pädokriminelle anzuzeigen. Aber wir können ein System bauen, welches alle Chats im Blick hat und den menschlichen Prüfer:innen diejenigen heraussucht, die ein erhöhtes Groomingrisiko zeigen«, meint Patrick Bours.

Das sollte man sich auf der Zunge zergehen lassen: Selbst

Menschen, die führend auf ihrem wissenschaftlichen Gebiet sind, modernste Technologien entwickeln und damit Geld verdienen möchten, halten es für »naiv«, dass ihre Technologie allein es richten wird. Natürlich würden die Verkaufschancen für sein Produkt steigen, wenn Bours erzählen könnte, dass sein System so perfekt arbeiten wird, dass Spielehersteller es nur lizenzieren müssten, um sich des Groomingthemas zu entledigen. In diese Falle, in die allzu oft noch verantwortliche Politiker:innen geraten, tappen sie beim Start-up nicht. Technologie wird unsere sozialen, gesellschaftlichen Probleme nicht lösen können. Aber so, wie digitale Vernetzungstechnologien den Pädokriminellen helfen können, ihre menschlichen Ziele zu erreichen, kann Technologie umgekehrt auch uns helfen, wenn wir sie zur Unterstützung beim Kampf gegen Pädokriminalität einsetzen, aber eben auch die Grenzen technologischer Machbarkeit im Blick behalten.

Patrick Bours hat diese Haltung internalisiert. Als ich ihn frage, was er Eltern, die ihre Kinder vor Cybergrooming schützen möchten, mit auf den Weg geben möchte, sagt der Tech-Entrepreneur: »Cybergrooming wird sich nie verhindern lassen. Wir können es den Täter:innen schwieriger machen, wir können es schneller erkennen, aber nicht in Gänze verhindern.« Nach einer kurzen Pause schiebt der Professor für Informatik hinterher: »Das Wichtigste ist, dass das Kind eine Beziehung zu seinen Eltern hat, in der es mit seinen Eltern über Probleme reden möchte, gerade dann, wenn es Schlimmes erlebt hat oder richtigen Mist gebaut hat.«

Gepostet, geteilt, geklaut

Wenn harmlose Kinderfotos von Social Media abfließen

Als ich dachte, ich hätte wirklich schon alles an Absurditäten gesehen, fiel mir das Profil mit dem Benutzernamen »Hamburg 2019« auf. So nannte sich ein offensichtlich deutschsprachiger User auf einer russischen Fotoplattform, die seit vielen Jahren unter Pädokriminellen beliebt ist. Auf ihr werden eher harmlose Fotos geteilt, wie wir alle sie täglich auf Social Media sehen, und obszön kommentiert. Kinder auf Klassenfahrt, Kinder beim Bahnfahren, Kinder am Strand, Kinder am Schreibtisch, Kinder beim Sport – nichts ist zu banal, um nicht gepostet zu werden. Je mehr nackte Haut zu sehen ist, umso beliebter sind die Fotos, aber überwiegend sind sie unverfänglich.

Nicht selten leben Pädokriminelle auch offen einen Fetischismus aus, zusätzlich zu ihrer Neigung zu Kindern, beispielsweise einen Schuhfetisch oder einen Fetisch für Schleifen im Haar. Dann posten sie beispielsweise Hunderte Fotos von Kinderfüßen mit Schuhen oder Porträts von Mädchen mit Schleifen im Haar. Ein sexueller Fetisch liegt vor, wenn Menschen eine starke Anziehung zu einzelnen Körperteilen, Kleidungsstücken, Gegenständen oder Situationen haben.

Auf dieser russischen Plattform, die sich bei genauerem Hinsehen als ziemlich deutsch entpuppen sollte, hatte ich bereits die abstrusesten Fotokollektionen gesehen, als der User »Hamburg 2019« alles in den Schatten stellte. Auf seinem Profil fanden sich Tausende (!) Fotos von Kindern in Daunenjacken. Egal, ob die Kinder drei oder 13 Jahre alt waren, egal, wie gut die Fotoqualität war, egal, woher das Bild kam: Trugen die Kinder eine Daunenjacke, wurde das Foto hochgeladen.

»Hamburg 2019« bezog seine Fotos offensichtlich aus verschiedenen Quellen. Manche stammten zum Beispiel aus Prospekten für Wintermode, andere waren offensichtliche Screenshots aus einer Story bei Instagram. Häufig wirkten die Bilder auch passend geschnitten: Man ahnte, dass das Kind eigentlich nicht allein auf dem Foto abgelichtet war, dass links und/oder rechts andere Personen abgeschnitten worden waren. Auffällig war, dass viele Fotos aus dem norddeutschen Raum abgeflossen sein mussten: Bei einem Foto lachte ein Junge im Hamburger Volksparkstadion in die Kamera, bei einem anderen war im Hintergrund die Lübecker Innenstadt zu erkennen. Dies legt nahe, dass »Hamburg 2019« auch in seinem eigenen Umfeld Fotos gesammelt haben könnte. Es würde ins typische Muster der Pädokriminellen im Sinne des Kreislaufs des Missbrauchs passen.

Die Fotos wirkten in ihrer Zusammenstellung grotesk, und die Umgebung der berüchtigten russischen Fotoplattform tat ein Übriges. Aber: Hätte ich die Fotos einzeln an verschiedenen Orten im Netz gesehen, wären sie mir nicht aufgefallen. Es waren alles ganz normale Fotos von Kindern im Alltag, keine »schlimmen« Aufnahmen, schon gar keine Missbrauchsdarstellungen. Es waren, wie Pädokriminelle sagen, Non-Nudes.

Harmloses Foto, widerlicher Kontext

Es sind nicht die Aufnahmen an sich, die irritieren und ein Unbehagen auslösen. Es ist das Umfeld, in dem die mehrheitlich wohl geklauten Fotos auftauchen, und es ist die Art und Weise, wie vom Betreiber damit umgegangen wird. Die Fotos sind Mittel zum Zweck, sei es zur Befriedigung pädosexueller

Fantasien, zum »Anstacheln« zu obszönen Kommentaren, als »Tauschware« gegen andere Aufnahmen und sehr häufig auch, das wird immer wieder deutlich, zum Ausleben von Gewaltfantasien und einem Hass auf Kinder, vor allem auf Mädchen und junge Frauen. Kurzum: Wer noch schmunzelt, wenn das eigene Kind in Daunenjacke auf der Seite von »Hamburg 2019« gelandet ist, dürfte schnell verstummen, wenn er die Kommentare liest.

Ich liefere im Folgenden ein paar typische Kommentare zu »normalen« Fotos, weil man sich sonst wohl nicht vorstellen kann, warum sie so widerlich sein sollen. Also Vorsicht, Triggerwarnung!

Unter ein Foto, auf dem nur die Beine und Füße eines Mädchens in schwarzen Lackschuhen zu sehen sind, schreibt ein User: »Ich möchte ihre Zehen um meinen Langmann herum spüren.« Unter einem anderen, auf dem ein etwa zehnjähriges blondes Mädchen mit freiem Bauch zu sehen ist, steht: »Dieser Bauch verdient viele Küsse und Kitzleien.« Ein anderer schreibt dazu: »Ich möchte einfach mal Danke an all die fotografierenden Väter da draußen sagen.«

Auf einer Darknetplattform, speziell betrieben für Non-Nude-Aufnahmen, fand ich einmal das Foto eines Mädchens in grünem, ärmellosem Shirt und kurzer Jeans, das auf einem Bürgersteig steht und in die Kamera lächelt – ein völlig normales Foto, wie man es macht, wenn man zu einem Kind sagt: »Komm, wir schießen ein Foto von dir.« Aber die Pädokriminellen haben grafisch eine Sprechblase ins Bild gesetzt. Nun sagt das lächelnde Mädchen: »Bist du richtig geil auf mich? Ja? Ich habe es noch nie mit einem Erwachsenen ausprobiert, also richtigen Sex. Glaubst du, du kannst mich penetrieren? Ich habe es bisher nur mit zwei Fingern ausprobiert. Lass es uns tun! Ich will deinen verdammten Schwanz in mir fühlen. Ich will sehen, wie du dein Sperma auf meinen Bauch spritzt.« Ich würde schätzen, dass das Kind auf dem Foto um die zwölf Jahre alt ist.

In einem anderen Darknetforum wurde das Foto von »Jessica« gepostet. Sie lächelt in die Kamera, steht dort in T-Shirt und Hose, außer auf ihren Unterarmen sieht man keine nackte Haut. Wieder ein komplett harmloses Foto. Der Uploader schreibt, Jessica sei sieben Jahre alt. Ich halte das für realistisch. Ein User kommentiert. »Wow, seit drei Tagen nicht gekommen. Jetzt schaue ich in ihre Augen und, ja, meine Freundin, ich komme ohne Hände, ihre Flüssigkeiten und meine Vorstellungskraft, so nass.«

Diese Beispiele sind keine krassen Ausnahmen, sondern die Regel. Auch »Hamburg 2019« hatte einen recht verstörenden Grund, Fotos mit Daunenjacken zu sammeln. Ich erspare uns Details, weil es wirklich grenzwertig-eklig war.

Auch wenn diese Kommentare verstörend sind, ist deren Schilderung nötig, sonst kann man sich nicht im Ansatz vorstellen, warum es ein Problem sein sollte, harmlose Alltagsbilder zu posten.

Es stellen sich bei diesem Thema viele Fragen: Wie kommen die Pädokriminellen an die Bilder? Worauf haben sie es besonders abgesehen? Wo landen die Fotos? Und warum kann man gegen dieses Massenphänomen so wenig machen?

Facebook und Instagram als Quelle

Non-Nudes sind ein fester Bestandteil der pädokriminellen Szene, sowohl im sogenannten Clearweb als auch im Darknet. In jedem Darknetforum existiert für Fotos und Videos eine eigene Kategorie. Aufnahmen werden dort generell unterteilt in Non-Nude, Softcore und Hardcore.

Es gab einmal ein Imageboard namens Cutie Garden, das über das normale Internet erreichbar war, aber auch eine Livekopie, einen sogenannten Mirror, im Darknet hatte. Ein Imageboard ist eine digitale Pinnwand, an die User:innen ihre Fotos und Videos anheften können. Andere können einen Kommentar dazu abgeben oder ein ähnliches Foto danebenhängen. Imageboards sind nichts, was nur im Bereich der Pädokriminalität verbreitet ist, im Gegenteil: Es gibt sie schon ewig zu den verschiedensten Themen.

Da Cutie Garden nicht mehr existiert, kann ich daraus etwas ausführlicher zitieren. Cutie Garden sah sich als dezidierte Plattform für Non-Nudes, kurz NN, auf der also an sich harmlose Alltagsfotos, Aufnahmen von Kindermodels oder schön anzusehende Porträts von Kindern gesammelt werden sollten, weshalb es ein ausgefeiltes Regelwerk gab, was erlaubt war und was nicht. Ganz oben stand dort: »Lade keine Kinderpornografie hoch oder frage danach.« Was streng klang, wurde danach aber gleich verwässert: »Sichtbare Genitalien sind nicht erlaubt. Nippel und Hintern sind in einem nichtkommerziellen, nicht-sexuellen Kontext erlaubt.« Was das konkret meinte? Unklar. Ähnlich schwammig war die Regel zu den Kommentaren der User:innen: Verboten war zwar alles, was Missbrauch, Vergewaltigung, Mord oder Gewalt gegen Kinder befürwortete oder verteidigte, aber solche Kommentare wurden laut Regelwerk nicht immer direkt gelöscht, sondern sollten teilweise auch nur »bearbeitet« werden können. Auch muss beachtet werden, dass der Gewaltbegriff der pädokriminellen Szene, wie wir schon gesehen haben, ein ganz anderer ist als der gewöhnliche.

Das Imageboard war groß und bildete für rund eineinhalb Jahre den Mittelpunkt der pädokriminellen Non-Nude-Szene im Darknet. Aus diesem Grund fiel es meinem Kollegen Benjamin Güldenring und mir bei einer Recherche für die NDR-Redaktionen *Panorama* und *STRG_F* ins Auge. Wir wollten wissen: Woher kommen diese ganzen Fotos eigentlich? Wir, das waren außerdem die NDR-Kolleg:innen Lutz Ackermann, Robert Bongen und Pia Lenz.[1]

Wir sahen schnell, dass Cutie Garden die Fotos und Videos beim Hochladen auf der Plattform nicht veränderte, auch die Metadaten blieben intakt. In den Metadaten stehen Informationen über eine Datei, bei Fotos zum Beispiel das Aufnahmedatum, die verwendete Kamera, teilweise auch die GPS-Koordinaten, wo das Bild entstanden ist. Wir wussten, dass Facebook und Instagram einen Code in die Fotometadaten einsetzten, sobald man sie auf ihren Plattformen hochlud. Postete ich beispielsweise ein Foto bei Facebook, indem ich es von meinem Handy über die Facebook-App hochlud, schrieb die App in die Metadaten an etwas versteckter Stelle das Kürzel FBMD, gefolgt von einer langen, bildspezifischen Zahlenkette. Soweit ich es überblicke, ist immer noch nicht genau klar, wieso Facebook dies macht. Einiges spricht dafür, dass FBMD schlicht die Abkürzung für »Facebook Metadata« ist und der Code den technischen Systemen signalisieren sollte, wenn ein Foto ein zweites Mal von jemand anderem hochgeladen wurde. Damit hätte Facebook eine Copyrightverletzung einfacher feststellen können.

An diesem »Stempel« setzten wir an, drehten für unsere Recherche den Spieß allerdings um. Wenn wir in den Metadaten eines Fotos auf Cutie Garden den Facebook-Marker fanden, konnten wir zweifelsfrei sagen, dass ebendieses Foto bei Facebook oder Instagram gepostet worden sein musste, *bevor* es bei Cutie Garden landete. Rein technisch wäre das gar nicht so schwierig gewesen. Das Problem lag eher darin, dass wir angesichts der schwammigen Regeln bei Cutie Garden und des pädokriminellen Charakters Sorge hatten, dass auf der Plattform nicht doch illegale Aufnahmen herumschwirrten. Um aber die Metadaten mit unseren Programmen analysieren zu können, mussten wir zunächst alle Aufnahmen von Cutie Garden herunterladen, rechtlich also: besitzen. Wir wollten aber kein illegales Material besitzen. Ein unauflösbarer Zielkonflikt? Fast.

Wir bauten die Analyseprogramme so auf, dass wir die Aufnahmen nie »sahen«: Die Fotos wurden zwar technisch analysiert, waren aber für uns nicht darstellbar. Damit konnten wir schon einmal zeigen, dass unser Interesse nicht den Aufnahmen an sich galt, sondern nur den Metadaten. Dass wir sie technisch gesehen besaßen, war eine zwingende Notwendigkeit für die Analysen. Wir fügten noch eine Sicherheitsstufe hinzu: Die Fotos wurden gewissermaßen schon während des Downloadprozesses verschlüsselt und konnten nur vom Analyseprogramm wieder entschlüsselt werden. Auch rechtlich wurde der gesamte Prozess eng begleitet, und wir beschritten juristisches Neuland, um rechtssicher arbeiten zu können.[2]

Als die Tests verlässliche Ergebnisse lieferten, konnten wir den »Go«-Knopf drücken. Der Crawler machte sich ans Werk. Ein Crawler ist ein Programm, das sich langsam, aber stetig und automatisiert durch eine Website wühlt. Er macht dabei nichts anderes, als wenn ein Mensch eine Adresse in die Browserzeile eintippt, die Seite lädt und dann auf »Seite speichern unter…« klickt, um sie in einem Ordner abzulegen. Will man nur wenige Websites abspeichern, ist es schneller, das händisch zu erledigen. Aber Cutie Garden war riesig. Wie wir nach dem Crawling feststellten, luden wir genau 142.381 Fotos herunter. Der Crawler lief dafür über eine Woche. Tag und Nacht wurden die Fotos geladen und beim Abspeichern verschlüsselt. Anschließend überprüfte unser System sämtliche Fotos auf ihre Metadaten.

Das Ergebnis überraschte uns: Bei 23,5 Prozent der Fotos, jedem vierten Bild also, fanden wir den eindeutigen technischen Hinweis, dass sie bei Facebook oder Instagram gepostet worden waren, ehe sie auf dem pädokriminellen Imageboard Cutie Garden gelandet sind. Entsprechende technische Analysen für WhatsApp und TikTok waren leider nicht möglich, weil es dort keine einschlägigen Einträge in den Metadaten gab. Hat man aber im Hinterkopf, dass Kinder auch bei WhatsApp und TikTok Fotos teilten, lässt sich vermuten, dass der Großteil der Fotos auf Cutie Garden von Social Media abgeflossen sein dürfte. Und einige Indizien sprachen damals dafür, dass insbesondere von WhatsApp Fotos abgeflossen waren und ihren Weg ins Darknet gefunden hatten. Eine weitere signifikante Quelle waren offenbar Websites von Kindermodelagenturen.

Millionen Kinderfotos auf einer Plattform

Cutie Garden war nur die Spitze des Eisbergs. Wenn es um Non-Nudes im Internet geht, führt nichts an der russischen Fotoplattform vorbei, die wir mit »Hamburg 2019« und seinem Daunenjackenfetisch kennengelernt haben. Die Plattform ist, wie sie selbst schreibt, »stolz online seit 2006«. Sie ist über einen normalen Webbrowser erreichbar, kein Darknet oder Ähnliches ist notwendig. Nach außen gibt sie sich harmlos. Jede:r kann dort Fotos posten und Alben anlegen, ähnlich wie zum Beispiel bei Tumblr oder Flickr. Es gibt Kategorien zu den Themen Autos, Hochzeiten, Landschaft und Reisen. Und ja, auch eine zu Kindern. Eine unter vielen – oder?

Die Plattform ist dafür gedacht, dass Personen einen kostenlosen Account anlegen und dann unter ihrem Profil Fotoalben hochladen. Die Fotos können geliked und kommentiert werden, außerdem können die User:innen auf Wunsch Kontaktdaten auf ihrem Profil hinterlassen. Viele hinterlassen eine E-Mail-Adresse oder eine ID zu einer anonymen Chatplattform. Wir sehen also wieder ganz klar: Die Inhalte sind das eine, aber darum herum vernetzen sich die Pädokriminellen, um in den Peer-to-Peer-Austausch zu kommen.

Klickt man sich ein bisschen durch die Alben, erkennt man rasch, dass überall viel nackte Haut zu sehen ist. In der Auto-Kategorie sind häufig schicke Sportwagen zu sehen, davor posieren leicht bekleidete Damen. In der Kategorie »Germany« gibt es zwar auch Urlaubsfotos, aber vor allem Kollektionen von Frauen; vielfach wirken die Bilder wie von den Social-Media-Profilen der Betroffenen geklaut. Solche Alben erinnern stark an das Muster der »Rachepornos«, wenn meist Männer intime Aufnahmen ihrer Ex-Partner:innen veröffentlichen – gegen den Willen der Frauen. Auch die Kommentare und Albumbeschreibungen sind grob und niederträchtig, in aller Regel feiern sich die Männer dafür, es den abgebildeten Frauen »mal richtig gegeben zu haben«, weil sie es »brauchten«. Neben Englisch scheint Deutsch die zweitwichtigste Sprache der User:innen zu sein. Viele der abgebildeten Personen sind offensichtlich über 18, immer wieder geraten jedoch auch Grenzfälle ins Blickfeld. Sind die Jungs und Mädchen wirklich schon 18 Jahre alt?

In der Kategorie »Kids«, einer von vielen, stellt sich diese Frage nicht mehr. Und da es hier sehr, sehr, sehr viele Fotos gibt, stellt sich gleich die nächste Frage: Kann es sein, dass diese Kategorie der Hauptzweck der Fotoplattform ist? Auch hierzu konnten wir Fakten liefern.

Die Plattform teilt für alle sichtbar Zahlen dazu, wie beliebt die verschiedenen Alben sind. Dies soll vermutlich eine Orientierung für User:innen sein: Wie viele Likes hat ein Album erhalten? Wie eifrig wird dort kommentiert? Wie viele Aufrufe haben die Fotos bereits bekommen? Da diese Daten frei verfügbar sind, konnten wir sie nutzen, um die Dimension der Plattform und die Interaktionsraten zu ermitteln. Schaut man auf die so aggregierten Daten, fällt das Kartenhaus einer vermeintlich harmlosen Fotoplattform rasch in sich zusammen.

Damals, im Herbst 2020, gab es in der Kategorie »Kids« über 58000 Alben mit über drei Millionen Fotos. Diese zogen mit Abstand das meiste Interesse der User:innen auf sich: 14 Milliarden Mal (!) waren die Alben aus der Kategorie »Kids« bis dahin aufgerufen worden. Das waren 51 Prozent oder über die Hälfte aller Klicks auf dieser Plattform überhaupt. Zum Vergleich: Die Kategorie »Travel« generierte nicht einmal ein Prozent der Klicks. Auch die Anzahl der Kommentare sprach eine eindeutige Sprache: Über 600000 Kommentare wurden unter Fotos aus der Kategorie »Kids« hinterlassen. Das waren 55 Prozent aller Kommentare auf der gesamten Plattform, während zum Beispiel auf alle Fotoalben der Kategorie »Sport« nur etwa 5500 Kommentare entfielen.

Als ich rund zweieinhalb Jahre später für die Recherchen für dieses Buch wieder die Plattform ansteuere, merke ich sofort: Es ist alles beim Alten geblieben. Nach eigenen Angaben waren dort nun, im Frühjahr 2023, über 1,3 Millionen (!) User-Accounts registriert, pro Monat werden die Bilder auf der Plattform laut Angaben der Betreiber über 800 Millionen Mal angeklickt. Ich wiederhole Teile der Datenrecherche. Weiterhin gilt das größte Interesse offensichtlich nicht den zweifellos schönen Landschaftsbildern, die auf der Startseite gezeigt werden, sondern den (größtenteils wohl geklauten) Kinderfotos.

Rechnet man die Angaben zu den »Pageviews« auf die Alben von mehreren Tausend Übersichtsseiten zusammen, haben die Alben der Kategorie »Kids« mittlerweile etwa 18,7

Milliarden Klicks generiert und ist deren Anteil auf 53 Prozent aller Klicks auf der Plattform gestiegen.

Allein an dem Tag, als ich die Daten zusammengerechnet habe, wurden die Kinderfotos 1,87 Millionen Mal angeklickt, das waren etwa 85 Prozent aller Klicks, die an jenem Tag auf dieser Plattform hinterlassen wurden, oder ziemlich genau 1300 Klicks pro Minute.*

Warum schiebt da niemand einen Riegel vor?

Ich kann auch mit technischen Mitteln naturgemäß nicht massenhaft prüfen, ob ein Bild geklaut wurde, und falls ja, wo es ursprünglich gepostet wurde. Das verraten die Daten nicht. Aber wer durch die Kategorie »Kids« streift, muss den Eindruck gewinnen, dass die allermeisten Aufnahmen ohne Wissen der Abgebildeten hochgeladen worden sein dürften und die Veröffentlichung auf genau dieser Plattform gegen ihren Willen sein dürfte. Man muss die Bilder, bei denen man keinen Argwohn hegt, dass sie geklaut worden sind, explizit suchen. Es mischen sich verschiedene kriminelle Strategien, auch Paparazzibilder werden hier geteilt, also Aufnahmen, die ohne das Wissen der Abgebildeten angefertigt wurden, beispielsweise bei einer S-Bahn-Fahrt vom Fahrgast gegenüber, der heimlich sein Smartphone zückte.

Es drängt sich die Frage auf: Warum macht niemand etwas dagegen? Die kurze Antwort lautet: Wo kein Kläger, da kein Richter.

---

* Dieser Tag könnte natürlich statistisch ein »Ausreißer« gewesen sein. Wahrscheinlicher ist allerdings, dass die Gesamtzahl aller »Pageviews« das aktuelle Interesse an den Kinderfotos nicht annähernd widerspiegelt, da bei den offiziellen Daten auch Klickzahlen aus weit zurückliegenden Zeiten einbezogen werden, als die Plattform bei Pädokriminellen noch nicht so beliebt war wie heute.

Die lange Antwort ist komplizierter und führt uns zurück zum Begriff Non-Nude. Die Kommentare mögen geschmacklos und teilweise strafbar, die Fotos größtenteils geklaut sein – die Fotos selbst sind jedoch meist harmlos und strafrechtlich nicht relevant. Gerade bei geklauten Fotos ist in der Regel keine Missbrauchsdarstellung zu unterstellen. Nehmen wir das Beispiel von Bildern, die intensiv geteilt werden: Da posieren Mädchen in ihren Gymnastikanzügen in für diese Sportart gewöhnlichen Posen, lächeln in die Kamera, werden von ihren Eltern und Trainer:innen fotografiert, und alle freuen sich über das Foto, das sie anschließend in einer Instagram-Story veröffentlichen. Das ist keine »Kinderpornografie« im rechtlichen Sinne.

Der Besitz oder die Verbreitung sogenannter Kinderpornografie ist nach § 184b des Strafgesetzbuches strafbar und damit ein sogenanntes Offizialdelikt. Offizialdelikte werden, wie es im Juristendeutsch heißt, von Amts wegen verfolgt. Das heißt, erfährt eine Staatsanwaltschaft von einem solchen Delikt, muss sie ermitteln.

Die Fotos, um die es im Bereich Non-Nude geht, sind also an sich nicht strafbar. Gegebenenfalls ist jedoch die Weiterverbreitung der Bilder ohne Einwilligung der Abgebildeten nach § 33 des Kunsturhebergesetzes strafbar, aber dies ist ein »Antragsdelikt«, ebenso wie etwaige Urheberrechts- oder Leistungsschutzrechtverletzungen. Der Name verrät es schon: Die Betroffenen selbst müssen die Strafverfolgung beantragen.

Sie bekommen in der Regel aber gar nicht mit, wenn ein Foto geklaut wurde oder sie heimlich fotografiert wurden. Wer ein Foto in seiner Instagram-Story veröffentlicht oder per WhatsApp weiterleitet, kann nicht wissen, ob jemand einen Screenshot davon macht bzw. ob und welche Empfänger:innen es auf dem eigenen Smartphone sichern. Schon verliert sich die Spur. Und wer rechnet denn damit, dass das harmlose Bild der eigenen Tochter, das man den freundlichen, gut bekannten Nachbarn per WhatsApp aus dem Urlaub schickt, zwei Tage später auf einer russischen Plattform landet, um obszön und widerwärtig kommentiert zu werden?

Selbst das Netz nach geklauten eigenen Fotos zu durchforsten, ist aufwendiger als die sprichwörtliche Suche nach der Nadel im Heuhaufen. Es wäre für Privatpersonen unter Umständen auch riskant, denn allein der Aufruf eines pädokriminellen Darknetforums ist ohne gesetzlich geregelte Ausnahme strafbar – und die Suche nach eigenen Fotos ist keine solche Ausnahme.

Erschwerend kommt hinzu, dass die Pädokriminellen wissen, dass Anzeigen Betroffener ihre Sammlungen gefährden könnten. Daher gilt als eiserne Regel, keine entsprechenden personenbezogenen Daten zu veröffentlichen. Beim Imageboard Cutie Garden, auf dem unseren Analysen zufolge mindestens jedes vierte Bild von Instagram und Facebook geklaut wurde, hieß es in den Boardregeln: »Postet keine privaten Informationen über Menschen wie ihre Adressen. Postet keine echten Namen, keine Links zu Social-Media-Profilen usw. Auch nicht von Personen, die unter einem Pseudonym gemodelt haben, Opfer von Missbrauch waren usw.« Bei Screenshots von TikTok schneiden Täter:innen üblicherweise den eingeblendeten Nickname weg oder verbergen ihn mit einem Balken, damit niemand die Betroffenen informieren kann.

Die Kinder auf den Non-Nude-Seiten haben zwar in der Regel einen Namen, der sie für andere wiedererkennbar machen soll, aber es ist überwiegend nicht der echte. Werden vom TikTok-Profil eines achtjährigen Dennis Screenshots gemacht, wird aus ihm beispielsweise der »siebenjährige Timo«. Suchen besorgte Eltern dann auf den bekanntesten dieser pädokriminellen Seiten nach »Dennis«, wird ihnen ihr Sohn nicht angezeigt.

Es ist somit fast unmöglich, zu erfahren, ob die eigenen Bilder irgendwohin abgeflossen sind. Sie schwirren möglicherweise in einem Ozean an Fotos umher, den niemand überblicken kann. Für unsere Recherchen war es eine meiner Aufgaben, Betroffene ausfindig zu machen, um zu verstehen, wie die Aufnahmen abgeflossen sein könnten. Es gelang mir in ein paar Fällen, aber wenn ich überlege, wie viele Tage ich dafür Fotos auf der russischen Plattform gesichtet habe, um über Details mühsam die Betroffenen identifizieren zu können, muss ich sagen: Es ist als Betroffene:r pures Glück, wenn man davon erfährt.

Legal, illegal – mir doch egal

Die Betreiber[3] hinter der russischen Plattform wissen, dass es schwierig ist, vordergründig legale Fotos löschen zu lassen. Auf ihrem Blog schreiben sie regelmäßig in süffisantem Ton über entsprechende Versuche ausländischer Stellen. Im Oktober 2021 veröffentlichten sie einen kurzen Beitrag mit der Überschrift »Das ist legal«. Zu sehen war das Selfie eines Mädchens im Teenageralter, das die Zunge herausstreckt. Ich würde sagen, dass dies ein typisches Foto ist, wie es Jugendliche posten – und das Pädokriminelle auf ihrer Streife durchs Netz gern »mitnehmen« und anderswo veröffentlichen. Eine Jugendliche, die ihre Zunge rausstreckt, regt ihre pädosexuelle Fantasie an und lädt zu entsprechenden, meist pädokriminellen Kommentaren ein. Aber klar ist: Illegal ist an diesem Foto erst einmal nichts.

Die Betreiber seien, so berichteten sie auf ihrem Blog, von Cybertip.ca aufgefordert worden, das Foto zu löschen. Bei Cybertip.ca handelt es sich um eine von der kanadischen Regierung geförderte Initiative, bei der Missbrauchsdarstellungen gemeldet werden können. Dabei kann es laut Mitteilung von Cybertip.ca um der Polizei bekannte Missbrauchsdarstellungen gehen, aber auch um Aufnahmen von Personen, die »von unseren Analytikern, die für die Beurteilung von Anzeichen der kindlichen Entwicklung und sexuellen Reifung geschult sind, als unter 18 Jahre alt eingeschätzt wurden«.

Die Betreiber der russischen Fotoplattform widersetzten sich der Aufforderung, das Foto vom Mädchen mit der herausgestreckten Zunge zu löschen, und schrieben dazu: »Laut der russischen Internetaufsichtsbehörde ist dieses Bild in Ordnung. Allerdings versucht cybertip.ca uns zu sagen, dass es ›sexuell, schädlich und/oder missbräuchlich‹ ist. Wie üblich *könnte* es eine Geschichte hinter diesem Bild geben, aber cybertip.ca liefert wieder einmal nur eine irreführende allgemeine Mitteilung darüber, dass es sich um ein sexuelles Bild handelt.« Im Hinblick darauf, dass die Zunge des Mädchens in Richtung Rachen etwas gelblich ist, fügten sie als letzten Satz noch an: »Was wir hier sehen, ist, dass die Leber dieser Frau leidet.«

Ein solch ignorantes Verhalten von Plattformbetreibern ist zwar insgesamt eher die Ausnahme, doch selbst wenige Ausnahmen sorgen für ein relevantes Problem von globalem Ausmaß. Das Gebaren der russischen Plattform mag mindestens geschmacklos sein, aber ihre juristische Position ist nicht von vornherein haltlos. Sie macht sich schlicht den Grundkonflikt zwischen dem Persönlichkeitsrecht der Betroffenen und dem Recht der Uploader auf Meinungsfreiheit zunutze. Ich unterstelle zwar, dass ein Großteil der Fotos geklaut ist, weil viele Indizien, auf die ich bei der Recherche stieß, dafürsprechen, beweisen kann ich dies jedoch nicht.

Wieso dulden die Menschen hinter der russischen Website dieses pädokriminelle Verhalten? Für die Recherchen zu diesem Buch gelingt es mir erstmals, mit den anonym bleibenden Betreibern Kontakt aufzunehmen. Sie antworten ausführlich und geben sich kooperativ, keine Spur eines Versuchs, irgendetwas zu verharmlosen oder kleinreden zu wollen. Sie betonen, dass sie eindeutig rechtswidrige Inhalte löschen und auch reagieren, wenn anhand von Wasserzeichen – wie in Fotos von Kindermodels üblich – offensichtlich ist, dass die Aufnahmen geklaut wurden. »Wir werden aber nicht das Foto einer Frau mit Körbchengröße H entfernen, nur weil Cybertip.ca uns sagt, es sei ein Kind. Wenn wir uns unsicher sind, fragen wir die russischen Behörden nach ihrer Meinung«, schreiben sie.

Es sind besonders die vielen Meldungen von Cybertip.ca, die die russischen Betreiber offenbar erzürnen. Allein zwischen März 2021 und Februar 2023 habe Cybertip.ca fast 630000 Löschersuchen gestellt, schreiben mir die Seitenbetreiber. Die kanadische Kinderschutzorganisation Canadian Center for Child Protection (C3P), die das Programm Cybertip.ca betreibt, schreibt mir auf Nachfrage, es seien sogar rund 700000 Meldungen gewesen. Das meiste aber, so die Betreiber, seien mittlerweile Wiederholungen. »Wir kriegen täglich 2000 Meldungen von denen, und sie spammen uns so lange zu, bis wir das Bild heruntergenommen haben. Andere Meinungen werden nicht akzeptiert.« Ich erzähle C3P von den Antworten der russischen Betreiber. Lloyd Richardson, Leiter der IT-Abteilung bei C3P, antwortet: »Es ist besorgniserregend, dass ein Websitebetreiber, der bei Behörden und Kinderschutzgruppen auf der ganzen Welt dafür bekannt ist, Bilder zu hosten, auf denen Kinder ausgebeutet werden, Abmahnungen unserer Organisation als ›Spam‹ bezeichnet.« C3P bestätigt jedoch, dass eine Meldung für ein Foto alle 24 Stunden wiederholt wird, so lange, bis das betreffende Material entfernt worden ist. Somit hat C3P im genannten Zeitraum zwar fast 700000 Mal eine Meldung verschickt, dabei ging es aber »nur« um circa 8300 Bilder, wie C3P mir mitteilt.

Meine eigenen Analysen, wonach im Frühjahr 2023 pro Tag etwa 85 Prozent aller Klicks auf die Kinderfotos entfielen, bestätigen die russischen Betreiber als korrekt. Die Seite ist offensichtlich werbefinanziert. Zudem können User:innen spenden, auf Wunsch auch in einer Kryptowährung. »Das haben wir angeboten, um uns zu unterstützen, aber es läuft nicht so gut bisher«, schreiben die Betreiber mit einem Zwinkersmiley. Die Einnahmen scheinen auch so zu stimmen. Die vielen Klicks auf die Kinderfotos sorgen für enormen Traffic, was die Werbeeinnahmen in die Höhe treiben dürfte. Dass es ein fragwürdiges Geschäft sei, mit größtenteils geklauten Fotos Geld zu machen, lassen die Betreiber als Argument nicht gelten. »Wenn die überhaupt gestohlen wurden, dann von öffentlichen Orten. Nehmen wir Instagram als Beispiel: Instagram verdient an jedem Post. Warum kommen die Leute also zu uns und beschweren sich? Warum beschweren sie sich nicht bei Instagram, dass Gott weiß wer die Fotos sehen kann? Woher wissen die Leute denn, WER bei Instagram ihren Kindern beim Aufwachsen zusieht?«

Schlechtes Gewissen klingt anders. Die Betreiber nutzen den Konflikt zwischen Persönlichkeits- und Meinungsäußerungsrecht, um nur diejenigen Fotos löschen zu müssen, bei denen der Erweis des Fotoklaus erbracht wird. Dazu verlangen sie, dass Betroffene einen Link schicken zu einem Foto, auf dem sie abgebildet sind. Taucht dieses Foto in einem der Alben auf der Plattform auf, werde das gesamte Album gelöscht. Man könne auch mit einem Scan des Personalausweises beweisen, dass man die Person auf den geklauten Fotos sei. Das

Verfahren klingt in sich schlüssig, aber natürlich müssen Betroffene überhaupt erst einmal erfahren, dass ihre Fotos geklaut worden sind. Und dass die Betreiber in Russland sitzen, macht die Sache nicht einfacher. Internationale Rechtsdurchsetzung ist ohnehin kompliziert, zwischen der EU und Russland erst recht.

Das Canadian Center for Child Protection argumentiert mir gegenüber, dass die russische Seite bei ihrem Ansatz mit zweierlei Maß messe: »Die Betreiber der Website verlangen für das anonyme Hochladen von sehr persönlichen oder sensiblen Bildern von Kindern keinerlei Überprüfung, erwarten aber im Gegenzug detaillierte persönliche Informationen, wenn eine Kinderschutzbehörde die Entfernung der Bilder verlangt. Wir halten dies für höchst problematisch.«

Ich halte den Verweis auf die Legalität der Aufnahmen durch die russischen Plattformbetreiber ebenfalls für ein reines Hilfsargument, um das dubiose Geschäftsmodell irgendwie zu rechtfertigen. Prinzipiell ist dieses Argument aber nicht vollkommen von der Hand zu weisen: Wir können keine Welt wollen, in der Behörden automatisierte Nachrichten mit Standardformulierungen verschicken, um legale Inhalte aus dem Netz holen zu lassen. Es wäre eine zu machtvolle Position einzelner Behörden und zu anfällig für Missbrauch. Kanada ist eine Demokratie, und das Ziel, Kinderrechte im Netz durchzusetzen, mag uns gefallen. Aber es sind auch andere Konstellationen denkbar: ein autokratisches Regime, das legitime Kritik löschen lässt, oder ein religiöses Staatsoberhaupt, das andere Sichtweisen als Blasphemie verschwinden lässt.

Die russischen Betreiber schicken mir zur Veranschaulichung einen Link zu einem Foto, das Cybertip.ca am Tag meiner Anfrage gerne gelöscht haben möchte. Ein Mädchen steht angezogen an einem Zaun, hält sich mit den Händen im Maschendraht fest und streckt ihren Po leicht nach hinten. Es ist von hinten fotografiert, das Gesicht ist kaum zu erkennen. Ein an sich legales Foto. Ich frage wiederum die kanadische Stelle, was es mit dem Foto auf sich hat. »Bei der abgebildeten Person handelt es sich um eine Betroffene von sexuellem Kindesmissbrauch, die den Behörden bekannt ist und die die Hilfe von Kinderschutzgruppen in Anspruch genommen hat, um bei der Ausstellung von Löschmeldungen zu helfen«, erläutert mir Lloyd Richardson von C3P. »Aus Gründen, die jeder sicher versteht, können wir den Websitebetreibern nur allgemeine Informationen oder Einzelheiten über die Betroffene, ihre Geschichte oder ihre Lebensumstände mitteilen. Der Text unserer Mitteilungen erklärt in groben Zügen den Grund, warum Websitebetreiber eine Abmahnung erhalten haben.« Den russischen Betreibern reichen solche Standardformulierungen hingegen nicht aus.

Aufgrund dieses Spannungsfelds können auch deutsche Stellen bislang nur wenig gegenüber der russischen Fotoplattform ausrichten. Deren Betreiber teilen mir mit, dass die deutsche Beschwerdestelle jugendschutz.net zwischen März 2021 und Februar 2023 nur einmal etwas zur Löschung angefragt habe, laut jugendschutz.net waren es immerhin sieben Hinweise in diesem Zeitraum. Wie dem auch sei: Viel war es nicht. »Die Fälle, die wir gemeldet haben, waren kinder- und jugendpornografische Inhalte«, sagt Jasmin Wahl von jugendschutz.net. Bei vielen Hinweisen und Beschwerden aus der Bevölkerung, die zu der russischen Plattform bei jugendschutz.net eingehen, seien die Erfolgsaussichten zur Löschung aber begrenzt. »Zahlreiche Bilder sind beispielsweise unter persönlichkeitsrechtlichen Erwägungen problematisch, da sie mutmaßlich ohne Einwilligung zusammengestellt wurden, aber nicht immer strafrechtlich relevant. Auch sexuelle Kommentierungen von Alltagsdarstellungen sowie Anfragen zum Tauschen von Bildern finden sich dort. Von diesen Problemen hat der Anbieter Kenntnis, unternimmt aber nichts dagegen.« Im Ergebnis bleiben viele Fotos dann stehen.

Was lehrt uns dieser Fall? Es wird mit an Sicherheit grenzender Wahrscheinlichkeit immer irgendwen auf dieser Welt geben, der rechtliche Konstruktionen findet, um moralisch fragwürdige Geschäftsmodelle betreiben zu können – solange die Nachfrage stimmt. Vor dem Persönlichkeitsrecht der Kinder machen diese Personen nicht halt. Sie sind ein Mosaiksteinchen einer noch viel größeren Szene, in der mit dem Missbrauch von Kindern Geld verdient wird.

Das Geschäft mit dem Missbrauch
Kinder werden für Profite sexuell ausgebeutet

Die Zeiten, in denen in Deutschland Kinder gegen Geld sexuell missbraucht werden konnten, sind, so sollte man meinen, lange vorbei. Einen tiefen Einblick in diese düsteren Zeiten gab Anfang 2023 das Magazin *Der Spiegel* mit einer aufsehenerregenden Recherche.[1] Protagonist der Story ist Michael Bera, Jahrgang 1958, der seit seinem zwölften Lebensjahr gegen Geld von Freiern am Hamburger Hauptbahnhof missbraucht worden war. Einer der Freier war »Klaus«, ein Mann, der jahrzehntelang für die CDU als Funktionär gearbeitet hatte und seinen wahren Namen nicht im *Spiegel* lesen wollte. Das Magazin führte Michael Bera und Klaus rund 50 Jahre nach den Taten wieder zusammen. Michael ging es, so heißt es in der Reportage, nicht um eine Abrechnung. »Ich will nur reden. Nur ihm dabei ins Gesicht sehen.« Klaus habe ihn, den eindeutig minderjährigen Michael, damals mit nach Hause genommen, ihm Bier und Valium gegeben und sei dann in ihn eingedrungen. Klaus bestätigte die Taten, sagte: »Ich habe dich aber nicht als Opfer gesehen. Den Eindruck hast du nicht gemacht. Ich denke, wir waren auf Augenhöhe.« Sein Spin lautete: Michael Bera stand ja am Hauptbahnhof, zwinkerte den Freiern zu, ging mit, nahm das Geld.

Die *Spiegel*-Recherche wirft ein Schlaglicht auf eine Zeit, die in Deutschland bisher nur ausschnittweise aufgearbeitet worden ist. Damals mischten sich Missbrauchstäter:innen, die sich mit Geld das Ausleben ihrer gewaltvollen Fantasien erkauften, mit kriminell agierenden Pädosexuellen, die als vermeintliche Avantgardisten für eine sexuelle Befreiung der Gesellschaft kämpften, für die Legalisierung einer angeblich möglichen einvernehmlichen Sexualität zwischen Erwachsenen und Kindern. Der jeweilige Antrieb der Täter:innen mag verschieden gewesen sein, die Leidtragenden waren immer Kinder, die anschaffen gingen, um sich etwas dazuzuverdienen, allzu häufig alkohol- und drogenabhängig wurden und sehr bald anschaffen gehen *mussten,* um zu überleben.

Der bekannteste Ort dafür in Deutschland war der Westberliner Bahnhof Zoo. An der Jebensstraße war der »Babystrich für Jungen«, an der Kurfürstenstraße der für Mädchen. In einer Vorstudie[2] hat die Aufarbeitungskommission des Bundes zum sexuellen Kindesmissbrauch am Beispiel Berlin aufgezeigt, wie pädosexuelle und pädokriminelle Netzwerke in den 1970er-Jahren und bis hinein in die 1990er-Jahre agierten und wirkten. Ein Betroffener namens Ingo erzählt darin von seiner Zeit am Zoo und schildert, wie allgegenwärtig und sozial akzeptiert der Kindesmissbrauch damals war: »Da ist die Polizei permanent langgelaufen, aber sie haben nichts getan.«

Wenn sich Historiker:innen in einer Aufarbeitungskommission mit einem Thema befassen, legt dies nahe, dass diese Zeiten überwunden sind. Gewiss, am Bahnhof Zoo gibt es heute keinen für alle sichtbaren Kinderstrich mehr, auch nicht am Nordeingang des Hamburger Hauptbahnhofs. »Das sind saubere Orte, täglich hochfrequentiert und im Auge der Öffentlichkeit. Das heißt aber nicht, dass Kinder und Jugendliche in Deutschland nicht mehr anschaffen«, sagt mir Lukas Weber von HILFE-FÜR-JUNGS. Der Berliner Verein wird mit Mitteln der Berliner Senatsverwaltung gefördert und bietet im 1994 gestarteten Projekt »Subway« anschaffenden Jungs* und Männern* Unterstützung an. Bedarf gibt es immer noch.

---

* Mit dem Sternchen hinter Jungs und Männern möchte der Verein darauf aufmerksam machen, dass sich auch non-binäre Betroffene melden können.

Weber nennt mir Orte, die ich als in Berlin lebender Mensch kenne. Keine dreckigen Hinterhöfe am Stadtrand, keine sozialen Brennpunkte, sondern belebte Gegenden im Herzen der Stadt. »Dort stehen Minderjährige, die Sex für Geld anbieten. Aktuell haben wir eine Handvoll Minderjähriger, die wir betreuen. Das Dunkelfeld ist natürlich, wie so oft bei sexualisierter Gewalt, bedeutend höher«, erzählt mir Weber Anfang 2023.

Nach unserem Gespräch gehe ich zu diesen Orten, an denen ich schon häufig vorbeigelaufen bin. Es fällt mir nun wie Schuppen von den Augen. Wie konnte ich das so viele Jahre übersehen? Wie können die vielen Menschen, die täglich dort vorbeigehen, das übersehen?

Strategien und Rechtfertigungen der Täter:innen haben sich in den vergangenen Jahrzehnten nicht verändert. Erst nutzen sie die Not der meist jugendlichen Betroffenen aus, im Anschluss geben sie ihnen eine Mitschuld. »Du wolltest es doch auch.« Dabei ist das Strafrecht eindeutig. § 182 Absatz 2 des Strafgesetzbuches bestraft, wer »eine Person unter achtzehn Jahren dadurch missbraucht, dass sie gegen Entgelt sexuelle Handlungen an ihr vornimmt oder an sich von ihr vornehmen lässt«. Dennoch führen nur wenige Strafverfahren zu Verurteilungen. Laut Polizeilicher Kriminalstatistik[3] erfassten Deutschlands Polizeien im Jahr 2021 insgesamt 344 Fälle, rund 85 Prozent davon konnten aufgeklärt werden. Gegen 250 Tatverdächtige wurde ermittelt, doch nur wenige wurden verurteilt. Im selben Jahr wurden laut Zahlen des statistischen Bundesamtes[4] nur sechs Personen nach § 182 Absatz 2 verurteilt, allesamt Männer. Zwar kann man die Polizeiliche Kriminalstatistik nicht direkt mit Statistiken zu Verurteilungen vergleichen, weil beispielsweise in 2021 begonnene Verfahren erst in den Jahren danach gerichtlich entschieden sein könnten.

Über die Jahre zeigt sich jedoch ein Gefälle zwischen eingeleiteten Verfahren und Verurteilungen.

»Wenn wir Jungs und junge Männer zu Gericht begleiten, erleben wir häufig, wie sich plötzlich die Betroffenen rechtfertigen müssen, wie ihnen die Beweislast zugewiesen wird, wie alles bagatellisiert werden soll. Dabei ist das Strafrecht klar: Wer als Erwachsener einem Kind oder Jugendlichen unter 18 Jahren Geld für Sex gibt, handelt kriminell«, sagt Lukas Weber.

Von einigen Fachberatungsstellen, die Betroffene auch bei Gericht begleiten, höre ich die Faustformel, dass bei einem von zehn Verfahren, bei denen es um sexualisierte Gewalt an Kindern geht, eine Chance besteht, dass es zu einer Verurteilung kommt. Die meisten Verfahren werden eingestellt.

Sexuelle Ausbeutung auf globaler Ebene

Die Situation in Deutschland ist nicht zufriedenstellend. Noch dramatischer ist sie allerdings in weiter entfernten Teilen der Welt, die unter Pädokriminellen und Missbrauchstäter:innen beliebte Reise-, Urlaubs- oder Auswanderungsziele sind.

»Jeden Tag sind Millionen von Mädchen und Jungen in allen Ländern und Gesellschaftsschichten mit der erschreckend häufigen Erfahrung von sexuellem Missbrauch und Ausbeutung in der Kindheit konfrontiert«, sagte Amina J. Mohammed als stellvertretende UN-Generalsekretärin auf einer Konferenz in New York im Jahr 2018.[5] Sie stellte damals ein Tool vor, mit dem der Fortschritt verschiedener Länder im Kampf gegen sexuelle Ausbeutung von Kindern gemessen werden könne.

»Out of the Shadows«, also »Heraus aus dem Schatten« heißt der Index[6], der als erster globaler Maßstab gilt und Staaten motivieren soll, sich stärker zu engagieren. Wer will schon gern als das Land gelten, das am wenigsten gegen sexualisierte Gewalt an Kindern unternimmt? 2022 fiel diese unrühmliche Rolle bei den 60 untersuchten Ländern, in denen 85 Prozent aller Kinder der Welt leben, Kamerun zu. Von 100 möglichen Punkten erreichte das afrikanische Land lediglich 17,5. 20 weitere Länder kamen auf nicht einmal die Hälfte der möglichen Punktezahl.

Auffällig ist, dass ärmere Länder überwiegend am Ende der Skala rangieren. Mehr Armut gleich höheres Risiko für Kinder, sexuell ausgebeutet zu werden? So einfach ist es nicht, wie die UN-Verantwortlichen schon bei der Vorstellung des Tools 2018 betonten. Zwar würden die wohlhabendsten Länder in der Regel am besten abschneiden, aber auch bei ihnen zeigten sich Lücken in der konkreten Verwirklichung von Schutzbedingungen für Kinder. Mit Italien landete 2022 eine europäische Industrienation mit gerade einmal 55,9 Punkten nur auf Platz 31, während Südafrika Platz fünf belegte. Als führend galten im Index für 2022 Großbritannien, Frankreich, Schweden und Kanada. Aber: Kein Land rangierte im ersten Quintil, den höchsten Wert erreichte Großbritannien mit 77,2. Deutschland lag übrigens auf Platz zehn, mit 67,1 Punkten.

Für »Out of the Shadows« werden in fünf Kategorien Daten erhoben. Einbezogen werden die Verhinderung von sexuellem Missbrauch, etwa durch eine Gesetzgebung, die Minderjährige schützt, Präventionsprogramme sowie der Umgang mit Taten, wozu neben Strafverfolgung auch die Unterstützung Betroffener zählt. Um es noch einmal zu betonen: Das Ranking misst nicht den tatsächlich vorkommenden sexuellen Kindesmissbrauch, sondern bewertet die Anstrengungen im Kampf dagegen.

Wo auf der Welt am meisten Kinder missbraucht werden und inwiefern dabei Geld eine Rolle spielt, lässt sich nicht verlässlich sagen. Laut einem Bericht[7] des UN-Kinderhilfswerks UNICEF von 2014 erlebten in jenem Jahr 120 Millionen Mädchen unter 20 Jahren »erzwungenen Geschlechtsverkehr oder andere erzwungene sexuelle Handlungen«. Das war jedes zehnte Mädchen weltweit. Eine Aussage über das Dunkelfeld, das kriminalistische Hellfeld ist wie immer kleiner. Interpol teilte im Januar 2023 mit,[8] anhand von Bildern und Videos, die im Internet getauscht wurden, über 32000 Betroffene identifiziert zu haben. Pro Tag würden anhand dieser Suchen durchschnittlich sieben Kinder gerettet.

Detaillierte Statistiken über das, was man in den 1990er-Jahren als »Sextourismus« bezeichnete, aufgeschlüsselt nach Ländern, existieren meiner Kenntnis nach nicht. Zu schlecht ist die Datenlage in vielen Ländern, um Zahlen seriös miteinander ins Verhältnis setzen zu können. Zu groß aber wohl auch die Sorge bei Institutionen wie der UN, damit den politischen Zorn stark betroffener Länder auf sich zu ziehen.

Die umfassendsten Einblicke gewährt eine Erhebung[9] aus dem Jahr 2016 des global tätigen Netzwerks ECPAT, kurz für End Child Prostitution and Trafficking. Nach eigenen Angaben ist ECPAT die einzige Organisation weltweit, die sich ausschließlich dem Kampf gegen sexuelle Ausbeutung von Kindern widmet. Dem Netzwerk gehören mittlerweile über 120 Organisationen aus über 100 Ländern an, in Deutschland die Arbeitsgemeinschaft zum Schutz der Kinder vor sexueller Ausbeutung.

Die Untersuchung sei, so die Autorinnen Angela Hawke und Alison Raphael, die erste umfassende zur sexuellen Ausbeutung von Kindern im Kontext von Reisen und Tourismus. Kein Land sei dagegen immun. »In einer zunehmend vernetzten Welt sind immer mehr Menschen unterwegs, und selbst die entlegensten Teile der Erde sind dank billiger Reisen und der Verbreitung des Internets erreichbar. Das Risiko sexueller Ausbeutung von Kindern steigt«, so die Autorinnen.

Einen Schwerpunkt dieses häufig als »Kinder-Sextourismus« verharmlosten Phänomens bildet weiterhin Südostasien. Neben Ländern wie Thailand – in dessen Hauptstadt Bangkok ECPAT seinen Hauptsitz hat – und den Philippinen, die bereits ab den 1970er-Jahren attraktiv für reisende Missbrauchstäter:innen waren, werden nun auch Kambodscha, Indonesien und Vietnam zu Schlüsselzielen. Und das Problem wird in allen Regionen der Welt eher größer als kleiner, »sogar« in Europa. Galt Europa traditionell als Herkunftsregion von Täter:innen, die in fernen Weltregionen Kinder gegen Geld sexuell missbrauchten, würden nun Zentral- und Osteuropa zunehmend beliebte Ziele.

Der Wandel im Tourismus, weg von Pauschalurlauben in Hotels mit vielen Menschen, hin zu individuell organisierten Reisen und privaten Unterkünften (Stichwort Airbnb), biete dabei überall auf der Welt ein besseres Umfeld für pädokriminelle Täter:innen. Dazu kommt, dass immer mehr Menschen reisen, wodurch es wahrscheinlicher wird, dass die absolute Zahl reisender Täter:innen steigt.

Missbrauch im Videolivestream

Die Vernetzungspotenziale des Internets werden, das dürfte mittlerweile nicht mehr überraschen, auch für die sexuelle Ausbeutung von Kindern genutzt. Der folgende Vergleich, den ich in einem Darknetforum gelesen habe, ist absurd, schlimm und widerwärtig, ergibt gemäß der pädokriminellen Missbrauchslogik aber Sinn, weshalb ich ihn hier wiedergebe: Durch Corona haben viele berufstätige Menschen gemerkt, dass die meisten Dienstreisen verzichtbar sind. Wofür man sonst quer durch Deutschland reiste, ein Hotel buchte und viele Stunden unterwegs war, setzt man nun häufig ein Onlinemeeting an. So sei es, schrieb der anonyme User, »mittlerweile auch für uns Pädos«. Man müsse nicht mehr vor die Tür, viel Zeit und Geld investieren, sich Risiken aussetzen, wenn man doch täglich mit Kindern via Videolivestream chatten könne.

Das Phänomen der Livestreams erhielt bei Missbrauchstäter:innen bereits vor Corona Aufmerksamkeit. Schon 2015 kam eine von der EU finanzierte Expert:innen-Befragung[10] zum Schluss, dass das Livestreaming von Missbrauch gegen Bezahlung kein neuer Trend mehr sei. Einige Indizien sprechen nun dafür, dass es in der Coronapandemie, als auf der ganzen Welt soziale Kontakte reduziert wurden und sich das soziale Leben ins Digitale verlagerte, zusätzlich an Bedeutung gewann, wobei genaue Zahlen zum Ausmaß nicht vorliegen.

Im Fokus der Aufmerksamkeit stehen die Philippinen. Eine UNICEF-Studie[11] von 2020 schlussfolgerte, dass sich die Philippinen »zum weltweiten Zentrum bei der Produktion von Material zum sexuellen Missbrauch von Kindern« entwickelt hätten, 80 Prozent der philippinischen Kinder seien akut gefährdet. Eine umfassende Untersuchung[12] für die Jahre 2014 bis 2017, also vor der Coronapandemie, veröffentlichte 2020 die Nichtregierungsorganisation IJM, kurz für International Justice Mission, die sich Opfern schwerster Menschenrechtsverletzungen in Entwicklungs- und Schwellenländern widmet. Die geschätzte Zahl philippinischer IP-Adressen, die monatlich für Darstellungen sexueller Ausbeutung von Kindern genutzt wurden, stieg dieser Studie zufolge im untersuchten Zeitraum um mehr als das Zwölffache.

Europol publizierte ebenfalls 2020 einen Bericht[13], wonach der Umfang von Bild- und Videomaterial aus solchen Livestreams – nicht nur mit dem Ursprung Philippinen – in einschlägigen Darknetforen in den Phasen globaler Lockdowns 2019 und 2020 stark anstieg. Von mir selbst erhobene Zahlen, die ich im folgenden Kapitel ausführlicher darstellen werde, untermauern diese These. Video- und Fotomaterial, das durch das Mitschneiden von Livestreams und Videocalls produziert wurde, nennt man im pädokriminellen Szeneslang »cappers«[*]. Im Clearweb werden solche Mitschnitte nach Informationen[14] der Internet Watch Foundation, einer britischen Wohltätigkeitsorganisation, mittels sogenannter Cyberlocker kommerziell gehandelt. Dies sind vereinfacht gesagt Dienste, bei denen man größere Dateimengen ablegen kann und wo die Person, die Inhalte hochlädt, Geld von denjenigen erhält, die sie herunterladen.

Ein typischer Missbrauchskontext in einem Livestream, wie ihn IJM für die Philippinen mehrfach dokumentiert hat, sieht so aus: Die Konsumtäter:innen sitzen meist in Ländern der westlichen Welt und kommen über das gewöhnliche Internet mit Personen in Kontakt, die Zugriff auf meist mehrere Kinder haben. Oft sind es die eigenen, überwiegend weiblichen Familienmitglieder, die Kinder für den Livestream-Missbrauch verkaufen. Dann wird ein Videostream mit einer Chatfunktion geöffnet, wobei das Bild nur in eine Richtung übertragen wird – die Täter:innen bleiben anonym. Über die Chatfunktion geben die Täter:innen Anweisungen, wie die Kinder missbraucht werden sollen. Mal sitzen die Kinder allein vor der Kamera und nehmen sexualisierte Handlungen an sich selbst vor, mal werden sie von einer erwachsenen Person sexuell missbraucht oder müssen sich gegenseitig sexualisierte Gewalt zufügen. Bezahlt wird digital.

Die allermeisten der Täter:innen kommunizierten über das

---

[*] Der Begriff kommt vom englischen »to capture«, »aufzeichnen/aufnehmen«.

normale Internet, Spuren ins Darknet waren selten. Dies ist, wie wir im nächsten Kapitel sehen werden, technisch leicht erklärbar. Das etwa seit Beginn der 2010er-Jahre bekannte Phänomen der Missbrauchslivestreams findet im Darknet meines Wissens nicht statt. Als in einem mittlerweile abgeschalteten Darknetforum ein User fragte, wo er »Cam Girls« für einen Livestream finden könne, lieferte ein anderer User eine üppige Übersicht an Seiten – sie alle führten ins Clearweb. Im Deutschen Pedo-Chat, der Ende 2022 von bayerischen Ermittlungsbehörden abgeschaltet werden konnte,[15] wurde allen Nutzer:innen regelmäßig folgende Nachricht im Chat angezeigt: »Denken Sie daran: Tor kann keine Videos streamen. Wenn Sie CP* streamen, kann dies Ihre wahre IP-Adresse preisgeben! (...) Setzen Sie sich niemals einem Risiko aus, indem Sie Videos streamen.«

In 83 Prozent der philippinischen Fälle, die für die IJM-Studie untersucht wurden, war bei Livestreams Geld die treibende Kraft auf der Anbieterseite. Eine von der australischen Regierung in Auftrag gegebene Auswertung[16] der Chats von sieben Tätern, die 74-mal via Livestream Kinder, überwiegend von den Philippinen, sexuell missbraucht hatten, ergab, dass die Täter im statistischen Mittel (Median) 51 Australische Dollar zahlten.** Neben kommerziellen Livestreams sind auch Fälle zu beobachten, bei denen sich Täter:innen ohne finanzielles Interesse digital vernetzen, um dann »gemeinsam« ein Kind zu missbrauchen. Überwiegend aber stehen bei den Livestreams monetäre Interessen im Vordergrund.

Die Anbieter:innen schrecken nicht davor zurück, (ihre) Kinder so lange missbrauchen zu lassen, bis das Interesse der anonymen Kund:innen sinkt oder sie auffliegen. Bei 43 unter-

---

* Zur Erinnerung: »CP« steht für »child pornography«.
** Im März 2023 entsprach ein Australischer Dollar ca. 0,65 Euro.

suchten Fällen konnte die IJM-Studie die exakte Dauer des Missbrauchs benennen, der Durchschnitt lag demnach bei zwei Jahren. Im Schnitt waren die philippinischen Kinder elf Jahre alt. 45 Prozent waren jünger als zwölf, neun Prozent jünger als drei, das jüngste Kind war nicht einmal einen Monat alt.

Warum sind die Philippinen offenbar so attraktiv für den Livestream-Missbrauch? Der entscheidende Punkt ist, dass dort niedrigschwellige digitale Bezahlmethoden – damit sind keine (anonymen) Kryptowährungen gemeint – äußerst populär sind, die Bezahlung also für beide Seiten, Anbietende und Nachfragende, einfach abzuwickeln ist. Die geringen Beträge gehen in der Masse aller Zahlungen schlichtweg unter und liegen mit ein paar Dutzend US-Dollar weit unter den Werten, bei denen Banken ausländische Überweisungen als »verdächtig« melden müssten. Dazu kommt, dass in den Philippinen vielerorts eine gute und günstige Internetversorgung besteht, kamerafähige Geräte weit verbreitet sind und das Justizsystem schwach ausgeprägt ist.

Es ist zwar davon auszugehen, dass Livestream-Missbrauch in den Philippinen stärker verbreitet ist als anderswo, mit Gewissheit sagen kann dies allerdings niemand. Im Februar 2023 erschien eine Vorabversion[17] eines Fachartikels des Magazins *Trauma Violence Abuse*. Forscher:innen haben dafür systematisch Erkenntnisse über sexuelle Ausbeutung von Kindern via Livestream weltweit zusammengetragen. Sie fanden nicht sonderlich viel. Gerade einmal 14 Quellen konnten sie erschließen.

Die Forscher:innen konnten aber vieles, was für die Philippinen am intensivsten recherchiert wurde, als typisch für das Phänomen charakterisieren: Meistens treibt Armut Familien dazu, ihre Kinder gegen Geld vor der Kamera »remote« sexuell missbrauchen zu lassen. Ein großer Teil der identifizierten Betroffenen stammte aus Ländern mit vergleichsweise hoher Armut, aber weitverbreiteter Internetabdeckung. Technologisch sei kennzeichnend, dass überwiegend einfach zu nutzende Kommunikationsplattformen genutzt würden, auf denen schnell und kostenlos ein Onlinemeeting via App oder Webbrowser aufgesetzt werden könne. Aber: Wie verbreitet kommerzieller Livestream-Missbrauch auf der Welt ist, ob wir nur die Spitze des Eisbergs kennen oder die dokumentierten Fälle ein Randphänomen der Pädokriminalität sind, das weiß schlichtweg niemand.

Wie groß ist das Geschäft?

Es ist generell unklar, wie bedeutend Geld bei Pädokriminalität letztlich ist, egal ob online oder offline. Einiges spricht dafür, dass es kriminelle Angebote gibt, in denen Kinder wie Waren behandelt werden, um mit ihrer sexuellen Ausbeutung Profite zu erzielen. Aber meine eigenen Recherchen und das öffentlich verfügbare Wissen sprechen klar dafür, dass Pädokriminalität im Netz nicht von industrieähnlichen Profitstrategien und Netzwerken dominiert wird, wie es etwa aus dem Bereich des Cybercrime beim Drogen- und Waffenhandel der Fall ist. Zahlen des INHOPE-Netzwerks, in dem sich weltweit agierende Beschwerdestellen für illegale Inhalte im Netz zusammengeschlossen haben, bestätigen dies.[18] Eine Sprecherin sagte mir auf Nachfrage, dass 2021 bei neun Prozent der bei INHOPE eingegangenen Meldungen über illegale Missbrauchsdarstellungen ein kommerzieller Hintergrund vorlag, 91 Prozent waren also mit nicht-kommerziellen Absichten im Netz verbreitet worden.

Auch in strafrechtlichen Ermittlungsverfahren zeigt sich

dies, wie mir Thomas Goger, stellvertretender Oberstaatsanwalt bei der Generalstaatsanwaltschaft Bamberg, mitteilte. Die in Bamberg angesiedelte Zentralstelle Cybercrime in Bayern führte 2022 genau 4593 Verfahren, bei denen es rechtlich um den Tatvorwurf »Kinderpornografie« ging. »Ganz grundsätzlich gilt, dass ein kommerzielles Interesse nur in Ausnahmefällen zu beobachten ist. Bei den allermeisten der bei uns geführten Ermittlungsverfahren wegen des Umgangs mit illegalen Missbrauchsdarstellungen spielt Geld keine Rolle«, sagte Goger. Ein kommerzieller Charakter sei eher bei den Livestreams zu beobachten.

Im Darknet, auf das wir im folgenden Kapitel ausführlich eingehen werden, ist das nicht anders. Der Wiener Forscher Bernhard Haslhofer hat ein Verfahren entwickelt, um das Darknet automatisiert nach Seiten zu scannen, auf denen gehandelt wird. Das System habe rund 260000 Seiten der Kategorie »Sexual Abuse« gefunden, von denen im Februar 2023 noch etwa 48000 online gewesen seien. Unter »Sexual Abuse« fallen Darstellungen von sexuellem Kindesmissbrauch, aber auch Vergewaltigungsvideos mit erwachsenen Frauen und Männern, sexuelle Handlungen mit Tieren und Ähnliches, was auf den Mainstream-Pornoplattformen verboten ist. Oberstaatsanwalt Goger ordnete mir gegenüber allerdings ein: »Im Darknet gibt es Tausende Seiten, die vorgeben, kinderpornografisches Material gegen Zahlung geringer Beträge in Bitcoin anzubieten. Bei den meisten dieser Angebote handelt es sich allerdings um Betrugsseiten.« Meine langjährigen Recherchen bestätigen dies.

Wir sollten meiner Meinung nach nicht den Fehler begehen, Pädokriminalität wie einen »gewöhnlichen« kriminellen Wirtschaftszweig – beispielsweise den Drogenhandel – zu betrachten. Wie wir gesehen haben, sind Pädokriminelle überwiegend intrinsisch motiviert, sehen sich als Teil einer Bewegung, vertreten irrige Werte wie die »sexuelle Befreiung der Kinder«, wollen ihre Sexualpräferenz oder ihre Gewaltfantasien ausleben. Die meisten wollen daher Teil einer »Community« sein, in der man sich gegenseitig hilft, austauschen kann, in der die eigenen Bilder gegen andere Aufnahmen getauscht werden oder die eigene Sammlung für andere ins Netz gestellt wird, damit möglichst viele profitieren und die Bildnisse frei zirkulieren. Die möglichst freie Verbreitung des Materials ist somit immer auch ein politisch-aktivistischer Akt der Pädokriminellen. In einem Interview mit einem der einflussreichsten Pädokriminellen aller Zeiten, das in einem der nächsten Kapitel abgedruckt wird, wird dieses Selbstverständnis überdeutlich werden.

Dazu kommt das aus Sicht der Täter:innen sehr gewichtige Argument, dass jede Bezahlung das Risiko erhöht, durch die Rückverfolgbarkeit der Zahlungen ins Visier von Ermittlungsbehörden zu geraten. Der Bitcoin war technisch noch nie anonym, ist durch Fortschritte der Strafverfolgungsbehörden und die rechtliche Regulierung von Kryptobörsen aber auch praktisch kein anonymes Zahlungsmittel mehr. Einzig neuere Kryptowährungen wie Monero schaffen es aus meiner Sicht mit einiger Sicherheit noch, eine technische Anonymität verlässlich zu gewährleisten. Da aber die meisten Pädokriminellen keine IT-Fachleute sind, sind ihnen solche Bezahldienste so fremd wie den meisten Menschen. In den großen pädokriminellen Darknetforen wird denn auch regelmäßig davor gewarnt, für Missbrauchsdarstellungen zu bezahlen, es sei denn, man ist technisch versiert genug, um ganz genau zu wissen, was man tut und wie die Risiken einzuschätzen sind. Im erwähnten »Deutschen Pedo-Chat«, den die Bamberger Ermittler:innen abschalten konnten, gab es neben der Warnung vor

Livestreams auch eine regelmäßig aufflimmernde Warnung vor Bezahlung: »BEZAHLE NIEMALS für CP. Wenn Du für CP bezahlst, wirst Du höchstwahrscheinlich betrogen oder Deine Zahlung wird verfolgt.«

Pädokrimineller Onlinehandel im Clearweb

Auch im Clearweb ist meist nicht eine finanzielle Erwägung die treibende Kraft. In einem Bericht von 2019 schrieb die deutsche Beschwerdestelle jugendschutz.net, dass es »sogar« Websites gebe, die Missbrauch auf Anfrage gegen Bezahlung anböten.

Im Zuge meiner Recherchen habe ich bisher festgestellt, dass diese Websites zwei Funktionen haben können: Sie liefern tatsächlich Bild- und Videoaufnahmen (dazu gleich mehr), oder es sind reine Betrugsseiten. Bei Letzteren werden auf einer sogenannten Landingpage einige illegale Aufnahmen präsentiert, um das Interesse zu wecken. Für mehr Inhalte solle man dann einem Bitcoin-Konto Geld zusenden – ohne irgendeine Sicherheit zu haben, im Gegenzug wirklich Missbrauchsdarstellungen zu erhalten. Ich habe logischerweise nie bezahlt, weshalb ich nicht beweisen kann, dass es sich tatsächlich um eine Betrugsmasche handelt. Aber alles, was diese Websites auszeichnet, deutet auf typische Scamseiten hin, wie es sie auch für Drogen und Waffen gibt. Natürlich ist auch die Verbreitung illegaler Aufnahmen auf der Landingpage strafbar und muss so rasch wie möglich gelöscht werden.

Es gibt aber auch deutlich ernster zu nehmende Angebote. Nehmen wir ein Beispiel, das mir im Frühjahr 2023 zugespielt wurde. Es läuft auf eine niederländische Top-Level-Domain, hat also die Form http://beispiel.nl und ist somit ohne ein Anonymisierungsnetzwerk wie Tor aufrufbar. Um mich rechtlich abzusichern, lade ich solche Websites nie direkt als solche, sondern erst als Quelltext, also als technische Rohdatei.* Im konkreten Fall sah ich dadurch: Wenn ich die Website bildlich laden würde, würde ganz oben direkt ein Video starten und auch der Ton automatisch aktiviert werden. Der Bildhintergrund wäre rosa. Die sonstigen Informationen sind äußerst rar. Mir werden »die besten Teens und Kinderpornografie« versprochen, ich müsse mich nur kostenlos registrieren.

Ich baue den Code so um, dass beim »normalen Öffnen« die Bild-, Video- und Grafikdateien nicht geladen werden. Die will und muss ich nicht sehen, um meine Fragen zu klären. Ich muss mir einen Usernamen ausdenken und ein Passwort wählen, dann werde ich automatisch eingewählt. Ich erhalte eine »Tour« durch die Website, die schlicht aufgebaut ist. Ich erkenne, dass auf der Startseite Videos erscheinen würden, hätte ich das Laden dieser Dateien nicht technisch unterbunden. Der Standard-User wird dies nicht tun und mutmaßlich direkt ein Video sehen, auf dem Kinder oder Jugendliche missbraucht werden. Dieser Teil nennt sich »Free Preview«, also kostenlose Vorschau. Was ich sehe, sei nur »ein Prozent der Menge, die wir insgesamt haben«.

Ständig erhalte ich Meldungen von anderen User-Accounts, deren »Invites« gestiegen seien. Was es damit auf sich hat, lerne ich schnell. Um auf dieser Website an mehr Missbrauchsdarstellungen zu kommen, habe ich zwei Optionen. Erstens: Ich verbreite den Link zu dieser Website und erhalte dann, wenn sich Personen über diesen Link registrieren, einen »Invite« in meinem Konto gutgeschrieben. Das Modell kennen wir auch von sogenannten Affiliate-Links: Postet ein Influencer

---

* Das können Sie selbst mit jeder Website nachmachen, indem Sie vor die eigentliche URL einfach ein »view-source:« in die Adresszeile Ihres Browsers setzen. Im Beispiel wäre dies dann also view-source:http://beispiel.nl.

unter einem Video einen Affiliate-Link beispielsweise zu Amazon und wir klicken darauf und kaufen anschließend das Produkt bei Amazon, erhält der Influencer für die Werbung und die Kaufanbahnung eine Provision. So läuft es hier auch, nur ohne Amazon dazwischen: Wer einlädt, erhält einen Bonus in Form von mehr Missbrauchsdarstellungen. Mir wird empfohlen, meinen Einladungslink bei Twitter, Reddit, Discord oder Telegram zu verbreiten und dazu bestimmte »key words« (Schlüsselbegriffe) und Hashtags zu nutzen. Ich werde sie an dieser Stelle nicht nennen, aber später in diesem Kapitel auf das Thema Hashtags eingehen.

Meine zweite Möglichkeit: Ich kann Inhaltepakete kaufen. Für zehn Dollar (oder vier erfolgreiche Invites) erhalte ich angeblich »mehr gute Teenie- und KiPo-Videos«[*]. Für 35 Dollar (oder 20 erfolgreiche Invites) bekomme ich demnach einen Ordner mit 160 Gigabyte und mehr als 3000 der »BESTEN Teenie- und KiPo-Videos«. Das teuerste Paket erhält man für 80 Dollar (oder 60 erfolgreiche Einladungen), dafür soll es vier Terabyte an Daten geben (das sind 4000 Gigabyte) und einen »VIP Group Access«, was immer das sein mag. Falls ich bezahlen möchte, öffnet sich ein Telegram-Account. Ich müsste nun also via Messenger mit den Betreibern der Seite direkten Kontakt aufnehmen, um die Zahlungsdetails zu erfahren.

An dieser Stelle endet meine Recherche. Ich kann daher nicht sagen, wie dieser Anbieter konkret hätte bezahlt werden sollen, und auch nicht, ob das Missbrauchsmaterial tatsächlich geliefert worden wäre oder das Ganze auch nur ein großer Betrug ist. Meiner Erfahrung und den öffentlich verfügbaren Informationen nach zu urteilen, wird es beides geben. Mal dürf-

---

[*] Ich wähle für die Übersetzung an dieser Stelle die verharmlosende Abkürzung »KiPo«, weil auf der Website der englische Begriff »CP« genutzt wird und der Begriff die Geisteshaltung der Täter:innen vermittelt.

ten die Pädokriminellen von anderen Kriminellen übers Ohr gehauen werden, mal wird tatsächlich geliefert.

Dass in dem einen Fall »nur« vier Invites ausreichen, um zehn Dollar zu sparen, ist für mich ein Indiz, dass es eher eine Betrugsseite ist, die hofft, dass möglichst viele Personen in die Falle tappen, die dann im direkten Telegram-Chat mit den Betreibern dazu gebracht werden sollen, Geld zu zahlen. Als ich einer Person, die regelmäßig für eine deutsche Beschwerdestelle solche Inhalte aus dem Netz holt, von meinen Erfahrungen und Vermutungen berichte, bestätigt sie mir, dass dies eine Betrugsmasche sei. Auch hier gilt: Trotzdem werden in der »kostenlosen Vorschau« Missbrauchsdarstellungen verbreitet.

Ich will nun wissen, wie verbreitet dieses Phänomen ist. Anhand einer Suche nach bestimmten Design- und Stilvorlagen, sogenannten CSS-Dateien, finde ich Websites, die komplett identisch aussehen wie http://beispiel.nl. Alles, wirklich alles ist technisch identisch, außer der Domain, die Websites heißen dann eben http://unterwelt.ws oder häufig auch einfach http://nkgnweul.com, haben also Namen, die keinen Sinn ergeben. Alles spricht dafür, dass hinter diesen Websites derselbe oder dieselben Betreiber sitzen. Sie dürften verschiedene Einstiegsseiten für das Login betreiben, die dann wiederum auf ein Forum hinführen.

Die Seiten liegen alle im Clearweb, können also mit jedem Webbrowser aufgerufen werden. Dadurch sollen, so meine These, möglichst viele Personen darauf aufmerksam werden. Es ist jedenfalls ein typisches Muster von Phishingkampagnen und Betrugsseiten, die Angebote technisch niedrigschwellig und einfach erreichbar zu gestalten, um die Zahl potenzieller Opfer nicht von vornherein zu beschränken.

Natürlich stellt sich die Frage, wie Menschen auf die Idee kommen sollten, eine Website vom Typ http://nkgnweul.com

aufzurufen. Bei Google ist keine der Seiten indexiert, ist also nicht über die Suche zu finden. Dies liegt vermutlich an eindeutigen Worten oder Kürzeln wie »CP« auf der Startseite. Aber irgendwie müssen Menschen ja auf solche Websites kommen. Meine Rückwärtsrecherche führt mich zu bekannten Portalen, die mir im Forum empfohlen worden waren, um meinen Invite-Link zu verbreiten. Bei Twitter etwa werden die Links kommentarlos gepostet, versehen mit kryptischen Hashtags. Auch auf Chatportalen oder News-Aggregatoren wie Reddit, die stark von User-Generated-Content leben, finde ich die Invite-Links. Diese von einer breiten Masse genutzten Portale stellen die Infrastruktur, die Kontaktfläche, während die Nutzer:innen die Inhalte beisteuern. Offenbar streuen die Kriminellen auf diesen hochfrequentierten Plattformen möglichst breitflächig Links, um ihre kryptische Website bekannt zu machen. Ich finde auch Chatrooms und Mastodon-Server, die offenbar dafür aufgesetzt wurden, solche Hinweise auf die Websites zu streuen.

Ich melde die Links zu den Websites wie http://beispiel.nl, http://unterwelt.ws und http://nkgnweul.com bei jugendschutz.net mit der Angabe, dass es sich rechtlich betrachtet um Kinderpornografie handle. Als ich nach sechs Tagen nachsehe, ob die Websites noch existieren, sind alle bis auf eine nicht mehr erreichbar. Die letzte verschwindet ein paar Tage später.

Löschen statt Sperren

Was ich für diesen Einzelfall systematisch und im Detail nachvollzogen habe, ist in Deutschland das graue Alltagsgeschäft der Beschwerdestellen um jugendschutz.net, eco, FSM und des Bundeskriminalamts. Wir haben bereits gesehen, dass am

Ende der Debatte um »Zensursula« das Ergebnis stand, illegale Inhalte möglichst immer aus dem Netz zu löschen, anstatt nur den Zugriff zu sperren. Dieser Ansatz ist als »Löschen statt Sperren« zu einem festen Bestandteil polizeilicher Arbeit geworden, jährlich berichtet das Bundeskriminalamt über die Umsetzung.

Die Verfahrensschritte sind so etabliert, dass es den Behörden in bemerkenswertem Tempo gelingt, die juristisch als »kinderpornografisch« eingestuften Inhalte aus dem Netz zu holen. 2021 waren solche in Deutschland gespeicherten Inhalte im Schnitt schon zweieinhalb Tage, nachdem sie gemeldet worden waren, gelöscht. Bei Inhalten, die im Ausland liegen, ist der Löschprozess aufwendiger, weshalb es länger dauerte: Nach einer Woche war über die Hälfte verschwunden, nach vier Wochen fast 90 Prozent. Interessant ist, dass von den 14 810 illegalen Missbrauchsinhalten, die den Beschwerdestellen in 2021 gemeldet wurden, fast 2900 schon wieder offline waren, als das BKA noch mit der Löschaufforderung an die Internetunternehmen befasst war. Dies zeigt, dass auch andere Staaten »kinderpornografische« Aufnahmen aus dem Netz verbannen wollen.

Noch schnelleres Löschen wäre gewiss wünschenswert, aber meiner Meinung nach sind das durchaus beeindruckende Zahlen, wenn man bedenkt, dass das Internet ein dezentrales, weltweites Netzwerk mit einer Fülle an Playern ist. Die pädokriminelle Szene ist dynamisch, die Täter:innen entwickeln ständig neue Muster, um Inhalte zu verbreiten, häufig hat man es mit neuen Hostern zu tun. Dass das Bundeskriminalamt seit Jahren die Erreichbarkeit der Inhalte auf einem niedrigen Niveau hält, ist anerkennenswert und zeigt, dass sich »Dranbleiben« und Hartnäckigkeit im Kampf gegen Pädokriminalität lohnen können.

Ein in politischen Debatten immer wieder geäußertes Argument, dass die Internetunternehmen zwar Geld mit den Daten und Inhalten der Nutzer:innen machen wollten, aber zu wenig gegen den Missbrauch ihrer Dienste täten, kann zumindest im Hinblick auf »Löschen statt Sperren« nicht ernsthaft behauptet werden. Im Löschbericht[19] für 2021 heißt es im Kontext von Inhalten, die im Ausland liegen: »Das BKA hat zwar keine eigene rechtliche Befugnis für die behördliche Anordnung einer Löschverfügung, jedoch sind die Provider in der Regel freiwillig bereit, diese Inhalte zu löschen.«

Ein ungesundes Ökosystem

Die harte, klare und greifbare Verantwortung von Internetunternehmen ist eindeutig, illegale Missbrauchsinhalte zu löschen, die auf ihren Diensten liegen, seien es Social-Media-Plattformen, News-Aggregatoren wie Twitter und Reddit oder Fotosharing-Websites. Es gilt das Prinzip »Notice and take down«: Sobald Provider von illegalen Inhalten erfahren, müssen sie diese löschen – sonst können sie selbst als Verbreiter haftbar gemacht werden.

Es gibt aber auch eine weiche, indirekte und weniger gut fassbare Verantwortung insbesondere der großen Dienstanbieter, die teilweise Milliardengewinne mit der Interaktion von Millionen Menschen verdienen. Ich spreche von Angeboten wie Instagram, Twitter, TikTok oder auch Facebook und ziele auf ihr durch algorithmische Entscheidungssysteme geprägtes Nutzungserlebnis ab. Sie belohnen Interaktion, also Kommentare, Likes, Shares. Wir wissen mittlerweile, dass reißerische, emotionalisierende Beiträge strukturell mehr Interaktion auslösen. Sie sprechen die menschliche Psyche bewusst an und versetzen uns in einen Zustand, in dem wir eher affektiv als rational agieren. Das Ziel dieser Plattformen ist es, dass Menschen möglichst lange verweilen, denn desto mehr Möglichkeiten gibt es, dass sie Werbung sehen – und der Betreiber mehr verdient.

All das ist nicht per se illegitim und schon gar nicht illegal. Aber seit den 2000er-Jahren ist ein digitales Ökosystem erwachsen, in dem Kinder von klein auf lernen, dass sie mit Provokation, Emotion, (gespielter) Authentizität oder Einblicken ins Privatleben viel Aufmerksamkeit und Feedback erhalten. Mal ehrlich: Wir alle freuen uns doch, wenn das Foto, das wir teilen, viele Likes erhält. Wenn uns vollkommen egal wäre, was andere davon denken, müssten wir es doch gar nicht erst hochladen, oder? Wenn eine 13-Jährige lernt, dass Fotos von ihr mehr Rückmeldungen und nettere Kommentare erhalten und höhere Reichweiten erzielen, sobald sie mehr nackte Haut zeigt oder erotisierend schaut, dürfte sie zumindest anfälliger sein, solche Aufnahmen zu teilen. Dazu kommt, dass ihre Idole – Popstars, Profisportler:innen, Influencer:innen ... – genau dieses Verhalten vorleben, weil sie mit mehr Interaktion bares Geld verdienen können. Auch Influencereltern, die ihre teilweise sehr kleinen Kinder täglich online zur Schau stellen, fördern dieses Verhalten.

In diesem sozio-digitalen Ökosystem tummeln sich auch Pädokriminelle, bleiben scheinbar undercover, agieren jedoch direkt vor unseren Augen. Es zirkulieren in der Szene wie gesagt eine Reihe von Hashtags, mit denen sich Pädokriminelle untereinander vernetzen. Die kann und will ich nicht nennen, aber stellen Sie sich einfach mal vor, ein jugendliches Mädchen postet ein Bild auf Instagram von einem Leichtathletikwettkampf, ausgetragen beim LC Berlin. Sie hat gut abgeschnitten und erhofft sich, zumindest insgeheim, soziale Anerkennung mit ihrem Post. Mehrere Wochen später, als das Bild schon wieder vergessen ist, kommt ein Kommentar hinzu von einem authentisch wirkenden Profil: »Tolle Leistung!!! #glückwunsch #welldeserved #weloveathletics #isam #lcb«. Das Mädchen wird sich vermutlich fragen, was »#isam« und »#lcb« bedeuten, und vielleicht denken: #lcb steht wahrscheinlich für LC Berlin, dann wird #isam sicherlich auch irgendetwas damit zu tun haben, vielleicht war es der Hashtag des Events? Wenn das Mädchen draufklickt, um zu erfahren, welche Posts noch damit kommentiert wurden, wird es einen Schreck bekommen, denn #isam ist die Kurzform für »ich steh auf minderjährige«.

#isam gibt es als Hashtag in der pädokriminellen Szene nicht, es ist ein von mir erfundenes Beispiel. Aber es gibt solche kryptischen Hashtags, die genutzt werden, um sich zu vernetzen. Personen, die in unserem Beispiel nach #isam suchen, können viel einfacher auf das Profil der Jugendlichen stoßen und Bilder finden, auf denen das Mädchen häufiger mal in knapper Sportkleidung in athletischen Posen zu sehen sein dürfte. Ein einziger solcher Hashtag auf dem gesamten Profil kann reichen, um in das Visier der pädokriminellen Szene zu geraten. Bilder können abfließen, Cybergrooming kann starten.

Als ich das erste Mal von diesen Hashtags hörte, hat es mich umgehauen. Ich kannte bis dahin nur die ultravorsichtigen User:innen im Darknet, die nicht einmal sagen wollten, aus welchem Land sie stammen. Und dann hinterlassen andere bei Instagram und Twitter diese offensichtlichen, eindeutigen Hashtags? Und vor allem: Sie werden seit Jahren zur Vernetzung genutzt, ohne dass die großen Plattformen wie Twitter und Instagram meinen Recherchen zufolge proaktiv dagegen vorgehen?

Das meine ich mit der weichen, indirekten Verantwortung der Plattformunternehmen. Wenn sie diese Szenehashtags kennen, wovon auszugehen ist, könnten sie sie automatisiert aus Kommentaren auf Profilen Minderjähriger entfernen. Natürlich würden sich die Pädokriminellen einen neuen einfallen lassen, auf den die Plattform dann erst wieder aufmerksam werden müsste, aber so ist es nun einmal bei der Kriminalitätsbekämpfung. Der Kampf dagegen ist ein ständiges Versteckspiel, ein permanentes aufeinander Reagieren, ein Dranbleiben.

Darauf haben die großen Unternehmen meiner Erfahrung nach aber wenig Lust, weil sie damit kein Geld verdienen, weil es Personalressourcen kostet und die Interaktion auf der Plattform senkt. In dieser Hinsicht lasse ich das Argument von den profitgierigen Plattformunternehmen durchaus gelten: Dass sich Pädokriminelle seit Jahren mit eindeutigen Hashtags global vernetzen können, ohne dass die Unternehmen das spürbar unterbinden können, ist meiner Meinung nach ein Armutszeugnis für diese Konzerne.

Die finstersten Ecken im Darknet

*Aufstieg pädokrimineller Foren
gigantischen Ausmaßes*

Es ist schon einige Jahre her, dass ich erstmals ins Darknet abstieg. Seit 2015 arbeite ich nun regelmäßig zu journalistischen Zwecken im Darknet, und ich glaubte an diesem Tag im Mai 2020, dass ich genau verstanden hätte, wie man sich dort verhält, wie man relevante Seiten findet und wie man sie journalistisch zu bewerten hat.

Es gibt im Darknet die großen Marktplätze, auf denen mit Drogen, geklauten Kreditkartendaten oder Hackingtools gehandelt wird; die Foren, in denen sich Menschen die abstrusesten Verschwörungstheorien ausdenken oder einfach nur hetzen; die Filesharing-Börsen, auf denen sich etliche Bücher und wissenschaftliche Aufsätze, für die man sonst viel Geld bezahlen müsste, kostenlos herunterladen lassen.

Es gibt aber auch die »helle Seite« im Darknet, wofür der Dienst eigentlich erschaffen worden ist. Plattformen wie Wikileaks und viele renommierte Medien aus aller Welt bieten anonyme Briefkästen an, sodass sich Whistleblower:innen geschützt vor staatlicher Überwachung an sie wenden können. Manche Medien wie etwa die *New York Times* spiegeln ihre Website aus dem normalen Web simultan auf einem Darknetserver, sodass sie anonym aufgerufen werden kann, wenn Staaten den Aufruf eigentlich unterbinden wollen. Es gibt sogar einen zensurfreien Darknetzugang zu Facebook für all jene Menschen, denen der Staat das soziale Netzwerk sperrt. Und es gibt kostenlose E-Mail-Postfächer auf Darknetservern, um geschützt kommunizieren zu können.

Gut und Böse liegen im Darknet meist nur wenige Klicks auseinander. Das Darknet symbolisiert das Dilemma einer jeden Erfindung – ob Werkzeug oder Technologie – in einer radikalen Weise: Sie wird in der Regel entwickelt, um das Leben zu erleichtern und gesellschaftliche Probleme zu lösen, doch früher oder später, dies lehrt die Menschheitsgeschichte, wird sie für illegitime oder illegale Zwecke missbraucht und schafft dadurch ganz eigene Probleme. Mit einem Hammer soll man einen Nagel in die Wand schlagen können, aber er eignet sich auch als Tatwaffe. Ein Lastwagen soll Güter transportieren, aber er eignet sich auch als monströse Waffe für Terrorist:innen, um Menschen auf einem Weihnachtsmarkt zu überfahren. Die Smartphonekamera soll schöne, fröhliche, einmalige, bewegende Momente unseres Lebens für die Ewigkeit festhalten, kann aber auch subtil unter den Rock einer Frau gehalten werden.

Mit dem Darknet ist es nicht anders. Es wird von Softwareentwickler:innen und Freiwilligen auf der ganzen Welt finanziert, entwickelt und vehement gegen öffentliche Angriffe verteidigt. Ihr Ziel ist es, die Meinungsfreiheit der Menschen auch im Netz zu schützen. Hinter dem Darknet steht Tor. Die Funktionsweise dieses größten Anonymisierungsnetzwerks der Welt ist im Detail zwar hochkomplex, aber die Idee dahinter ist letztlich simpel.

Ohne einen Anonymisierungsdienst wie Tor erhalten wir von unserem Internetprovider eine IP-Adresse, mit der wir Verbindungen zu anderen Websites aufnehmen. Der Provider wird dadurch zur zentralen Vermittlungsstelle, weil er zu jedem Zeitpunkt sagen kann, welche IP-Adresse wir haben und welche Seiten wir wann wie lange aufrufen. Es ist eine mächtige Position, denn einerseits wird detailliertes Wissen über unsere Internetnutzung aggregiert, andererseits kann der Provider uns daran hindern, bestimmte Websites überhaupt zu öffnen. Wenn Staaten das Internet zensieren wollen, gehen sie in aller Regel genau diesen Schritt: Sie befehlen den Providern in ihrem Land, Verbindungsanfragen zu bestimmten Websites, beispielsweise zu sozialen Netzwerken wie Facebook oder Twitter, einfach nicht (mehr) an deren Server weiterzuleiten. Die Provider sind es auch, die im Mittelpunkt der Diskussion um die Vorratsdatenspeicherung stehen. Bei ihnen fallen die IP-Adressen als technische Notwendigkeit immer an, sodass man damit ermitteln kann, was Anschlussinhaber im Internet wann angesurft haben.

Hier setzt das Tor-Netzwerk an: Zwar ist auch Tor darauf angewiesen, dass Menschen von ihrem Provider eine IP-Adresse erhalten, aber Tor verhindert, dass er außerdem noch sieht, wohin die Reise dann geht. Menschen, die Tor nutzen, verbinden sich mit einem zufällig ausgewählten Tor-Server. Davon gibt es mehrere Tausend auf der ganzen Welt. Von dort wird die Anfrage zweimal an wiederum zufällig ausgewählte Tor-Server weitergeleitet. Die Information, zu welcher Website sich ein:e Nutzer:in verbinden will, war bis dahin stets verschlüsselt. Weder der Provider noch die ersten zwei Tor-Server haben gesehen, was das Ziel sein soll. Diese entscheidende Info erhält nur der letzte Server, der sogenannte Austrittsknoten. Möchten wir beispielsweise eine Nachrichtenseite aufrufen, knüpft dieser Austrittsknoten die finale Verbindung zum Server der Nachrichtenseite. Aber: Der Austrittsknoten weiß nicht, wer die Anfrage ursprünglich gestellt hat. Im Ergebnis gelingt es Tor damit, dass keine Instanz das vollständige Wissen über die Kommunikation erlangt, also darüber, wer was im Internet tut.

Tor ist noch nicht gleich Darknet, sondern erst einmal eine »anonyme Brücke« ins Internet. Wer etwa in einem autokratischen Staat lebt und dem Staat gegenüber verbergen möchte, welche Seiten im gewöhnlichen Netz er aufrufen will, kann Tor nutzen. Der Provider (und damit mittelbar der Staat) kann dann bestenfalls sehen, dass die Person eine Verbindung zu Tor aufbaut, aber nicht, was sie dann im Netz treibt. Manche Menschen gehen auf Nummer sicher und schalten vor der Verbindung zum ersten Tor-Server eine weitere Instanz hinzu, ein sogenanntes Virtual Private Network, VPN, oder einen sogenannten Proxy. Dann ist nicht einmal mehr bekannt, dass die Person Tor nutzt. Sie ist anonym im Internet unterwegs.

Das Tor-Netzwerk erschöpft sich nicht in dieser Brückenfunktion ins normale Web. Es bietet auch die Möglichkeit, selbst Server aufzusetzen und Websites zu betreiben – wiederum anonym und zensurresistent, versteht sich. Diese speziellen Server wurden lange Zeit als »Hidden Services« (»versteckte Dienste«) bezeichnet, ehe die Tor-Community sie in den weniger anrüchigen Begriff »Onion Services« umtaufte. Was das Ganze mit einer Zwiebel (onion) zu tun hat? Eine Zwiebel ist seit jeher das Symbol von Tor, in Anlehnung an die verschiedenen Schichten, die Tor für jede Verbindung aufbaut. Ein Onion Service sieht zwar im Browser aus wie eine normale Website, doch die Adresse endet nicht mehr auf ».de« oder ».com«, sondern eben auf ».onion«. Wer auf einer solchen Website gelandet ist, der hat es ins Darknet geschafft.

Als Nutzer:in kann man sie völlig anonym aufrufen und als Betreiber:in ebenso anonym aufsetzen und betreiben. Alles ist erlaubt und nichts verboten, denn es gibt im Code der Software keinerlei Beschränkungen. Nicht einmal die Menschen hinter dem Tor-Netzwerk können Inhalte verbieten oder Server lokalisieren, selbst wenn sie es im Einzelfall wollten. Die gesamte Tor-Architektur ist von Grund auf so konzipiert, dass keine Instanz, kein Mensch auf der Welt, inhaltliche Vorgaben machen kann. Gäbe es einen »Notfallmodus«, so das Argument der Tor-Community, könnten Staaten die Menschen hinter Tor dazu zwingen, politisch unliebsame Inhalte zu löschen.

Machen die Betreiber:innen der Onion Services keine Fehler, lässt sich rein technisch nicht nachvollziehen, wo die Darknetserver physisch stehen oder von wem sie administriert werden. Sie könnten in einem großen Rechenzentrum am anderen Ende der Welt stehen, versteckt zwischen gewöhnlichen Servern, oder in einem Wohnzimmer in Deutschland.

Wie findet man etwas, das man nicht kennt?

Die Kunst für diejenigen, die sich im Darknet bewegen wollen, besteht darin, passende Adressen zu finden, denn es gibt hier keine Suchmaschinen wie etwa Google, die das gewöhnliche Netz laufend indexieren und nach eigenen Relevanzkriterien sortieren. Stattdessen benötigt man »Wikis«: Seiten, auf denen Links zu Onion Services gelistet sind.

Manche Ersteller von Wikis suchen selbst nach Links, andere bitten die Betreiber:innen von Onion Services, ihre Adressen mitzuteilen. Betreiber:innen krimineller Marktplätze versenden oft proaktiv ihre Onion-Adresse an Wikis und schalten bisweilen sogar Werbung auf anderen Darknetseiten, da sie ein Interesse daran haben, dass viele Menschen ihre Seite finden.

Durch mein jahrelanges Arbeiten im Darknet habe ich eine gute Übersicht über die Wikis und benötige meist nur wenige Minuten, um die relevantesten Seiten zu einem bestimmten Thema zu finden. Fragt mich beispielsweise eine Redaktion, ob ich sie bei einer Recherche zu gekaperten PayPal-Konten unterstützen kann, dann weiß ich, dass diese nur auf ganz bestimmten Marktplätzen gehandelt werden und dass es bestimmte »Qualitätskriterien« in den Angeboten geben muss, um sich zu vergewissern, dass es sich tatsächlich um geklaute PayPal-Konten handelt. Sich im Darknet zu bewegen, das habe ich mittlerweile verinnerlicht, heißt vor allem, nie irgendjemandem zu vertrauen und ständig zu antizipieren, dass das Gegenüber einen täuschen will.

Die Recherche, die im Frühsommer 2020 beginnt und von deren Ergebnissen ich bereits teilweise berichtet habe, wird jedoch anders als alles, was ich bisher im Darknet gemacht habe. Für das Politikmagazin *Panorama* und das Investigativformat STRG_F wollten meine Kolleg:innen und ich verstehen, wie Pädokriminelle harmlose Kinderfotos von Social-Media-Konten stehlen und wo sie verbreitet werden.

Jahrelang hatte ich bei meinen Darknetrecherchen einen weiten Bogen um das Thema Kindesmissbrauch gemacht, zum einen aus rechtlichen Gründen, denn im Normalfall ist bereits die Suche nach illegalem Missbrauchsmaterial strafbar, der Aufruf der Foren erst recht. Selbst für Journalist:innen gibt es keine klaren Ausnahmen. Viele Medien scheuen daher eine eigene Recherche. Zum anderen hatte ich es aus ethischen Gründen immer vermieden, diese Seiten zu (be-)suchen. Dort muss, so stellte ich es mir vor, unvorstellbares Leid dokumentiert sein, und die Betroffenen haben es schlichtweg nicht verdient, dass man sich das aus reinem Interesse mal ansieht. Es war mir auch nie schwergefallen, weder mit dem Gesetz noch mit meinem Gewissen in Konflikt zu geraten, denn obwohl ich bis zum Frühjahr 2020 bereits Hunderte Stunden im Darknet verbracht hatte, war ich bis dahin kein einziges Mal »zufällig« auf Hinweise zur pädokriminellen Szene gestoßen.

Das Thema Kindesmissbrauch spaltet sogar die kriminelle Szene im Darknet. Auf Marktplätzen im Darknet erhält man die härtesten Drogen in großen Mengen, gestohlene Digitalgüter aller Art und teilweise sogar Schusswaffen, aber beim Missbrauch von Kindern verstehen die Schwerkriminellen, die solche Marktplätze betreiben, keinen Spaß. Als ich im Frühjahr 2023 für die Recherche zu diesem Buch bei den großen Darknetmarktplätzen nachsehe, schlossen alle (!) Kindesmissbrauchsmaterial in ihren Regeln explizit aus. Eine sehr große Handelsplattform schrieb beispielsweise als allererste Regel: »Kein Verkauf von pornografischem Material. (...) Das umfasst Pornografie-Darstellungen mit Kindern, Tieren oder Gewalt.«

Das war interessanterweise schon immer so. Als Anfang der 2000er-Jahre mit den Websites The Counterfeit Library und ShadowCrew die ersten kriminellen Marktplätze im World Wide Web online gingen, entschied der damalige Administrator Gollumfun, mittlerweile als Brett Johnson überführt und mehrfach verurteilt, dass zwar Betrug ermöglicht und Drogen verkauft werden durften, aber an Kindesmissbrauchsdarstellungen sollte kein Geld verdient werden können.[1]

Wir hatten uns nun also entschlossen, die pädokriminelle Darknetszene journalistisch zu beleuchten. Vorausgegangen waren intensive Überlegungen der Rechtsabteilungen, aufwendige Programmierungen von Software und Kauf eigener Hardware sowie die klare Formulierung von Recherchezielen, die im öffentlichen Interesse liegen. In einem größeren Team machen wir uns in einem speziell dafür angemieteten Raum und begleitet von einem eigens entwickelten Sicherheitskonzept an jenem Tag im Mai 2020 an die Arbeit.

Ich fühle mich schon nach wenigen Augenblicken genauso wie 2015, als ich meine ersten Schritte im Darknet ging: komplett hilflos und verloren. Wo fängt man an, wenn man keine Ahnung hat, wie einschlägige Websites heißen, wo sie gelistet werden und mit welchen Begriffen man nach ihnen suchen könnte? Schnell merke ich, dass das Eintippen von »child pornography« auf den Übersichtsseiten nichts bringt. Damit stößt man bestenfalls auf Nachrichtenartikel zum Thema, schlechtestenfalls landet man auf Betrugsseiten.

Im vorigen Kapitel habe ich die Flut an Betrugsseiten im Darknet bereits thematisiert. So viel bringt mir meine Darkneterfahrung immerhin, dass ich solche Seiten recht einfach entlarven kann. Hier wird Geld in Form von Kryptowährungen eingesammelt, aber nichts dafür geliefert. Na klar: Es wird sich kein Pädokrimineller bei der Polizei beschweren, dass er um sein illegales Kindesmissbrauchsmaterial gebracht worden ist. Das Geschäft scheint sich zu lohnen: Eine Anfang 2023 veröffentlichte Studie[2] kam zu dem Ergebnis, dass mit Seiten zum Thema »Sexual Abuse« im Darknet das meiste Geld verdient wird. Neben sexuellem Kindesmissbrauch fallen in diese Kategorie allerdings auch Missbrauchsdarstellungen mit erwachsenen Betroffenen sowie Zoophilieabbildungen. 2021 gingen der Studie zufolge über 94 Millionen US-Dollar auf den Bitcoin-Konten dieser Seiten ein, das waren 83 Prozent aller mit kriminellen Geschäften gemachten Umsätze im Darknet. Ruft man sich in Erinnerung, dass es sich bei der ganz überwiegenden Mehrheit der einschlägigen Seiten um Betrugsseiten handelt, lässt sich erahnen, wie viele Tausend Pädokriminelle auf ihrer Suche nach Missbrauchsdarstellungen im Darknet von anderen Kriminellen übers Ohr gehauen werden. Diese Flut an Betrugsseiten ist für nicht so affine Nutzer:innen eine quasi undurchdringbare Wand, an der sie zwar Geld lassen, aber nicht ans Ziel kommen.

Rosa Hintergrund, Teddys, und alle sind nett

Ich lasse an dieser Stelle einige entscheidende Details weg, wie ich die Wand letztlich doch durchbrochen habe, denn ich möchte mit diesem Buch niemanden auf dumme Gedanken bringen, sondern aufklären. Nur so viel sei verraten: Es dauerte fast zwei Stunden, bis ich fündig wurde. Es war der eine entscheidende Gedanke, der richtig war, und plötzlich öffnete sich mit dem Klick auf einen Link das Tor in ein paralleles Darknet, das ich vorher nie gesehen hatte.

Hier sind die Seiten nicht mehr schwarz und weiß, sondern in Farben, wie wir sie aus jedem Kinderzimmer kennen: der Seitenhintergrund in Babyblau, die Schrift in Pink oder Grün, dazu ein kleines Teddybärchen am Kopf der Seite. Auch hier gibt es Wikis zur Navigation, und genau die Inhalte, die anderswo fehlen, sind hier fein sortiert aufgelistet, nach Kategorien geordnet und mit Angaben versehen, ob die Seite gerade online ist oder nicht. Es gibt Fotoplattformen, Chatrooms, dazu Speicherdienste zum Verwalten von Material und Sicherheitstipps, um sich vor einem Zugriff der Behörden zu schützen – und, ganz oben auf der Seite, Links zu den ganz großen Foren.

Erstmals lese ich hier den Namen Boystown. Ein großes Forum, das während unserer Recherchen ständig wachsen wird und – wie wir damals bereits vermuten – offenbar von mehreren deutschsprachigen Personen betrieben wird. 2021 wird das Bundeskriminalamt gemeinsam mit internationalen Partnern die Seite nach aufwendigen Ermittlungen abschalten und vier mutmaßliche Hintermänner festnehmen. Wir haben das BKA in dieser Recherche indirekt begleitet und parallel zu den Ermittlungen unabhängige statistische Daten erheben können, die viel über die heutige Dynamik der pädokriminellen Szene im Darknet aussagen.

Boystown ist im Frühsommer 2020 längst nicht das einzige große Forum. Es gibt fast ein Dutzend davon, alle mit etwas anderen Schwerpunkten. Das größte gibt sich den perfiden Untertitel »For Child Lovers«. Es ist bekannt, dass sich viele Pädosexuelle selbst als »Child Lover« bezeichnen, aber es zu lesen in dem Wissen, dass sich hinter der Seite mutmaßlich abscheuliche Inhalte verbergen, erzeugt ein mulmiges Gefühl. Will ich das wirklich sehen?

Mir schießt immer wieder Hannah Arendts berühmtes Zitat von der »Banalität des Bösen« in den Kopf. Jetzt, wo ich das Eintrittstor in diese Onlinewelt gefunden habe, sieht alles so normal aus, so akkurat gepflegt und so stringent durchdacht, wie wir es alle aus dem Alltag in ganz anderen Kontexten kennen. Aber diejenigen, die dafür verantwortlich sind, sind Straftäter:innen. Mit ihrem Handeln goutieren und fördern sie, dass Kinder auf aller Welt misshandelt werden.

Um ins Forum für »Child Lovers« zu gelangen, muss ich zunächst ein kleines Rätsel lösen. Auch dies kennen wir alle aus dem Web, wenn wir beispielsweise Hydranten oder Zebrastreifen auf Bildern suchen müssen. Das sind digitale Schutzschilde gegen sogenannte DDoS-Attacken (DDoS steht für Distributed Denial-of-Service). Mit einem solchen Angriff wird ein Server mit derart vielen künstlich erzeugten Anfragen geflutet, dass er zunächst langsamer wird und irgendwann unter der Datenlast zusammenbricht.

DDoS-Attacken eignen sich also dafür, Websites für eine Weile lahmzulegen. Schaltet man jedoch ein kleines Rätsel vor die eigentliche Seite, laufen die vielen Verbindungsanfragen der DDoS-Attacke ins Leere, weil sie nicht auf menschliche Intelligenz zurückgreifen können. Alle kriminellen Darknetplattformen nutzen solche Schutzmechanismen, weshalb es kaum überrascht, dass auch die pädokriminellen Gruppen, die von allen anderen im Darknet verachtet werden, nicht ohne auskommen.

Ist das Rätsel gelöst, kann ich ungehindert auf die Loginseite des Forums zugreifen. Wieder so ein Moment, der völlig normal anmutet: Entweder gebe ich meinen Benutzernamen und mein Passwort ein, oder ich registriere mich neu. Alles wirkt nett und einladend, oben links ist die blaue Silhouette eines Mädchens in einem Sommerkleid zu sehen, umgeben von roten Herzchen. Da das Forum mittlerweile nicht mehr existiert, kann ich schreiben, wie es hieß: Rindexxx. Es sollte mich, wie wir sehen werden, lange begleiten. Es sollte während meiner Recherchen zum größten pädokriminellen Darknetforum anwachsen, das es jemals gegeben hat, und meinen Blick auf das Thema nachhaltig prägen.

Bei meinem ersten Rindexxx-Besuch benötige ich ein neues Passwort und muss erst – wie könnte es anders sein – ein Häkchen bei den Forumregeln setzen, quasi die Allgemeinen Geschäftsbedingungen der Darknetforen. Aber im Gegensatz zu den seitenlangen AGBs bei Facebook, Google & Co. kann ich mir hier im Handumdrehen alles durchlesen, denn die Regeln bestehen aus einem einzigen Satz: Wer im Forum agiere, solle niemals personenbezogene Daten verbreiten. Ansonsten, so ahnt man, ist hier alles erlaubt. Und bei meinem ersten Blick ins Forum merke ich: Genauso ist es.

Ich habe mit vielem gerechnet, aber die Diskussionsthemen, die Kategorien an Missbrauchsmaterial und Dimensionen der dort verbreiteten Inhalte sind verstörend. Ich sitze einige Minuten fast regungslos da und starre auf den Bildschirm, ohne auch nur einen Klick weiterzugehen. Will ich wirklich wissen, was sich hinter Kategorien wie »Tutorials«, »Hardcore Collections« oder »Babies & Toddlers« (Babys und Kleinkinder) verbirgt? Im Rückblick hat mich diese Erkenntnis am meisten getroffen. Ich hatte mit vielem gerechnet, aber dass es Menschen auf dieser Welt gibt, die sich an wenige Monate alten Säuglingen vergehen, hatte mein Gehirn offenbar gar nicht denken können. Es macht mich immer noch, nach nun schon drei Jahren der Recherche in diesen Netzwerken, fassungslos, sprachlos und treibt mir immer wieder die Tränen in die Augen.

Die Szene trifft sich in den großen Foren

Dreh- und Angelpunkt der pädokriminellen Darknetszene sind die großen Foren, die sich selbst als »Communities« zum Materialtausch bezeichnen. Der Name ist Programm: Das Teilen von Bildern und Videos steht im Zentrum, darauf ist die Struktur ausgerichtet. Die unterschiedlichen Foren ähneln sich stark. Sie unterteilen das Tauschmaterial in Videos und Fotos und ob Jungs oder Mädchen zu sehen sind. Beim Alter divergieren die Regeln etwas. Manche erlauben Aufnahmen von Betroffenen ab null Jahren, die meisten ab einem Jahr. Nach oben beschränken die Foren das Alter zumeist auf 14 oder 17 Jahre.

Für die Inhalte gibt es üblicherweise drei Hauptkategorien, die wir an anderer Stelle schon kennengelernt haben: Non-Nude, Softcore und Hardcore. Während in der Kategorie Non-Nude die Geschlechtsmerkmale der Kinder nicht zu sehen sind, wie beispielsweise auf geklauten Kinderfotos von Social Media, handelt es sich bei Softcore um explizite Nacktaufnahmen, allerdings ohne physischen Missbrauch. Werden Handlungen am Kind vorgenommen (oder muss das Kind das selbst tun), was die orale, vaginale und anale Penetration einschließt, fällt dies unter Hardcore. Die Posts werden beschrieben mit Informationen, wie alt die abgebildeten Kinder (circa) sind und was darauf zu sehen ist. Viele Kinder erhalten Namen, um sie in der Masse der Aufnahmen wiederzuerkennen. Neben diesen Hauptkategorien gibt es einige weitere. Sie heißen zum Beispiel YouTube, Babies & Toddlers, Family Fun, Fetishes, Spycams oder Movies.

Im Zuge unserer Recherchen erstellte ich Nutzungsstatistiken über das Forum Rindexxx. Es war uns gelungen, seinen sichtbaren Teil (ohne die verlinkten Fotos) herunterzuladen und somit Daten zu aggregieren, wo die meisten Inhalte lagerten und in welchen Kategorien die meisten Klicks erzeugt wurden. An dieser Stelle werden die Ergebnisse zum ersten Mal ausführlich genannt. Rindexxx hatte damals fast vier Millionen Registrierungen und war *das* Forum schlechthin. Bis zum November 2021 hatten alle seine Seiten zusammen rund 1,775 Milliarden Views, also Seitenaufrufe, generiert. Im Klartext: 1775 Millionen Mal hatte ein Mensch* die Entscheidung getroffen, eine bestimmte Seite auf Rindexxx anzuklicken – nicht auf Facebook oder Instagram, sondern in einem im Darknet versteckten, hochkriminellen Forum! 62 Prozent aller Views entfielen auf den »Playground«, also den Spielplatz. Damit bezeichneten sie bei Rindexxx die Inhalte, die den Missbrauch von Mädchen dokumentierten. Etwa ein Viertel (27 Prozent) der Klicks, die auf »Playground« entfielen, wurde auf Seiten der Kategorie »Hardcore« generiert, was damit die bei den Pädokriminellen beliebteste Kategorie überhaupt war. In absoluten Zahlen: Über 298 Millionen Mal wurden die Hardcoreseiten auf dem »Spielplatz« aufgerufen.

In absoluten Zahlen weit weniger Beachtung fanden die

---

* Ein Teil dieser Views wird durch sogenannte Crawler verursacht worden sein, die das Forum automatisiert aufrufen. Allerdings halte ich den Crawler-Anteil nicht für signifikant. Rindexxx hatte zur Zeit unserer Datenerhebung schon umfangreiche Maßnahmen zum Schutz gegen Crawling erlassen.

Missbrauchsdarstellungen von Jungs, was jedoch im damaligen Kontext gesehen werden muss. Lange Zeit war parallel zu Rindexxx das Forum Boystown online gewesen, in dem ausschließlich Inhalte missbrauchter Jungen getauscht wurden und das somit den »Boy Lovern«, wie sie sich selbst nennen, eine kriminelle Heimat gab. Erst als das BKA im Frühjahr 2021 Boystown abschaltete, erhielten die »Boy Lovers« im bis dahin nur von »Girl Lovern« betriebenen Forum Rindexxx eine Möglichkeit, dort ihre Aufnahmen zu teilen. Schon in den ersten rund sechs Monaten zwischen der Eröffnung der »Boys Section« auf Rindexxx und unserer Datenerhebung im November 2021 hatten diese Seiten über 70 Millionen Aufrufe generiert.

Neben den Hardcorebildern hat in den vergangenen Jahren eine Inhalte-Kategorie ganz besonders an Bedeutung gewonnen: Sie wird meist als »Webcam« bezeichnet und meint Fotos und Videos, die Kinder von sich selbst gemacht haben. Der häufigste Grund dafür ist Cybergrooming, wenn also Kinder beispielsweise über einen Chat aufgefordert werden, Nacktbilder zu schicken. Im Kontext des kommerziellen Livestream-Missbrauchs habe ich bereits darauf hingewiesen, dass die Inhalte zudem aufgezeichnet werden können. An diesen Orten im Netz tauchen diese »cappers« – Mitschnitte von Livestreams und Videocalls – wieder auf, um tausendfach heruntergeladen und weiterverbreitet zu werden. Speziell durch die Coronapandemie, durch die sich das Leben noch stärker ins Digitale verlagerte, explodierte die Masse dieser Aufnahmen unseren Zahlen nach. Etwa die Hälfte (49 Prozent) der auf Rindexxx verlinkten Aufnahmen zu sexuell missbrauchten Mädchen entfiel auf die Kategorien »Webcams« und »Webcams Megathreads«. In absoluten Zahlen waren dies über 2600 Gigabyte.

Um die Downloadbereiche herum bauen die Administratoren in den meisten pädokriminellen Darknetforen eine Infrastruktur, damit die Foren zu mehr werden als »nur« ein Ort, an dem Inhalte getauscht werden. Es gibt Einführungsseiten, einen Chatraum, Sicherheitstipps und Anleitungen zum Posten von Inhalten, dazu für die wichtigsten Sprachen eigene Forenbereiche. In den meisten Foren ist Englisch die Standardsprache, während User:innen in den Länderteilen in ihrer eigenen Sprache miteinander kommunizieren. Bei Rindexxx konnte in folgenden Sprachen diskutiert werden: Deutsch, Niederländisch, Spanisch, Portugiesisch, Französisch, Italienisch, Russisch, Ungarisch, Japanisch, Türkisch, Indonesisch, Polnisch und Filipino.

Parallel zu den Nutzungszahlen schnellten auch die Zahlen der registrierten Accounts auf die am Ende vier Millionen in die Höhe. Weil es dafür keine E-Mail-Adresse brauchte, kein Geld bezahlt werden musste und viele User:innen nie etwas posten wollten, erstellten sich die meisten User:innen für jede Nutzung einen neuen Account. Aus pädokrimineller Perspektive ergibt das Sinn: Wenn ich nur Missbrauchsfotos und -videos herunterladen, aber mit niemandem interagieren möchte, schütze ich meine Anonymität am besten, wenn ich jedes Mal als wer anderes auftrete. Gestern nannte ich mich »Boylover27«, heute heiße ich »Opa_Herbert« und morgen »Chérie66«. Und da ich jedes Mal anonym auf das Darknetforum zugreife, kann nicht einmal der Administrator sehen, dass hinter allen drei Accounts dieselbe Person steckt.

Noch etwas ist für Pädokriminelle entscheidend: Im wahren Leben keine Spuren zu hinterlassen. Da sie alle ein Doppelleben führen, bleibt für den Konsum der Missbrauchsdarstellungen meist nur wenig Zeit, gerade wenn sie nicht allein zu Hause wohnen und beispielsweise eine Familie haben.

Dann geht es schneller, jedes Mal einen neuen Account anzulegen, als ein bestehendes Passwort herauszusuchen. Dieses Modell der »Wegwerf-Accounts« hat für die Täter:innen auch den Vorteil, dass sie sich nichts notieren müssen. So können Angehörige weder Nutzernamen noch Passwort finden und nicht misstrauisch werden, wo sich der Partner denn als »Opa_Herbert« anmeldet.

Ähnlich verhält es sich mit dem konsumierten Material: In den Foren kann man die Fotos und Videos nicht direkt live ansehen, sondern erhält vor allem Links zu Inhalten, die man erst herunterladen muss. Die Idee dahinter kennen wir alle: Große Datenmengen verschicken wir nicht als E-Mail-Anhang, sondern legen sie in eine Cloud und versenden nur den Link zum Herunterladen. Wer den Link kennt, kommt an meine Daten. So lösen auch die pädokriminellen Darknetforen das Problem, dass es ständig mehr Missbrauchsmaterial gibt, das Pädokriminelle auf ihren Plattformen tauschen wollen. Die User:innen müssen sich per Downloadlink die Fotos und Videos anonym über das Tor-Netzwerk herunterladen, auf dem eigenen Gerät entschlüsseln und können sie dann erst ansehen. Auch hier ist in den vergangenen Jahren ein Wandel zu beobachten: Waren Pädokriminelle früher überwiegend »Jäger und Sammler«, die auf ihren Festplatten Dateien anhäuften, laden nun viele das Material einmalig herunter, konsumieren es und löschen es danach gleich wieder. Das erhöht wie »Wegwerf-Accounts« ihre Sicherheit, weil niemand die illegalen Aufnahmen auf ihren Geräten entdecken kann. Dass die Pädokriminellen das Material nicht dauerhaft besitzen, ist kein Problem (mehr), weil die Darknetforen seit einigen Jahren so groß und dauerhaft verfügbar sind, dass man zu jeder Tag- und Nachtzeit ein großes Angebot findet.

Die Szene reflektiert diesen Wandel mittlerweile sehr bewusst. Auf Rindexxx startete im deutschsprachigen Forenteil im November 2021 einmal ein User namens »Free Eagle« eine Diskussion mit dem Titel: »Ist das Wachsen von Pädoboards im Darknet subjektiv oder real?« Er schrieb einen längeren Post, der die Situation aus meiner Sicht – leider! – treffend zusammenfasste:[*] »Vor einigen Jahren hatten Pädoboards[**] noch viele kleinere Größen und Mitgliederzahlen. Um diese Mitgliederzahlen zu erreichen benötigten dann diese Boards auch wesentlich länger als heute, so mein Eindruck. Hinzu kommt dann noch, dass früher die Boards extrem instabil gelaufen sind. So waren die Boards schneller weg als sie hätten nennenswerte Mitgliederzahlen aufbauen können. (…) Als ich nun heute bei Rindexxx ganz nach unten gerutscht bin, sah ich die absoluten Mitgliederzahlen hier am Board und da traf mich der Schlag. Über 3 Millionen Mitglieder? Ja gibt's das denn? (…) Ist es nicht so, dass heute ein pädophiler Darknetnutzer ein so großes und stabiles Angebot vorfindet wie noch nie in Vergangenheit? (…) Es ist ständig alles verfügbar, vom Blümchensex bis zu Hurtcore ist alles dabei.«

Nur logisch, dass angesichts dieser Eindrücke die »IT-Security-Guides« der Pädokriminellen mittlerweile umfassend erklären, wie Fotos und Videos einfach und rückstandslos von der eigenen Festplatte gelöscht werden können. Ebenfalls bei Rindexxx schrieb eine Person, die angeblich schon einmal wegen des Besitzes sogenannter Kinderpornografie verurteilt worden war: »Ich bin heute clean, habe nichts mehr auf der Festplatte oder irgendwelchen Sticks. Die Zeiten sind vorbei, hier gibt es ja immer alles.«

Aus Ermittlerkreisen wurde mir mehrfach und unabhängig

---

[*] Sämtliche Orthografiefehler im Original.
[**] Der User schrieb durchgängig von »Pädoboards«, meinte damit aber das, was ich in diesem Buch als pädokriminelle Darknetforen bezeichne.

voneinander berichtet, dass dieser Nutzungswandel für die Strafverfolgung zu einem ernsten Problem wird: Immer häufiger kämen Fälle vor, in denen Ermittler:innen klare Hinweise haben, dass Personen auf pädokriminellen Websites unterwegs waren, um Fotos und Videos herunterzuladen. Bei einer Durchsuchung finden die Beamt:innen dann jedoch keine Dateien (mehr) auf den Geräten der Verdächtigen. Damit können die Taten nicht bewiesen werden, und die – mutmaßlichen – Täter:innen kommen straffrei davon.

Wenige Zugpferde, viele Mitläufer

Vieles spricht dafür, dass der überwiegende Teil der User:innen in den Darknetforen mittlerweile rein konsumierend agiert. Sie verbreiten keine Missbrauchsdarstellungen, hinterlassen keine Posts, tauschen keine Direktnachrichten mit anderen aus.

Beim vom BKA 2021 abgeschalteten Darknetforum Boystown war es meinem Kollegen Benjamin Güldenring und mir gelungen, diesen Eindruck mit Zahlen zu untermauern. Die Datenanalyse fand im Oktober 2020 statt. Von den damals etwa 360000 registrierten Accounts haben über 95 Prozent nie auch nur einen einzigen Post im Forum hinterlassen. Gerade einmal 0,2 Prozent hatten 100 oder mehr Posts im Forum abgesetzt. 137 User bei Boystown konnte man als »Power-User« einstufen, da sie nach 16 Monaten Forumslaufzeit jeweils über 1000 Posts hinterlassen hatten, ein User – der Administrator – sogar über 20000. Zur selben Zeit konnten wir für Rindexxx, das damals knapp unter zwei Millionen Registrierungen hatte, ähnliche Werte messen: Nur zwei Prozent der Accounts hatten dort überhaupt mal einen Post hinterlassen.

Das krasse Ungleichgewicht in der Aktivität zwischen Power-

User:innen und »Lurkers«, so der Netzjargon für jene, die herumlungern, selbst passiv bleiben und nichts von sich preisgeben, lässt sich mit den verschiedenen Rollen erklären, die Pädokriminelle in den Foren einnehmen. An der Spitze stehen die Administratoren[*], also diejenigen, welche die Server betreiben, den Softwarecode verwalten, technische Änderungen vornehmen und die höchsten Rechte besitzen – und letztlich einem Forum »den Stecker ziehen« können, wann immer sie wollen. Bei den Administratoren handelt es sich eigentlich immer um IT-Fachleute, denn um ein Darknetforum dauerhaft stabil und anonym betreiben zu können, braucht es enormen Sachverstand.

Daneben gibt es sogenannte Moderatoren. Sie werden von den Administratoren ernannt und mit entsprechenden Aufgaben und Rechten betraut. Ein »German Moderator« etwa wird in deutschsprachigen Diskussionen schlichten und für Ordnung sorgen. »Topic Moderatoren« sind damit befasst, hochgeladenes Material korrekt zu sortieren. Lädt beispielsweise ein User ein Video, in dem für kurze Zeit auch die Vulva eines Mädchens zu sehen ist, in der Kategorie »Non-Nude« hoch, verschiebt es der Topic Moderator in den »Softcore«-Bereich und übergibt es an einen anderen Moderator. Die höchste Verantwortung tragen die »Global Moderators«. Sie haben das Recht, sich in alle Kategorien und Forenbereiche einzumischen und dort Entscheidungen zu fällen. Sie können nur vom Administrator überstimmt werden.

So hierarchisch, wie das klingt, ist es auch. Gerade Administratoren werden regelmäßig gepriesen für das, was sie für die Szene leisten. Viele dürften das auch so fühlen, alle wissen

---

[*] Mir ist kein Fall einer weiblichen Administratorin eines solchen pädokriminellen Darknetforums bekannt, weshalb ich an dieser Stelle nicht gendere.

aber auch: Ein falsches Wort, und der Administrator kann sie direkt und unwiderruflich von der Plattform werfen.

Dann gibt es diejenigen User:innen, die in den Foren meist »Contributor« oder »Heavy Uploader« genannt werden, Strafverfolgungsbehörden bezeichnen sie als »Power User«. Sie zeichnen sich durch eine besonders hohe Aktivität im Forum aus, sei es durch textliche Beiträge oder das intensive Hochladen von Missbrauchsdarstellungen. Power-User genießen häufig keine gesonderten Rechte, dafür umso mehr Anerkennung. Hinterlassen sie eine bestimmte Anzahl an Posts, bekommen sie Auszeichnungen, ähnlich wie eine Medaille, die auf ihrem Profil sichtbar wird.

Power-User sitzen zu Hause meist auf einem großen Datenberg an Fotos und Videos, die sie immer wieder hochladen, teilweise mit Wasserzeichen ihrer anonymen Identität, um nachweisen zu können, dass sie das Material verbreitet haben. Sie scheinen nach meinen Beobachtungen oft ähnlichen Einfluss auf die Administratoren zu haben wie die Moderatoren, obwohl diese formal höhergestellt sind. Power-User sorgen wesentlich für (neues) Material, und das ist es, weshalb die allermeisten Personen ins Forum kommen. Wünscht ein Power-User technische Änderungen, um Material schneller hochladen zu können, hat eine solche Forderung beim Administrator in der Regel Gewicht und wird mit Priorität behandelt.

Administratoren, Moderatoren und Power-User bilden zusammen den Führungszirkel. Sie verbringen jede Woche viele, viele Stunden im Forum und erstellen dafür nicht jedes Mal einen neuen Account, sondern bauen sich eine Identität auf, um wiedererkennbar zu sein. Power-User sind meist in mehreren Foren gleichzeitig aktiv, um ihre Downloadlinks zu verbreiten, und einer, den ich mir einmal etwas intensiver angeschaut habe, trägt seinen Nutzernamen sogar von Forum zu

Forum – und dies nachweislich seit über zehn Jahren. Unsere Analysen haben gezeigt, dass viele Power-User ein Stammforum haben, in dem sie neues Missbrauchsmaterial jeweils als Erstes hochladen, bevor sie es wenige Stunden später meist wortgleich mit identischen Downloadlinks und unter gleicher Identität in anderen Foren verbreiten.

Je nach Größe des Forums gehören zum Führungszirkel mal mehr, mal weniger Personen, schätzungsweise aber selten mehr als 50. Bei Rindexxx beispielsweise hatten nach etwa einem Jahr nur rund 30 Accounts mehr als 1000 Posts hinterlassen – bei damals schon 1,95 Millionen registrierten Accounts.

Die große Masse sind entsprechend die »Consumer« oder »Lurker«. Sie zu deanonymisieren, grenzt an Unmöglichkeit. Wenn sie sich jedes Mal ein neues Profil zulegen, immer über das Tor-Netzwerk ihre IP-Adresse verschleiern und sonst keine Spuren hinterlassen, weiß man über sie effektiv: nichts. Selbst wenn Behörden den Server eines Forums beschlagnahmen und analysieren, finden sie keine Hinweise auf solche Personen, denn diese hinterlassen niemals auch nur den Hauch einer Spur.

Dazu kommt, dass finanzielle Absichten in diesen großen Foren de facto keine Rolle spielen. Das Material steht in den Foren frei zum Download bereit, exklusiveres tauschen User manchmal auch im direkten Chat mit anderen. Meistens »bezahlen« die User dort gegenseitig mit anderen, neuen Aufnahmen. Es gibt immer wieder Einzelfälle, bei denen zwei User in diesen Peer-to-Peer-Chats für neues Material auch in Kryptowährungen bezahlen, aber das scheinen Ausnahmen zu sein.

In der Geschichte der pädokriminellen Darknetforen war das nur einmal anders, im berühmt gewordenen Fall von »Welcome to Video«. Dabei handelte es sich um eine große Darknetplattform, bei der Missbrauchsdarstellungen in Bitcoin gekauft werden konnten. Ein Südkoreaner hatte im Sommer 2015 im Darknet diese Handelsplattform als Administrator aufgebaut. Der Betreiber wurde rasch entdeckt und verhaftet, über 300 weitere Täter:innen konnten durch die Bitcoin-Transaktionen verfolgt und in Haft genommen werden. Solche Verhaftungswellen kommen bei den aktuellen Darknetforen nicht vor, stattdessen werden – wenn überhaupt – nur wenige Mitglieder identifiziert. Das liegt auch daran, dass es nach »Welcome to Video« keine Handlungsplattformen mehr gibt, in denen die User potenziell rückverfolgbare Spuren durch die Bezahlung hinterlassen. Stattdessen steht alles kostenlos und frei zum Download verfügbar, aus intrinsischer Motivation der Szene. »Welcome to Video« gilt in der pädokriminellen Szene daher als mahnendes Beispiel dafür, was alles schiefgehen kann – und dass es besser ist, eine Community zu sein, in der man »geschwisterlich« teilt, anstatt sich von Profiten leiten zu lassen und sich durch Bezahlungen einem kollektiven Risiko auszusetzen.

Die Handschellen sollen klicken

Ermittlungen in der Anonymität des Darknets sind aufwendig und führen in der Regel ins Leere. Strafverfolgungsbehörden verfolgen überwiegend den Ansatz, die Drahtzieher der Plattformen ausfindig zu machen. Das höchste Risiko, entdeckt zu werden, tragen die Administratoren. Auf sie konzentrieren sich die Ermittlungsbehörden, denn irgendwelche Spuren müssen die Administratoren hinterlassen.

In langwierigen, personenintensiven Recherchen versuchen verdeckte Ermittler:innen, ein Bild des jeweiligen Administrators zu fertigen, das irgendwann hinter die anonyme Onlinemaske blicken lässt. Zu diesem Zweck geben sie sich in den

Foren als Pädokriminelle aus. In wochen- oder gar monatelangen privaten Chats sollen, so die Hoffnung, irgendwann die entscheidenden Details bekannt werden, um den Administrator verhaften zu können.

Wenn dieser aber keine Fehler macht, ist er für die Strafverfolgungsbehörden in der Regel nicht zu greifen.

Neben den menschlichen Ermittlungsansätzen bleiben noch rein technische. Irgendwo muss der Server ja stehen, auf dem das Forum läuft, sei es in einem Rechenzentrum irgendwo auf der Welt, sei es unterm Schreibtisch in der Wohnung des Administrators. Beispielsweise können Ermittler:innen versuchen, Sicherheitslücken im Softwarecode des Tor-Browsers zu nutzen, um Verdächtigen unbemerkt eine Schadsoftware, einen sogenannten Trojaner, auf das Gerät zu spielen. Damit wird dann doch die IP-Adresse der Server bekannt.

Strafverfolgungsbehörden wie das Bundeskriminalamt erstellen für diese Strategie eine Kosten-Nutzen-Kalkulation: Kann durch die Festnahme der Hintermänner eine Plattform abgeschaltet werden, wird nicht nur den Administratoren der Boden entzogen, sondern auch den vielen Hunderten oder gar Tausenden, die sich tagtäglich in dem pädokriminellen Darknetforum bewegen. Das Argument ist stark und logisch. Wenn die Ressourcen an Zeit und Personal knapp sind, was stets der Fall ist, scheint es zielführender, sie auf solche »High Value Targets« zu verwenden anstatt darauf, einen möglichst großen Schaden für die Szene anzurichten.

Diese Ermittlungstaktik kommt seit einigen Jahren in ihrer Eindimensionalität jedoch an ihre Grenzen, was mit dem Trend zu immer größeren, immer stabiler und länger laufenden Darknetforen zu tun hat. Anfang bis Mitte der 2010er-Jahre gab es noch kaum pädokriminelle Darknetforen, und die, die es gab, wuchsen langsam. Wurde eines zerschlagen, war dies ein echter Rückschlag für die pädokriminelle Szene. Das ist längst nicht mehr der Fall. Selbst wenn eine Handvoll Administratoren und Power-User nach meist monatelangen Ermittlungen festgenommen werden, bleiben mehrere Dutzend »Szenegrößen«, die ohnehin schon parallel in anderen Darknetforen aktiv sind. Es ist ein Ritual geworden, dass die Szene kurz innehält, den Verhafteten für ihren Einsatz dankt und ihnen alles Gute für die Haftzeit wünscht – und nach wenigen Tagen zum Alltagsgeschäft zurückkehrt. In anderen Foren geht das Leben weiter. Gerade für die »Consumer«, die Masse derjenigen, die »nur« Missbrauchsdarstellungen herunterladen wollen und dann schnell wieder verschwinden, ändert sich durch die Abschaltung eines Forums heute kaum noch etwas. Statt Forum A steuern sie nun halt Forum B, C oder D an.

Die Foren bieten mittlerweile so vielen Personen gleichzeitig eine digitale Heimat, dass immer mehr dazu übergehen, um Spenden für die immens gestiegenen Server- und Internetkosten zu bitten. Dafür wird meinem Eindruck nach nicht mehr so sehr der Bitcoin genutzt, sondern überwiegend anonyme Kryptowährungen wie Monero. Bei diesen Spendenaufrufen kommt jedoch wenig bis nichts rum. Im Februar 2023 habe ich die Bitcoin-Blockchain im Hinblick auf Spende-Adressen überprüft, die in den »Communities« geteilt werden: Es gab forenübergreifend keine einzige Überweisung.*

Da ansonsten davor gewarnt wird, für Missbrauchsdarstellungen zu zahlen, zeigen die Spendenaufrufe, wie groß die Not der Administratoren geworden ist, die Foren am Laufen zu halten. Eigentlich wollen sie ihre Community nicht durch

---

* In der Monero-Blockchain sind solche Abfragen nicht möglich. Wie häufig möglicherweise auf die Monero-Adressen gespendet wurde, weiß vermutlich niemand außer den Administratoren, die diese Monero-Accounts verwalten.

Geldzahlungen gefährden, gleichzeitig können sie die Masse an Traffic nicht mehr allein stemmen. Die Foren werden Opfer ihres eigenen Erfolgs.

Täter:innen fassen, Bilder lassen?

Wenn schon große Ermittlungserfolge binnen weniger Tage verpuffen und der Traffic so hoch geworden ist, dass die Administratoren Gelder für den Weiterbetrieb eintreiben müssen, sind wir dem Treiben der Pädokriminellen in ihren Darknetforen dann nicht machtlos ausgeliefert? Und: Wenn wir in einer Welt, in der in vielen Ländern Journalist:innen und Menschenrechtsaktivist:innen digital verfolgt werden, eine Technologie behalten wollen, die globale, absolute Anonymität garantiert, müssen wir uns vermutlich, leider, an die Tatsache gewöhnen, dass die pädokriminelle Szene ebendiese Tor-Technologie für ihre Zwecke missbraucht.

Ich glaube dennoch, dass wir nicht tatenlos zusehen müssen, wie die Foren immer größer werden. Dafür muss ich in Erinnerung rufen, dass in den pädokriminellen Darknetforen die Fotos und Videos nicht direkt zum Ansehen bereitliegen, sondern erst heruntergeladen und entschlüsselt werden müssen, um sie dann lokal auf einem Gerät abzuspielen. Nun kommt ein weiteres Detail hinzu, eines, das einen fundamentalen Unterschied macht: Die Downloadlinks führen in der Regel nicht zu anderen Darknetwebsites, sondern ins normale World Wide Web. Dort gibt es sogenannte One-Click-Filehoster, bei denen man ganz gewöhnlich Dateien hochladen kann, um sie anschließend per Link zu verteilen. Die Pädokriminellen nutzen diese Dienste, wobei sie ihre Inhalte erst verschlüsseln, damit der Hoster nicht sieht, dass sich auf seinem Server illegale Aufnahmen von sexualisierter Gewalt gegen Kinder befinden. Im Darknetforum teilen die Pädokriminellen entsprechend nicht nur den Downloadlink, sondern auch Informationen dazu, wie die Datei entschlüsselt werden kann.

Allerdings: Da sich die Hoster im Clearweb befinden, sind sie an Recht und Gesetz gebunden. Sie alle bieten eine Kontaktmöglichkeit, um ihnen illegale Inhalte zu melden, und sie sind rechtlich verpflichtet, bei einer Meldung unverzüglich tätig zu werden und Inhalte offline zu nehmen, wenn sie der Meinung sind, dass sie strafbar sind oder zumindest gegen ihre eigenen Nutzungsbedingungen verstoßen.

Ich wusste nicht, dass in den Darknetforen überwiegend Links zu Clearweb-Hostern geteilt werden, bis ich an jenem Tag im Mai 2020 erstmals in ein solches Forum schaute. Dann aber war dieses Detail das allererste, was meinem Kollegen Benjamin Güldenring und mir auffiel. Wir fragten uns: Wenn die Links ins Clearweb führen, warum werden diese Aufnahmen dann nicht gelöscht?

Beim NDR rückten wir diese Frage ins Zentrum einer mehrmonatigen Recherche – und mussten sie am Ende mit der bittersten aller möglichen Optionen beantworten: weil es unseren Erkenntnissen zufolge für sämtliche Strafverfolgungsbehörden der Welt keine Priorität hat, die Inhalte zu melden. Sie konzentrieren sich voll auf die Suche nach potenziellen Opfern, auf die Deanonymisierung der Täter:innen, aber nicht auf die Eindämmung des Missbrauchsmaterials.

Dass es anders ginge, hat unsere Recherche gezeigt. Wir sammelten in einer konzertierten Aktion rund 80000 Downloadlinks im Forum Rindexxx ein, die zu einer Datenmenge von 13,55 Terabyte führte. Das entspricht in etwa so viel, wie wenn ein Mensch ein Jahr lang sieben Tage die Woche rund um die Uhr Videos von sexualisierter Gewalt gegen Kinder ansieht, und zwar in HD-Qualität. Wir meldeten die gesammelten Links den sechs meistgenutzten Hostern, die sie alle nach spätestens 48 Stunden, in der Regel aber schneller aus dem Netz nahmen. Rindexxx wurde über Nacht zu einem Forum fast ohne funktionierende Downloadlinks.

Es wird eine wegweisende Frage sein, inwiefern Strafverfolgungsbehörden bereit sind, ihre jahrzehntelang eingeübten Ermittlungsroutinen der neuen Dynamik im Darknet anzupassen. Wenn klar ist, dass die überwiegende Zahl der »Consumer« realistischerweise nie entdeckt werden wird, könnte es für die Verhinderung des Besitzes und der Verbreitung von Missbrauchsdarstellungen zielführender sein, wenn viel mehr als bisher schlichtweg der Alltag in den Darknetzirkeln gestört wird.

Vor einigen Jahren, vermutlich um 2017 herum, soll es ein Forum gegeben haben, das so stark mit Spam überschüttet worden sein soll, dass es die Administratoren abgeschaltet haben. Ich muss das so schwammig formulieren, weil ich die Geschichte nicht anhand von Daten verifizieren konnte. Aber sie wird derart hartnäckig immer wieder in der Szene verbreitet, dass irgendetwas dran sein muss. Für viele Bereiche im Darknet wird das Stören und ein möglichst weitgehendes Löschen der Inhalte, die im Clearweb liegen, langfristig die effektivste Möglichkeit sein, die Angebote für die Masse unattraktiver zu machen.

Neben den großen Foren, den »Communities«, gibt es noch diverse Chatboards. Dies sind meist große Chatrooms, in denen nicht mal eine Registrierung notwendig ist. Man gibt sich nur einen Nickname und kann gleich loschatten. Die User posten dort regelmäßig Links zu illegalen Missbrauchsdarstellungen und verabreden sich zu privaten Chats, die für die anderen nicht sichtbar sind. Hier machen sie offenbar häufig gedankliche Rollenspiele, schildern sich also gegenseitig ihre

Fantasien. Die Ermittlungsbehörden befürchten, dass sich die User in solchen privaten Chats auch für das echte Leben verabreden könnten, um dann physisch ein Kind zu missbrauchen. Wie häufig so etwas tatsächlich vorkommt, weiß niemand. Ich werde in einem späteren Kapitel darauf intensiver eingehen.

Gegen diese Praxis spricht allerdings, dass Pädokriminelle im Darknet in der Regel nahezu paranoid sind und die eiserne Regel befolgen, niemals auch nur irgendwelche Details über sich preiszugeben.

Wie dem auch sei: Chatrooms sind im Darknet technisch so simpel, dass sie kinderleicht eingerichtet und technisch sicher betrieben werden können. Da die Nachrichten meist nach ein bis zwei Stunden verschwinden, fallen kaum Daten an. Man könnte so ein Chatboard, das im Darknet der ganzen Welt verfügbar ist, getrost auf einem ausrangierten Laptop aufsetzen und von der eigenen Wohnung aus laufen lassen. So etwas zu lokalisieren, ist für Strafverfolgungsbehörden hochkomplex. Der Ansatz, in diesen Chatrooms für Unruhe zu sorgen, beispielsweise durch sogenanntes Message-Bombing, wird nicht verfolgt. Beim Message-Bombing werden Chatrooms permanent mit sinnlosen, nicht zum Thema gehörenden Nachrichten überflutet, User erhalten Tausende Privatnachrichten. Das ist in etwa so, wie wenn sich zwei Personen unterhalten wollen, aber dreißig andere um sie herumstehen und aus voller Kehle schreien. Die zwei können versuchen, das Gespräch fortzuführen, aber die Wahrscheinlichkeit, dass sie es abbrechen, ist hoch.

Das hört sich irgendwie kindisch an und nicht so professionell, wie man sich Ermittlungen im Darknet vorstellen mag. Wir müssen uns aber immer wieder in Erinnerung rufen, was Digitalisierung meint: Vernetzung. Im Darknet ist die Vernetzung vollständig anonym, technisch praktisch nicht aufzuheben. Also gilt es, zu stören und dann möglichst viele der aufgeschreckten Personen aus der Reserve zu locken. Es wäre ein netzwerkgerechter Paradigmenwechsel in der Arbeit von Staatsanwaltschaften und Polizei.

Ein gewisses »Grundrauschen« an Pädokriminalität wird es im Darknet daher immer geben, so ehrlich müssen wir sein.

»Sie könnten ein Forum zu Tode nerven«

Chat mit dem Administrator eines Darknetforums

Administratoren pädokrimineller Darknetforen meiden die Öffentlichkeit, logischerweise. Dass sie jemandem im echten Leben von ihrer Aufgabe als Administrator erzählen, ist höchst unüblich, und in den Foren verstecken sie sich hinter ihrem Benutzernamen. Im Schutz der Anonymität des Tor-Netzwerks legen sie sich eine Online-Identität zu, die nichts mit ihrer echten Identität zu tun hat, und bauen dann Beziehungen zueinander und zu Power-User:innen auf, denn sie verbringen meistens viele Stunden täglich in den Foren.

Der Paderborner Rechtsanwalt Matthias Cramer erzählte mir, wie es war, als sich die Administratoren von Boystown zum ersten Mal im Zuge des Gerichtsprozesses sahen. Cramer war zum Pflichtverteidiger eines der Administratoren bestellt worden. »Das war ein seltsamer Moment. Diese Männer haben über ein Jahr lang täglich viele Stunden miteinander verbracht, auch mal über persönliche Dinge gechattet, natürlich entstand da so etwas wie eine Freundschaft, wie mir mein Mandant erzählte. Und als sie sich dann sahen, standen sich völlig fremde Personen gegenüber, die sich im normalen Leben nie gesehen hatten.«

Ansatzweise habe ich im Rahmen der Recherche für *ARD-Panorama*, *STRG_F* und *Spiegel* so eine Verbindung in der Anonymität zum Administrator von Rindexxx aufgebaut, dem bis dato größten pädokriminellen Darknetforum aller Zeiten. Nicht, weil er mir besonders sympathisch gewesen wäre oder wir viel miteinander zu tun hatten. Im Gegenteil: Wir tauschten über Monate hinweg keine einzige Nachricht aus. Aber wir belauerten uns, versuchten, das Gegenüber zu lesen – und es reinzulegen.

Die Verbindung zwischen dem Administrator und mir begann im Frühsommer 2021, nachdem ich probeweise ein paar Links zu Hostern im Clearweb gemeldet und von ebendiesen Hostern löschen hatte lassen. Meine Kollegen und ich gingen mit diesem Vorgehen verschiedene Thesen durch, die wir uns redaktionell überlegt hatten. Alles kreiste stets um die Frage: Warum meldet in diesem riesigen Forum niemand verlinkte Inhalte, die ins normale World Wide Web führen und entfernt werden könnten? Inzwischen wissen wir, dass Behörden es aufgrund anderer Prioritäten nicht tun und die Inhalte sehenden Auges weiter zirkulieren lassen.[1] Zu Beginn unserer Recherche hätten wir das nicht für möglich gehalten, schließlich geht es um schwerste Darstellungen der sexualisierten Gewalt an Kindern.

Die betroffenen Power-User, die ich mir zufällig herausgesucht hatte, beschwerten sich schon nach wenigen Tagen, dass ein paar ihrer hochgeladenen Bild- und Videodateien von den Hostern gelöscht worden waren. Die Beschwerden weckten rasch das Interesse des Administrators, was mich überraschte, denn zu jenem Zeitpunkt waren über zwei Millionen User-Accounts bei Rindexxx registriert, und bei so einem riesigen Betrieb hat ein Administrator alle Hände voll zu tun. Und trotzdem interessierte er sich dafür, dass ein paar Dutzend Downloadlinks nicht mehr funktionierten?

Er kündigte im Forum an, sich um eine Lösung zu kümmern, ohne Details zu nennen. Tatsächlich stellten er und sein technischer Administrator[*] ein paar Dinge um. Aber das war

---

[*] Es ist üblich, dass nicht ein Administrator alles allein macht. Während sich einer beispielsweise federführend um die Technik kümmert, ist ein anderer mit dem konzeptionellen Aufbau und dem reibungslosen Betrieb beschäftigt.

alles so banal und simpel, dass ich völlig verblüfft war: Ihnen fiel nicht mehr ein, als beispielsweise die Downloadlinks nicht mehr direkt darzustellen, sondern einen weiteren Klick notwendig zu machen, um sie zu sehen? So langsam ahnten wir, dass die in diesen Foren verbreiteten Downloadlinks tatsächlich wohl systematisch nie an die Hoster gemeldet wurden, um sie löschen zu lassen.

Der Administrator konnte zu diesem Zeitpunkt nicht ahnen, dass Journalisten hinter der Aktion steckten. Seine Andeutungen im Forum blieben vage, er wollte sich nicht in die Karten schauen lassen. Am 29. Juni 2021 gab er seinen unbekannten Gegnern – also uns – dann aber den klaren Hinweis, dass er uns im Blick hat. Als User:innen darüber spekulierten, dass bereits hoch automatisiert und massenhaft Links gesammelt und gemeldet werden könnten, wie von einem Spürhund, der in jeden Winkel eines Raums schnüffelt, funkte der Administrator mit seinem Insiderwissen dazwischen. Er schrieb: »Nein, unsere Daten zeigen etwas anderes. Das ist nicht die Handschrift von Strafverfolgungsbehörden. Der Hund ist ein Streuner, er arbeitet manuell.«

Es war ein längerer Post. Was der Administrator schrieb, war korrekt, aber dass er mich einen streunenden Hund nannte, einen »Manual Dog«, provozierte uns. Zwischen den Zeilen stand die Botschaft eines IT-Fachmannes, dass Manual Dog es offenbar nicht schaffe, Rindexxx automatisiert zu erledigen. Challenge accepted!

Das größte Forum aller Zeiten

Des Administrators Überheblichkeit war unser Glück. Im Forum schrieb er unter dem Namen The Antediluvian. Als antediluvianische Periode bezeichnet man die Zeitspanne, die in der Bibel zwischen dem Sündenfall und der Sintfluterzählung der Genesis lag. Umgangssprachlich gilt der Begriff für eine alte, düstere Zeit. Das Profilbild von The Antediluvian zeigte nicht, wie sonst üblich in diesen Foren, ein (nacktes) Kind, sondern eine lachende schwarze Katze.

Nachdem er mich als streunenden Hund bezeichnet hatte, ließen wir ihn und sein Forum erst einmal wieder in Ruhe. Während The Antediluvian vermutlich dachte, Manual Dog sei weitergezogen und die Gefahr daher gebannt, schrieben wir in Ruhe ein Programm, um Links im Forum automatisiert erfassen und dann gesammelt melden zu können. Wir bereiteten also letztlich die Löschung der verlinkten Missbrauchsdarstellungen vor. Ich wusste, dass The Antediluvian meistens ab etwa 20 Uhr deutscher Zeit online ging, also bewegten wir uns immer nur tagsüber im Forum, um nicht seine Aufmerksamkeit auf uns zu lenken.

Als wir fast 80 000 Downloadlinks eingesammelt hatten, die wir nun nur noch melden mussten, war ein guter Zeitpunkt, sich aus der Deckung zu wagen und das Gespräch mit The Antediluvian zu suchen. Selbst wenn er jetzt noch etwas technisch am Forum verstellen würde, könnte er die Links nicht mehr retten. Der Kampf, das wussten wir, war gewonnen.

Ich erstellte einen neuen Account bei Rindexxx und wählte als Nickname die Bezeichnung, mit der The Antediluvian uns provoziert hatte: Manual Dog. Unsere erste Nachricht schickte ich ab, wenige Minuten nachdem wir die gesammelten Links an die Hoster im Clearweb gemeldet hatten. Zu diesem Zeitpunkt ahnte niemand im Forum, dass die Hoster gerade mit der Löschung von fast 80000 verlinkten Inhalten beschäftigt waren. Wir machten uns wenig Hoffnung auf eine Antwort. Warum sollte The Antediluvian genau denen antworten, die sein Forum in eine massive Krise stürzten?

185

Zu unserer Überraschung entstand ein schriftliches Interview per Chat. Kurze Passagen wurden bereits bei *ARD-Panorama*, auf *STRG_F* und im *Spiegel* zitiert. Im Folgenden wird das Interview in einer kommentierten Version nun erstmals vollständig veröffentlicht. Mir geht es dabei natürlich nicht darum, einem Schwerverbrecher eine Bühne zu geben. Unser Gespräch drehte sich auch nicht um irgendeine Rechtfertigung seiner Taten, sondern um die pädokriminelle Szene, aktuelle Trends und die Art und Weise, wie Strafverfolgungsbehörden (nicht) ermitteln. Das Interview ist für mich daher ein wichtiges Zeugnis, das die Geisteshaltung der Administratoren solcher Foren in verdichteter Form offenlegt.

> **Manual Dog:** Hi Ante,
> mit dieser Nachricht informieren wir dich, dass große Teile der Inhalte, die bei Rindexxx geteilt wurden, vor wenigen Minuten offline gegangen sind oder gleich offline gehen werden. Wir erzählen dir das schon jetzt, bevor die User sich beschweren, damit du sicher sein kannst, dass wir hinter dieser Aktion zur Löschung von Links stecken.
> Am 29. Juni 2021 hast du uns einen manuell herumstreunenden Hund genannt. Das erklärt die Wahl unseres Account-Namens, den wir für die Kommunikation mit dir gewählt haben. Mit deinen Schlussfolgerungen rund um das Melden von Links lagst du im Wesentlichen richtig. Vor allem: Stimmt, wir sind keine Strafverfolgungsbehörden. […]

Wir listeten fünf Fragen auf, die ich im Folgenden gemeinsam mit seinen Antworten wiedergeben werde. Als ich auf »Send« gedrückt hatte, habe ich, ich weiß es noch genau, kurz innegehalten und laut gesagt: »Was machst du hier eigentlich?« Ich nehme Kontakt auf zum Administrator des größten pädokriminellen Darknetforums, das es jemals gegeben hat, und möchte mit ihm ein Interview führen.

Ich verstehe, wenn man das kritisiert. Aber was hätte es gebracht, The Antediluvian erklären zu wollen, dass es strafbar und völlig unmoralisch ist, wie er handelt? Die Fronten waren geklärt: Er war der Administrator, wir hatten uns zum Ziel gesetzt, die dort verlinkten Inhalte größtenteils löschen zu lassen.

Als Journalisten wollten wir verstehen, warum die Downloadlinks in diesen Foren nicht an die Hoster im Clearweb gemeldet wurden. Das wäre, wie wir mit unserer Aktion bewiesen hatten, technisch einfach möglich gewesen. Dafür mussten wir The Antediluvian nicht belehren, sondern Informationen von ihm erhalten. Wir ahnten zu diesem Zeitpunkt längst, dass Strafverfolgungsbehörden wie das Bundeskriminalamt beim Melden löschbarer Inhalte versagten. Wer kann darüber bessere Insiderinformationen liefern als eine Person, die seit Jahren die führende Rolle in der pädokriminellen Darknetszene innehatte und das eigene Forum zum größten in der Geschichte gemacht hatte?

»Andere Prioritäten«

Zu unserer Verblüffung hatte Manual Dog bereits am nächsten Tag eine Nachricht in seinem Postfach. Keine Anrede, The Antediluvian kam direkt zum Punkt. Er zitierte unsere Fragen und schrieb seine Antworten darunter.[*] Ich werde sie gestaffelt wiedergeben, um manche Innenblicke und Andeutungen zu erklären, um das Gesagte einzuordnen, um daraus zu lernen.

---

[*] Die Konversation fand auf Englisch statt. Die Übersetzung ist meine eigene, möglichst idiomatisch, also nah am Original. Bei der Übersetzung von »you« habe ich mich für »du« statt »Sie« entschieden.

Manual Dog: Vor unserer Recherche hätten wir gedacht, dass Strafverfolgungsbehörden Links in Foren wie Rindexxx melden, wenn sie offen und ungeschützt verbreitet werden. Was hat dich so sicher gemacht, dass wir keine Strafverfolgungsbehörde sind?

The Antediluvian: Strafverfolgungsbehörden haben in der Vergangenheit selbst Websites betrieben.[*] Man kann getrost sagen, dass sie keine Skrupel haben, dass die Inhalte im Netz zirkulieren. Irgendwie brauchen sie das ja. Sie haben andere Prioritäten, andere Methoden. Sie sind in den Foren aktiv, und manchmal infiltrieren sie die Foren bis in die höchsten Zirkel.[**] Wie ich schon sagte, manchmal betreiben sie die Websites selbst. Ihre Aufgabe ist es, die Aktivitäten im Forum zu beobachten, Nutzerprofile zu erstellen, Zielpersonen zu bewerten und Schwachstellen zu finden, die sie dann ausnutzen wollen. Das können technische Schwachstellen sein, um die Betreiber der Websites zu schnappen, oder Fehler von Usern, um Einzelne zu fangen, mit Priorität auf wichtige, wertvolle User.

Websites direkt anzugreifen und Links zu melden ist die Arbeit von Antis[***]. Es ist sinnlos, kindisch und bringt nichts hinsichtlich der Abschaltung von Foren und Festnahmen der Betreiber. Das

---

[*] The Antediluvian spielt damit auf die »Honeypots« an. Als »Honigtöpfe« bezeichnet man Websites, die kriminell sind, aber von staatlichen Stellen betrieben werden, um damit mögliche Täter:innen anzulocken. Beispiele sind die Darknetseiten Playpen und Welcome to Video, die nach der Festnahme der jeweiligen Administratoren durch US-Behörden zunächst weiterbetrieben wurden, um gegen weitere Nutzer:innen ermitteln zu können. Deutsche Behörden dürfen nach aktueller Rechtslage keine Honeypots betreiben.

[**] Damit bezieht sich The Antediluvian auf Beispiele, bei denen Strafverfolgungsbehörden nach der Festnahme von Personen unter deren Online-Identität kommunizieren, um mithilfe des Vertrauens, das andere User in diese Online-Identität haben, weiteren Verdächtigen bzw. Täter:innen auf die Schliche zu kommen.

[***] »Anti« ist Internetslang der pädokriminellen Szene und ein Sammelbegriff für alle, die etwas gegen diese Szene unternehmen (wollen), aber nicht vom Staat gesteuert sind.

ist die Arbeit der Infanterie. Aber Strafverfolgungsbehörden sind nicht die Infanterie. Sie sind Scharfschützen. Alles, was Antis tun und nicht direkt von Strafverfolgungsbehörden in Auftrag gegeben wird, macht deren Arbeit nur komplizierter.

Was für eine Aussage! Einer der meistgesuchten Kriminellen der Welt sagt voller Überzeugung, dass es Strafverfolgungsbehörden nicht sonderlich störe, wenn Missbrauchsdarstellungen im Netz zirkulieren. Was Sie bereits aus früheren Kapiteln wissen: Je länger wir in den folgenden Monaten recherchierten und je öfter wir mit Strafverfolger:innen sprachen, desto mehr merkten wir: Was The Antediluvian da geschrieben hatte, war in dieser Radikalität zwar übertrieben, aber im Grundsatz richtig. Strafverfolgungsbehörden wollen Personen ausfindig machen, neben den betroffenen Kindern vor allem auch die Täter:innen, um diese vor Gericht stellen zu können. Die Löschung von Missbrauchsdarstellung kann dann anderen Prioritäten zum Opfer fallen.

Manual Dog: Die nächste Frage solltest du erst beantworten, wenn du realisierst, dass unsere Ankündigung wahr ist, dass also große Teile der in deinem Forum verlinkten Inhalte offline gehen. Ist Rindexxx, oder anderen Foren, die du kennst, schon einmal so etwas passiert?
The Antediluvian: Ich glaube dir nicht eine Sekunde, dass deine Ankündigung stimmt. Sich über Situationen lustig zu machen und daraus Kapital zu schlagen, ist eine Trolltaktik der Antis wie aus dem Lehrbuch. Ich spreche trotzdem mit dir, weil es unterhaltsam sein kann, weil Wahrheiten und meine Meinung für dich, wer auch immer du bist, erhellend sein können.
Um die Fragen zu beantworten: Ja und ja. Vielleicht nicht in diesem Ausmaß. Mein Gedächtnis ist schwammig.

Manual Dog: Hat es dich überrascht, dass von einem auf den anderen Tag die Links auf einem systematischen Weg gemeldet worden sind?
The Antediluvian: Offensichtlich kennst du mich nicht gut. Ich war nicht wirklich überrascht. Vielleicht für eine Sekunde. Wenn man darüber nachdenkt, wird es offensichtlich, in aller Deutlichkeit.

Die Widersprüchlichkeit seiner Aussagen ist wohl nur durch sein enormes Ego zu erklären. Einerseits sah er, während er diese Zeilen schrieb, wie immer mehr Links offline gingen und im Forum ein Sturm der Entrüstung losbrach. Andererseits wollte er wohl das Signal setzen, dass das alles nichts bringe und wir nur prahlten. Er wusste zu diesem Zeitpunkt immer noch nicht, wer wir waren und welche Motive wir hatten. Er musste damit rechnen, dass wir seine Antworten im Forum veröffentlichen, weshalb er wohl schrieb, dass er uns das alles nicht glaube, in der Sache dann aber sogar zugab, dass er kurzzeitig überrascht war.

Manual Dog: In den Diskussionen der User über unser Melden von Links argumentieren einige, dass Rindexxx vertraulicher werden müsse. Zum Beispiel sollten, so fordern es einige, nur User mit einer eigenen »Geschichte«, also mit nachgewiesener Glaubwürdigkeit, Zugang zu Teilen des Forums erhalten. Wenn wir dich richtig verstehen, bist du gegen solche Änderungen, denn Rindexxx solle frei für jeden sein, offen und ohne Grenzen, wie es heute der Fall ist. Was treibt dich an?
The Antediluvian: Beschränkungen schaffen nur Negativität. Elitismus, Feindseligkeit und Herablassung gegenüber anderen. Frühere Foren folgten diesem Modell. Rindexxx wurde im Geiste der Rebellion dagegen gegründet. Es ist Teil unserer Vision, und

wir können sie nicht kompromittieren. Wenn du dir andere Foren ansiehst, die immer noch nach diesem Modell arbeiten, wirst du sehen, was ich meine. Leute ohne Sinn für Gemeinschaft und Brüderlichkeit, die wie Forenfanatiker in ihren eigenen, kleinen, rosa stalinistischen Echokammern gefangen sind und nicht einmal wissen, was Shitposting* ist. Sie sehen nur sich selbst, haben keinen Sinn für Humor und verstehen jede Kleinigkeit als Angriff.

Was The Antediluvian schreibt, ist sinnbildlich für Administratoren, aber auch normale User:innen in den pädokriminellen Foren. Sie wollen eine Gemeinschaft sein. In den Darknetforen sind sie unter sich, können so sein, wie sie im übrigen Leben nie sein können. Sie sehen sich auf einer Mission, wollen Widerstand leisten gegen die Gesellschaft. »Ante« schrieb im Forum immer wieder, wie wichtig ihm Shitposting sei, also eine radikal sarkastische Art, auf Dinge zu blicken.

Tatsächlich hat Rindexxx mit seiner rigoros offenen Art Maßstäbe gesetzt, die in der Folge auch andere Foren beeinflusst haben. Gab es in den 2010er-Jahren mal eine Phase, in der es in Foren zur Erstellung eines Accounts notwendig war, illegales Material hochzuladen, um damit zu beweisen, dass man ein echter Pädokrimineller (und kein:e Polizist:in) ist, beendete spätestens Rindexxx diesen Ansatz der sogenannten Keuschheitsprobe. Das Instrument hat für die allermeisten Foren ihren Wert verloren, weil einige Staaten ihren Polizist:innen erlauben, zur Registrierung eine solche Keuschheitsprobe abzugeben.

Rindexxx schlug den Weg ein, dass sich Menschen mit wenigen Klicks kostenlos und unkompliziert anmelden konnten,

---

* Shitposting ist Internetslang und bedeutet, in einem Onlineforum Inhalte zu posten, die extrem satirisch oder aggressiv ironisch sind.

und wuchs so in einem unfassbaren Tempo. Nicht mehr Exklusivität sicherte eine ständige Verfügbarkeit von Missbrauchsdarstellungen, sondern die schiere Masse an Menschen, die sich hier täglich trafen, eigenes Missbrauchsmaterial hochluden und sich in Chats miteinander vernetzten. Meine These ist, dass die Attraktivität dieser Darknetforen massiv leiden würde, wenn Aufbau und Betrieb durch Löschungen ständig erschwert würden, sodass Inhalte nicht mehr einfach erreichbar wären. Ich widme dieser These später ein eigenes Kapitel.

Manual Dog: Wie wird das massenhafte Melden von Links das Verhalten der User verändern?
The Antediluvian: Keine Ahnung. Manche werden sich ärgern, aufgeben und gehen. Einige werden sich anpassen und Alternativen schaffen, um ihre Links zu verschlüsseln und unkenntlich zu machen. Beides ist schon im Gange.

Wir beendeten unsere erste Konversation mit der freundlich formulierten Drohung, dass wir gegebenenfalls weitere Links melden würden, um Antworten auf unsere Fragen zu erhalten. Die Drohung gefiel ihm gar nicht. Zum Schluss stellte er noch einmal klar, wer bei Rindexxx der Herr im Haus war: »Mach keinen Fehler. Ich werde dich verbannen, sobald wir damit fertig sind, uns gegenseitig zu entertainen, oder in dem Moment, in dem du anfängst, Forderungen zu stellen.«

Für ihn war das alles ein großer Spaß, wir dienten ihm zur Unterhaltung, alles an Rindexxx war für ihn ein einziges, großes Entertainment.

Aber der Druck stieg. Unsere Aktion hatte den Power-User:innen, die teilweise mehrere Tausend aktive Links hatten, die Arbeit mehrerer Monate und Jahre binnen Stunden zerstört. Viele waren sauer, dass so etwas passieren konnte, schließlich waren allen die Signale – unsere anfänglichen, manuellen Löschungen im Frühsommer – aufgefallen. Nun, etwa zwei Monate später, gab es den ganz großen Knall. Warum hatte The Antediluvian sie nicht davor geschützt, mindestens gewarnt?

Ein Gigant am Abgrund

Einige Tage nach der Löschwelle sah sich The Antediluvian genötigt, den massiven Angriff einzugestehen. In roter Schrift stand ganz oben auf der Startseite von Rindexxx: »Unsere Links sind angegriffen worden. Bitte seid geduldig mit Forderungen, Material wieder hochzuladen, während wir alles wieder aufbauen. Lasst die Uploader mit ihrer Arbeit allein. Das Letzte, was sie jetzt brauchen, ist, sie mit Upload-Bitten zu nerven und ihre Postfächer zu überfüllen. Danke.«

Selbst wenn »Ante« es uns gegenüber nicht zugeben konnte: Wir hatten Rindexxx in die mit Abstand tiefste Krise gestürzt, die das Forum je durchzustehen hatte. Das führte zu Streit unter den Administratoren. Wie wir im Rückblick wissen, war unsere Aktion der Anfang vom Ende des größten pädokriminellen Darknetforums aller Zeiten.

Wir schrieben ihm ein zweites Mal und schoben weitere Fragen hinterher.

Manual Dog: Wir müssen sagen, dass deine Antwort auf unsere erste Frage seltsam klingt, aber auf der anderen Seite passt sie zu unseren Erkenntnissen. Aber sie passt nicht zum öffentlichen Bild dessen, was die Strafverfolgungsbehörden gegen Communities unternehmen, oder? Die Öffentlichkeit geht davon aus, dass die Strafverfolgungsbehörden alles tun, was möglich ist, um die Verbreitung von Missbrauchsdarstellungen zu bekämpfen, und die Meldung von Inhalten an Hoster im normalen Netz wäre das absolute Minimum. Was ist deine Meinung dazu? Warum sind die Strafverfolgungsbehörden in ihrem Handeln nicht transparent in Bezug auf die strukturelle Nichtmeldung von Missbrauchsdarstellungen?

The Antediluvian: Am Ende sind es Institutionen. Sie müssen echte Ergebnisse und Leistungen vorweisen, um ihre Finanzierung zu rechtfertigen und gleichzeitig ihr öffentliches Image zu pflegen. Sie könnten ein Forum zu Tode nerven, indem sie Links melden, wenn sie das wollten. Wenn sie lange genug damit weitermachen, könnten sie vielleicht alle dazu bringen, das Forum zu verlassen, und die Administratoren müssten das Forum schließen. Was würde das bewirken? Was hätten sie für ihre Bemühungen vorzuweisen? Das Forum wird geschlossen, die Administratoren verschwinden ungeschoren, es gibt keine Verhaftungen, und alle können sich woanders neu gruppieren. Das sieht nicht gut aus als Nachrichtenartikel, oder? Keine »Raubtiere«, die verhaftet wurden, und keine »geretteten« Kinder, mit denen man prahlen könnte.

Manual Dog: Die Überlegung der Strafverfolgungsbehörden hinter dieser Taktik ist (vermutlich): »Wir müssen die Leute finden, die das tun, um a) möglicherweise Kinder zu retten, b) die Leute ins Gefängnis zu bringen und c) die Infrastruktur zu zerstören, sodass eine Aktion ein ganzes Netzwerk vernichtet.« Damit haben sie nicht unrecht. Sie haben ihre Erfolge, wie die Fälle Elysium, Playpen und BoysTown zeigen.[*]

Wir vermuten aber, dass einige Administratoren sich auch von einem Tag auf den anderen verabschieden und Strafverfolgungsbehörden sie nie schnappen. Was weißt du darüber? Sind

---

[*] Bei diesen drei Namen handelt es sich um Foren, die von Strafverfolgungsbehörden geschlossen und deren Hintermänner verhaftet wurden.

Strafverfolgungsbehörden in den meisten Fällen erfolgreich, oder sind die öffentlich bekannten Ermittlungserfolge eher Ausnahmen? Ein paar Beispiele aus der Geschichte wären für uns hilfreich.

The Antediluvian: Die öffentlich bekannten Fälle sind in der Tat Ausnahmen, aber allgemein ist das nicht so einfach zu beantworten. Die Zahl der Websites, deren Administratoren die Schließung vorher ankündigen, ist gering. Die meisten verschwinden einfach ohne Vorwarnung über Nacht und lassen alle im Ungewissen. Verhaftet? Niemand wird es je erfahren. Die meisten Websites überdauern nicht einmal einen Monat, bevor sie ohne Vorwarnung verschwinden.

Mittlerweile weiß ich durch eigene Recherchen, dass diese Aussage stimmt. Die meisten Darknetforen, Chatportale, Imageboards oder Linklisten verschwinden einfach, ohne dass die Hinterleute gefasst werden. Manche halten ein paar Wochen durch, viele einige Monate, wenige über Jahre. Irgendwann ist immer alles vorbei. Man kennt dies auch aus anderen Bereichen des Darknets: Kriminelle Marktplätze werden ebenfalls häufig ohne Ankündigung geschlossen.

Selbst bei den Ermittlungserfolgen gegen pädokriminelle Darknetforen entkommt in der Regel ein Großteil der Haupttäter:innen. In einem Forum mit täglich mehreren Tausend Postings gibt es – wie wir im vorigen Kapitel gesehen haben – eine Schar von Power-User:innen, darunter einige, die zu Moderatoren ernannt wurden. Die allermeisten Power-User:innen und Moderatoren werden bei der Abschaltung einer Plattform nicht gefasst. Sie wandern einfach zur nächsten oder helfen mit ihrer Expertise, ihrer Erfahrung, ihrer Zeit und ihren Missbrauchsdarstellungen, in Windeseile ein neues Forum hochzuziehen.

Wir lenkten die Konversation daher wieder auf unsere Löschaktion und die Frage, inwiefern man die Darknetforen bekämpfen könnte, wenn die Ermittlung der Täter:innen schon so schwierig ist.

Manual Dog: Der älteste Link, den wir bei unserer Löschaktion gemeldet haben, war sechs Jahre lang online. Ein für uns exemplarischer Post beinhaltete Solidfiles-Links*, die mehr als fünf Jahre online waren. Der Post trug den Titel: »Buratino Megapost (14 Videos) (via Playpen MK FF and GAP)«. Wir kennen Playpen (aus den Nachrichten und der Operation Pacifier**, aber könntest du uns vielleicht sagen, wofür MK, FF und GAP stehen? Und was ist mit ihnen geschehen? Waren die Strafverfolgungsbehörden in diesen Fällen erfolgreich, oder wurden sie einfach irgendwann von den Administratoren geschlossen?
The Antediluvian: MK = Magic Kingdom. FF = Forbidden Fruit. GaP = Girls a Priori.*** Die drei wurden von den Administratoren geschlossen. Kein Erfolg für die Strafverfolgungsbehörden.

Auch diese Angaben konnten wir in der Folge prüfen. Zum Hintergrund unserer Frage: Ein Rindexxx-User hatte Links des Hosters Solidfiles zunächst, im Jahr 2015, bei Playpen gepostet und dann in den unterschiedlichsten Foren weiterverbreitet, weil sie nie gelöscht worden waren. Er musste sie nur kopieren und woanders einfügen. Die Hintermänner dieser Foren wurden nie gefasst.

Während unserer Löschaktion verschwanden die Links bin-

---

* Solidfiles ist ein schwedischer Hoster, der damals von den Pädokriminellen intensiv für die Speicherung ihrer Inhalte genutzt wurde. Nicht einmal eine Stunde, nachdem wir ihm rund 28000 Links gemeldet hatten, ging der Hoster vom Netz.

** Operation Pacifier hieß eine Ermittlung des FBI gegen das Darknetforum Playpen (»Laufstall«).

*** Übersetzt etwa: Magisches Königreich, Verbotene Früchte, Mädchen a priori.

nen weniger Stunden für immer, nachdem sie teilweise bis zu sechs Jahre lang erlaubten, Videos von schwerem Kindesmissbrauch herunterzuladen. Es ist für mich ein mahnendes Beispiel, dass man die an sich richtigen Prioritäten »Kinder retten, Täter fassen« nicht absolut setzen darf. Wer die Inhalte frei zirkulieren lässt, ignoriert, dass durch die digitalen Vernetzungspotenziale immer mächtigere, immer schwerer zu bekämpfende Strukturen im Darknet heranwachsen. Die meisten User:innen gehen ins Darknet, weil sie dort einfach, schnell und sicher an illegale Inhalte herankommen: Sie finden dort die Links, hinter denen dann im normalen Netz das illegale Material versteckt ist. Wer das nicht aktiv unterbindet, riskiert, dass sich immer mehr Menschen einschlägiges Foto- und Videomaterial besorgen.

Eine Befürchtung der Strafverfolgungsbehörden ist, dass Darknetforen anfangen würden, das Foto- und Videomaterial in den Foren selbst zu speichern, wenn es im normalen Netz regelmäßig und großflächig gelöscht würde. Auch dieses Argument diskutierten wir mit dem Rindexxx-Administrator.

Manual Dog: So wie wir deine öffentlichen Aussagen im Forum in einigen Diskussionen verstehen, hat Rindexxx kein eigenes Speichertool, da du nicht die Infrastruktur dafür hast. Was ist die Herausforderung für einen Administrator wie dich, einen eigenen Filehoster im Darknet zu bauen, der deinen Sicherheitsbedürfnissen entspricht?

The Antediluvian: Die Probleme sind immer finanzieller Natur. Alle. Es gibt kein Problem, das nicht mit dem richtigen Geldbetrag gelöst werden kann. Der erforderliche Speicherplatz, die Zuverlässigkeit des Dienstes, seine Geschwindigkeit und die ständige Verfügbarkeit würden unvorstellbare Summen erfordern. Das ist für Rindexxx aktuell einfach unerreichbar.

Manual Dog: Gab es denn jemals ein dir bekanntes Forum, das einen eigenen Filehosting-Service hatte? Wenn ja, wie ist es gelaufen?

The Antediluvian: Ja, gab es. Alle sind jedoch seit mindestens einem Jahrzehnt tot. Alle hatten wiederkehrende Probleme mit der oben erwähnten Zuverlässigkeit.*

Manual Dog: Ein möglicher Weg für die Nutzer bei Rindexxx könnte ein Dienst wie Tortuga** sein. Wir würden sagen, seit wir hier sind, wird der Dienst immer beliebter, da Tortuga Antis wie uns keine Möglichkeit bietet, Inhalte zu melden. Hältst du es für wahrscheinlich, dass diese Dienste in Zukunft überleben werden? Auch sie müssen ihre Rechnungen bezahlen, und Forennutzer bei Rindexxx haben deutlich gemacht, dass Tortuga keine Zahlungen von der pädokriminellen Community erwarten sollte.

The Antediluvian: Es hängt alles von der Mentalität der Betreiber ab. […]*** Wenn Profit das Ziel ist, echter, greifbarer Profit, wird

---

* Mit Zuverlässigkeit meint The Antediluvian den Umstand, dass die Darknettechnologie nicht dafür ausgelegt ist, riesige Datenmengen in einem sogenannten Content-Delivery-Network (CDN) live verfügbar zu halten. Große Streaminganbieter wie Netflix haben solche Strukturen, doch die Darknettechnologie des Tor-Netzwerks, das mit sechsfacher Weiterleitung aller Daten zum Zwecke der Anonymisierung arbeitet, setzt solchen großen Datennetzwerken erhebliche praktische Grenzen.

** Tortuga war der Name eines Filehosters, der nur im Darknet erreichbar war und sich der pädokriminellen Szene als Alternative zu Hostern im normalen Web anbot. Er versuchte also das zu sein, was The Antediluvian in der vorigen Antwort als unrealistisch eingeschätzt hatte. Die Szene nahm Tortuga während unserer Recherchen zunächst an, doch als die Betreiber merkten, dass die Pädokriminellen nicht spendeten, verschwand Tortuga ohne Ankündigung, und sämtliche Aufnahmen gingen verloren. Der Unmut in den Foren war groß.

*** An dieser Stelle nennt The Antediluvian das Beispiel eines Bilder-Hosters, der seit Jahren der pädokriminellen Szene die Möglichkeit bietet, Bilder hochzuladen. Der Dienst läuft ausschließlich im Darknet, sodass es nicht möglich ist, die Bilder löschen zu lassen. Da er bei Fertigstellung dieses Buches noch existiert, lasse ich hier ein paar Sätze weg. Es ist der einzige Dienst dieser Art. Weil er instabil läuft und häufiger ausfällt, ist er nicht sonderlich beliebt und fungiert als Backup neben anderen.

der Dienst nicht überleben. Wenn Altruismus das Ziel ist, es dem Betreiber aber an den nötigen Mitteln, Fähigkeiten oder an Entschlossenheit fehlt, wird er nicht überleben. Spenden sind illusorisch. Die Menschen spenden nicht. Die Chancen stehen eins zu einer Million. Wenn der Betreiber erwartet, dass er von Spenden leben kann, wird der Dienst nicht überleben. Die einzige Hoffnung derjenigen, die erwarten, durch Spenden zu überleben, besteht darin, »Wale« zu finden, einzelne Unterstützer, die hohe Beträge oder regelmäßig spenden.

Zum Schluss lenkten wir das Gespräch auf die unglaubliche Dimension, die Rindexxx erreicht hatte.

Manual Dog: Wir glauben, dass Rindexxx derzeit das größte pädokriminelle Darknetforum ist, zumindest was die Anzahl der registrierten Accounts angeht.[*] Glaubst du das auch? Oder gibt es ein größeres Forum, von dem du weißt?
The Antediluvian: Rindexxx ist im Moment, und für einige Zeit, die größte Kinderpornografiewebsite in der Geschichte des Tor-Netzwerks.
Manual Dog: Was denkst du über die anderen Darknetforen? Ist es ein Wettbewerb, das größte zu sein, ist es eine große Gemeinschaft mit mehreren Optionen zur Auswahl, ist es …?
The Antediluvian: Jedes hat seine eigene Vision. Die meisten verstehen die Misere[**] und pflegen freundschaftliche Beziehungen. Wir haben uns weder vorgestellt, dass wir das größte Forum sein könnten, noch war das unser Plan. Die meisten ande-

---

[*] Zum Zeitpunkt der Konversation hatten sich über drei Millionen Mal Menschen einen neuen Account bei Rindexxx angelegt.
[**] Er schreibt von »plight«, was mit Notlage, Misere oder Schwierigkeit übersetzt werden kann. Vermutlich spielt er darauf an, dass Pädokriminelle aufgrund der gesellschaftlichen Ächtung ihrer Taten gezwungen sind, ins Darknet abzuwandern.

ren Forenbetreiber verstehen und teilen dieses Denken. Einige wenige jedoch, insbesondere eines, sehen uns als Konkurrenten und hassen uns zutiefst.*

Manual Dog: Wir verstehen, dass du nicht wissen kannst, wie viele Personen Rindexxx regelmäßig nutzen, aber hast du eine Vermutung? Wir haben versucht, systematisch die Downloadraten von Hostern zu messen, und glauben, dass etwa 10 000 bis 20 000 Menschen Rindexxx pro Woche nutzen, um Dateien herunterzuladen. Was ist deine Schätzung?

The Antediluvian: Ich glaube, dass eure Schätzungen annähernd richtig sind. Unsere Messung der Nutzer, die zeitgleich online sind, liegt zwischen 1500 und 3000, aber sie ist zu keinem Zeitpunkt des Tages unter 1500.

Manual Dog: Dann ist es wahrscheinlich logisch, dass die Anzahl der registrierten Accounts von über drei Millionen nicht viel über die Anzahl der Nutzer aussagt. Unsere Daten von BoysTown besagen zum Beispiel, dass 95 Prozent der 400 000 Accounts nie etwas gepostet haben und weniger als 4000 Accounts mehr als zehn Postings hatten.

The Antediluvian:** Rindexxx ist gewaltig. Aber es ist nicht so groß, wie es die Zahlen vermuten lassen. Die Gesamtzahl der registrierten Konten entspricht nicht der Realität. Die tatsächlichen Zahlen sind immer viel niedriger.

Das war schon immer, seitdem ich mich erinnern kann, ein Symptom offener Foren. Achtlose Herumlungerer, die bei jedem Zugriff neue Konten registrieren. Es stört mich ein wenig, aber

---

* Vermutlich eine Anspielung auf das damals einzige Forum, das es zur Aufnahmebedingung machte, dass User:innen selbst illegale Bilder teilten. Damit sollte für genügend Material gesorgt werden. Eine Rivalität zu Rindexxx entstand, weil von diesem »exklusiven« Forum häufig Missbrauchsdarstellungen geklaut und bei Rindexxx für alle frei zugänglich verfügbar gemacht wurden.

** Der Administrator verweist auf einen seiner Posts auf Rindexxx, der als Antwort an uns fungiert.

die ständig steigende Zahl inaktiver Konten hat bisher keine Probleme verursacht, sodass wir keine Bereinigungen durchführen. Das werden wir aber tun, wenn das jemals zu einem Problem wird.

Dennoch ist mir aufgefallen, dass die Zahl derjenigen, die nur ein Konto haben, im Vergleich zu anderen Foren bemerkenswert hoch ist. Ich schätze, dass von der Gesamtzahl der registrierten Konten der Anteil der wirklich aktiven zwischen 30 und 40 Prozent liegt.[*] Das ist viel höher als das, was ich in früheren Foren geschätzt hätte. Die Leute scheinen zu lernen.

Das ist nicht nur negativ. Es zeigt, wie sehr Tor[**] gewachsen ist. Playpen und Magic Kingdom waren die größten Foren ihrer jeweiligen Zeit. Playpen hat nie die Marke von einer halben Million registrierter Accounts überschritten, und Magic Kingdom brauchte über anderthalb Jahre, um die Marke von einer Million zu überschreiten.[***]

Manual Dog: Als die deutschen Strafverfolger die Plattform Boystown abschalteten, sprachen sie von »400 000 Nutzern«. Was sagst du dazu?

The Antediluvian: Wie ich bereits sagte, müssen sie in der Öffentlichkeit gut dastehen und ihre Finanzmittel rechtfertigen. Sie lügen doch nicht wirklich über die Zahlen, oder? Nicht auf die Einzelheiten einzugehen ist nicht wirklich dasselbe wie Lügen.

---

[*] Das scheint eine Übertreibung zu sein. Wären 30 Prozent der damals rund drei Millionen Accounts dauerhaft genutzt worden, wären es fast eine Million aktiver Accounts gewesen. The Antediluvian hielt jedoch unsere Schätzung von 10000 bis 20000 Nutzer:innen pro Woche für realistisch.

[**] The Antediluvian setzt hier das Tor-Netzwerk mit der pädokriminellen Szene gleich, was sowohl technisch als auch inhaltlich schlicht falsch ist.

[***] Rindexxx war nicht einmal zwei Jahre alt, als es die Marke von drei Millionen Registrierungen knackte.

Diese Aussagen von »Ante« zur Größe, zum immer schnelleren Wachstum der pädokriminellen Darknetforen, sind mir während meiner folgenden Recherchen präsent geblieben. Sie stimmen mich nachdenklich. Foren, die noch vor zehn Jahren für damalige Verhältnisse eine gigantische Größe erlangten, wirken heute »putzig«. Ein neues Forum erreicht heutzutage in einem Monat, wofür Administratoren Mitte der 2010er-Jahre lange kämpfen mussten. Das Wachstum des pädokriminellen Darknetforums BoyVids 4.0 zeigt dies eindrücklich: Es existierte meinen Informationen zufolge von August 2013 bis zur Abschaltung durch die Administratoren im Juni 2019. In den fast sechs Jahren des Bestehens wurden im Forum, das jahrelang eine der wichtigsten Anlaufstellen für Pädokriminelle im Darknet war, »nur« 311 945 Accounts angelegt.

Trotz der scheinbar vielen Erfolge der Ermittlungsbehörden gibt es nicht weniger, sondern mehr Foren als früher. Sie sind nicht kleiner, sondern viel, viel größer. Dort werden nicht weniger, sondern viel, viel mehr illegale Inhalte verbreitet. Ein Umdenken in der Strafverfolgung, neben der zweifellos prioritären Rettung der betroffenen Kinder und der Deanonymisierung der Täter:innen *auch* auf die systematische proaktive Löschung von Inhalten zu setzen, fand bisher nicht statt. Als Anfang Dezember 2022 das BKA und die Frankfurter Generalstaatsanwaltschaft bekannt gaben, dass sie mit BoyVids 6.0 und Forbidden Love zwei Foren abgeschaltet und den Administrator verhaftet hatten, förderten unsere Recherchen zutage, dass auch in diesen Foren nie gelöscht worden war. BoyVids 6.0 hatte laut damaliger Pressemeldungen 410 000 »registrierte Nutzer«, Forbidden Love 846 000. Die Masse der User:innen zog einfach weiter zu anderen Foren.

Mit der Abschaltung von BoyVids 6.0 und Forbidden Love ging wohl auch für The Antediluvian eine lange Karriere in der pädokriminellen Darknetszene zu Ende. Offenbar gab es Streit in der Führungsriege des Forums, maßgeblich ausgelöst durch den Umstand, dass »Ante« mit uns Journalisten gesprochen hatte. Davon erfuhren die User:innen, als wir es in der Berichterstattung für *ARD-Panorama*, *STRG_F* und *Spiegel* öffentlich machten und einzelne Aussagen aus dem Interview zitierten. Auch sollte sich die Plattform nie richtig von der großen Löschung erholen, denn viele Downloadlinks funktionierten nicht mehr. Plötzlich, von einem auf den anderen Tag, ging Rindexxx im Frühjahr 2022 offline.

Als Rindexxx Geschichte war, fand The Antediluvian bei Forbidden Love eine neue Heimat. Er nannte sich nun »Don Frogetto« und wurde Global Moderator, der höchste Rang gleich unterhalb der Administratoren. Es dürfte wohl sein (vorerst) letzter Job als Pädokrimineller sein. Als der Administrator von BoyVids 6.0 und Forbidden Love Ende November 2022 in Sachsen verhaftet wurde, schlugen fast zeitgleich Ermittler:innen der Polícia Federal in Brasilien zu. Die pädokriminelle Szene trug unmittelbar danach diverse Indizien zusammen, wonach bei dieser Festnahme The Antediluvian alias Don Frogetto ins Netz gegangen war. Auf meine Nachfrage wollten das weder das Bundeskriminalamt noch die Polícia Federal kommentieren und verwiesen auf die noch laufenden Ermittlungen.

Etwa einen Monat nach dem Zugriff in Sachsen und Brasilien ging das Nachfolgerforum von BoyVids 6.0 ungestört von Inhaltelöschungen ans Netz. Die Lücke, die »Ante« hinterlassen hatte, war gefüllt.

Teil III
Lösungen

Freiheit und Sicherheit sind keine Gegensätze

Parteien verspielen mit Symbolpolitik kostbare Zeit

Wir steigen mit diesem Kapitel in die Lösungsansätze ein, die uns gegen Pädokriminelle schützen können. Die Analyse der vergangenen Kapitel stand ganz im Zeichen ihrer Taten, ihrer Strategien, ihrer Überzeugungen. Sie werden sehen: Weil wir so viel Zeit und Kraft auf die Analyse verwendet haben, fallen viele Lösungsansätze nun fast vom Himmel. Wir kennen nun beispielsweise das Mindset von Leuten, die Plattformen mit geklauten Kinderfotos betreiben, weshalb wir viel besser verstehen, warum es keine gute Idee ist, manche Kinderfotos zu posten. Wir wissen auch, dass die Gefahr überwiegend im Nahfeld lauert, was unsere Aufmerksamkeit auf Bereiche lenkt, die wir vorher ausgeblendet hatten. Und wir haben gelernt, dass viele Täter:innen technische Kniffe und Werkzeuge einsetzen, die eine Rückverfolgung nahezu unmöglich machen, was uns eine Bewertung politischer Vorschläge erleichtert.

Da es sich bei der absoluten Mehrheit der skizzierten Phänomene um Straftaten handelt, lautet in einem Rechtsstaat die erste Frage stets: Wie kommen wir diesen Menschen auf die Schliche, um sie zu bestrafen und möglichst zu verhindern, dass sie weitere Taten begehen? Wir werden uns in diesem Kapitel folglich fragen, was der Staat im Bereich der Strafverfolgung optimieren kann. In einem weiteren Kapitel werde ich für einen Paradigmenwechsel in der Strafverfolgung plädieren, weil die dauerhafte Verfügbarkeit von illegalem Missbrauchsmaterial dazu führen kann, dass wir mehr reale Übergriffe auf Kinder und Jugendliche erleben. Alles, was gelöscht werden kann, muss gelöscht werden, vor allem die in den Darknetforen verlinkten Inhalte, die bei Hostern im Clearweb versteckt werden. Wir haben in der Analyse gesehen, dass diese Selbstverständlichkeit aktuell die Ausnahme bildet.

Wir bleiben anschließend bei der Verantwortung des Staates, blicken aber in die Zukunft: Was kann Prävention von sexualisierter Gewalt leisten, und was muss sich bei der Betreuung der Betroffenen von sexualisierter Gewalt verbessern? Außerdem fragen wir, wie eine Internetregulierung aussehen müsste, die Kinder wirksamer als bisher zu schützen vermag, ohne bürgerliche Freiheit mehr als nötig einzuschränken.

Wir werden in diesen Kapiteln einen Verantwortungsbereich des Staates herausarbeiten. In vielen Bereichen müssen uns staatliche Stellen mehr als zuvor unterstützen, müssen auch Internetunternehmen ihre Verantwortung stärker wahrnehmen. Aber es wird eine Menge übrig bleiben, was nur wir als Bürger:innen, insbesondere als Eltern, verändern können. Vieles lässt sich nur mit einer anderen Kindererziehung, mehr digitaler Medienbildung und einem größeren Bewusstsein für pädokriminelle Gefahren beheben. Um konkrete Tipps für Eltern und alle, die mit Kindern arbeiten oder regelmäßig umgehen, geht es im letzten Teil des Buches.

Emotionen machen Politik

Was in der Gesellschaft und speziell im politischen Betrieb in den vergangenen Jahrzehnten bei der Bekämpfung von sexuellem Kindesmissbrauch schiefgelaufen ist, ließ sich Anfang Juni 2020 studieren. Gerade war der Missbrauchskomplex in Münster aufgedeckt worden. In einer Gartenlaube hatten der Haupttäter und einige weitere Männer mehrere Kinder immer wieder auf grausamste Weise missbraucht und davon Aufnahmen gefertigt, die teilweise auch gehandelt wurden. Der Vorsitzende Richter wird bei der Urteilsverkündung später sagen: »Das übersteigt alles, was dieser Kammer bislang vorgelegt wurde.«

Die Taten lösten in der Bevölkerung Fassungslosigkeit, Wut und Trauer aus. Für Politiker:innen sind solche Schockmomente immer auch eine Chance, etwas Fundamentales zu verändern, da das Thema Kindesmissbrauch mediale Aufmerksamkeit erhält und die Menschen eine Reaktion sehen wollen. Personalressourcen in Ministerien werden frei, Gesetzesentwürfe in Rekordtempo verfasst, die Opposition ist stiller als sonst, um nicht als Verhinderer dazustehen. Aber die Handlungszeiträume sind begrenzt, bald schon kommt ein tragisches Unglück, eine Krankheitswelle, ein politischer Skandal, eine geopolitische Spannung – und schnell verschwindet das Thema Missbrauch wieder im Kleinklein der Alltagspolitik.

Den Unionsfraktionen fiel damals allerdings nur das ein, was ihnen bereits in den vergangenen Jahrzehnten immer eingefallen war: eine Erhöhung des Strafmaßes. Wer Kinder sexuell missbraucht oder Missbrauchsdarstellungen besitzt, sollte dafür härter bestraft werden. Dass Täter:innen durch ein höheres Strafmaß abgeschreckt werden könnten, klingt erst einmal eingänglich, Fachleute können darüber jedoch nur die Stirn runzeln. Das Strafmaß bei sexuellem Kindesmissbrauch war in den vergangenen Jahren immer wieder angehoben worden. Als die durch Münster ausgelöste Diskussion heiß lief, drohten gemäß § 176 des Strafgesetzbuches bei sexuellen Handlungen mit Kindern unter 14 Jahren Freiheitsstrafen zwischen sechs Monaten und zehn Jahren. In Fällen des schweren Missbrauchs waren es bis zu 15 Jahre. Außerdem konnte bereits bei Ersttäter:innen Sicherungsverwahrung angeordnet werden. Das sei »eine der höchsten Strafen, die unsere Rechtsordnung überhaupt kennt«[1] , sagte Justizministerin Lambrecht (SPD), als die Forderungen der Union laut wurden. Der Münsteraner Haupttäter wurde später nach dieser Rechtslage zu 14 Jahren Haft und anschließender Sicherungsverwahrung verurteilt. Mehr geht in unserem Rechtsstaat praktisch nicht.

Die Befürworter einer Strafrechtsverschärfung setzten aber einen anderen Spin in der Debatte: Weil das Mindestmaß bei sechs Monaten lag, galt das Delikt juristisch als »Vergehen« – erst ab einer Mindeststrafe von einem Jahr spricht man von »Verbrechen«. Das sind juristische Fachtermini, aber die CDU-Spitze formulierte daraus eingängliche Forderungen. Auf einer Pressekonferenz sagte die Parteivorsitzende Annegret Kramp-Karrenbauer vor der versammelten Hauptstadtpresse: Es brauche nun »drastische Strafen«, sexueller Kindesmissbrauch müsse »in jedem Fall als Verbrechen und nicht nur als Vergehen« eingestuft werden.

Die *Bild*-Zeitung[2] sprang auf den Zug auf und titelte: »Ministerin Lambrecht: Kindesmissbrauch ist Vergehen.« Untertitel: »Für die Justiz kein Verbrechen!« Ein im Artikel zitierter Sprecher versuchte zu differenzieren, aber der politische Sturm war nicht mehr aufzuhalten. Der Druck auf Lambrecht stieg massiv. Egal, wie sehr Sie von einer politischen Forderung überzeugt sein mögen, so etwas wie in der *Bild* wollen Sie als Spitzenpolitiker:in nicht über sich lesen. *Bild* machte Politik, wieder einmal.

NRW-Innenminister Herbert Reul (CDU) legte am selben Tag im *RedaktionsNetzwerk Deutschland*[3] nach: Für ihn sei »Kindesmissbrauch wie Mord«, denn er beende das Leben der Kinder »nicht physisch, aber psychisch«. Die Bundesjustizministerin müsse »aus dem Quark« kommen.

Das Thema verfing. In die Empörung über den Missbrauchskomplex Münster mischte sich jene über eine Justizministerin, die härtere Strafen bei Kindesmissbrauch blockierte. Was macht man, um aus dieser Lage politisch das größte Kapital zu schlagen? Genau: Man treibt den Gegner noch weiter vor sich her. Auch der Besitz und die Verbreitung von Missbrauchsdarstellungen sollten ausnahmslos »Verbrechen« im juristischen Sinn werden. Der CDU-Generalsekretär Paul Ziemiak sagte am nächsten Morgen in einem vielfach aufgegriffenen Interview[4] mit dem Deutschlandfunk: »Es gibt bei Kinderpornografie aus meiner Sicht keine besonders leichten Fälle.«

Die SPD-Ministerin Lambrecht ließ da bereits medial eine Kehrtwende verbreiten:[5] Sexueller Kindesmissbrauch sowie der Besitz und die Verbreitung von Missbrauchsdarstellungen sollten zu Verbrechen hochgestuft werden, und legte nicht einmal einen Monat nach Bekanntwerden der Münsteraner Taten ein Maßnahmenpaket[6] vor, in dessen Zentrum eine Strafrechtsverschärfung stand. Sie sagte: »Ich will, dass sexualisierte Gewalt gegen Kinder ohne Wenn und Aber ein Verbrechen ist. Gleiches gilt für Kinderpornografie, mit der diese widerlichen Taten gefilmt und verbreitet werden.« Auch die *Bild*-Zeitung war damit zufrieden. »Wir versprachen, Parteichefs, Ministerpräsidenten und Bundesminister unermüdlich zu fragen: Was tun Sie persönlich politisch dafür, dass Kinder in unserem Land endlich besser vor Kinderschändern geschützt werden?«[7], schrieb *Bild*-Chefredakteur Julian Reichelt. »Unser Land ändert sich mit diesem Gesetz zum Besseren. BILD hat Wort gehalten.«

Aus der Fachwelt hagelte es in den Folgemonaten Kritik. Bei einer Anhörung von Sachverständigen im Bundestag redeten nahezu alle Anwesenden der Großen Koalition ins Gewissen, die Pläne zu entschärfen. Wenn sexualisierte Gewalt gegen Kinder und »Kinderpornografie« zu Verbrechen hochgestuft würden, so der Tenor, dann dürfe der »minder schwere Fall« nicht gestrichen werden.

Es half nichts. Die Argumente der Fachleute wurden ignoriert, Union und SPD boxten die Verschärfung durch. Bei der Verabschiedung des Reformpakets feierte die Union sich nochmals selbst. Unter der Überschrift »Kindesmissbrauch wird endlich als das bestraft, was es ist: ein Verbrechen« ließ die CDU eine Pressemitteilung[8] verbreiten. Politisch ein Sieg auf ganzer Linie.

Mit Kanonen auf Spatzen

Wir reisen vom hektischen Politikbetrieb in Berlin nach Paderborn.

Gibt es sie vielleicht doch, die leichten Fälle? Im August 2021 klingelt es frühmorgens bei einer Familie, die Polizei steht vor der Tür. Die Wohnung soll durchsucht werden, weil der Vater über WhatsApp eine illegale Missbrauchsdarstellung verbreitet haben soll. Verdacht: »Kinderpornografie!« Hinweise aus den USA hatten die Ermittler:innen zur Handynummer des Mannes geführt. Seit einigen Wochen gilt da die neue Rechtslage, die Polizei verfolgt mithin ein Verbrechen. Schnell stellt sich heraus, dass die Handynummer auf den Vater registriert ist, aber vom 14-jährigen Sohn genutzt wird. Sein Smartphone wird mitgenommen.

Monatelang passiert nichts, das Smartphone liegt bei der Polizei. Irgendwann vermeldet die Polizei einen Treffer: Tatsächlich ist in einem Chat die illegale Datei gefunden worden. Der 14-Jährige hatte sie über WhatsApp erhalten und einem Freund weitergeleitet mit der Nachricht, wie krass das Video sei. Darauf zu sehen ist ein 13-jähriges Mädchen, das offenbar einvernehmlichen Geschlechtsverkehr mit zwei zwölfjährigen

Jungs hat.* Zwar hatte der 14-jährige Tatverdächtige das Video bereits im März 2021 an seinen Freund weitergeleitet – und damit noch vor der Hochstufung der Tat zu einem Verbrechen –, aber die illegale Datei ist immer noch auf seinem Smartphone, weshalb die Justiz wegen eines Verbrechens gegen ihn ermittelt.

Das ist der Zeitpunkt, an dem der Strafverteidiger Matthias Cramer ins Spiel kommt. »Alle Beteiligten haben rasch gemerkt, dass es nicht richtig sein kann, das Recht so anzuwenden, aber bei einem Verbrechen kann ein Gericht nicht einfach so ein Verfahren wegen Geringfügigkeit einstellen. Mein Mandant war schließlich geständig«, erinnert sich Cramer. Es kommt tatsächlich zum Prozess vor dem Jugendgericht, und der 14-Jährige muss umfassend aussagen. Er besucht die zehnte Klasse einer Gesamtschule, will bald eine Ausbildung anfangen bei einem Unternehmen in der Region, macht erfolgreich Sport bei einem Verein in der Umgebung, engagiert sich bei den Pfadfindern. Eine Sozialarbeiterin vom Jugendamt stellt ihm ein hervorragendes Zeugnis aus, immer wieder fällt der Begriff »Dummheit«, man solle das Verfahren einstellen, der Junge habe seine Lektion gelernt. Im Prozess muss der 14-Jährige, während die Eltern hinten im Gerichtssaal sitzen, unangenehme Fragen beantworten. Woran denkt er, wenn er sich selbst befriedigt? Was denkt er, wenn er kleine Kinder sieht?

»Im Gerichtssaal waren sich Jugendgerichtshilfe, Gericht und Verteidigung einig, dass irgendein Weg gefunden werden

---

* Ich habe dieses Video nie gesehen, sondern mir den Inhalt aus verschiedenen Quellen schildern lassen. Ob der Geschlechtsverkehr zwischen den abgebildeten Personen wirklich »einvernehmlich« war, wie es im Video offenbar anmutet, lässt sich mit Gewissheit nicht sagen. Teilweise zwingen Pädokriminelle Kinder zu solchen Handlungen, filmen diese und stellen sie als vermeintlich »normal« dar.

müsste, damit er keinen Eintrag in seinem Erziehungsregister bekommt. In diesem Register stünde kein Kontext, sondern nur, dass er verurteilt wurde wegen Besitzes von Kinderpornografie«, erläutert Anwalt Cramer. Fast alle sahen es so. Die Staatsanwältin jedoch, im wahrsten Sinne als Anwältin des Staates, argumentierte streng mit dem Gesetz und erklärte, dass die Tat nach deutschem Recht ein Verbrechen sei. Punkt. Da sie nicht einlenkte, konnte die Richterin das Verfahren nicht einstellen. Der Teenager wurde verurteilt. Wäre das Urteil in den nächsten Instanzen bestätigt worden, wäre der Eintrag bis zum 24. Geburtstag im Erziehungsregister geblieben. Cramer und sein jugendlicher Mandant gingen jedoch in Berufung und erreichten dort nach zähem Ringen eine Einstellung des Verfahrens gegen Ableistung von 20 Sozialstunden.

Matthias Cramer berichtet mir noch von einem ähnlichen Fall. Wieder erhalten deutsche Behörden Hinweise aus den USA, wieder wird eine Wohnung durchsucht. Diesmal trifft es einen 21-jährigen Mann. Über Snapchat soll er im Juli 2021, also unmittelbar nach Inkrafttreten der neuen Rechtslage, eine illegale Missbrauchsdarstellung versendet, im juristischen Sinn also Kinderpornografie verbreitet haben. Wieder geschieht nach der Durchsuchung monatelang nichts, ehe dem Mann schließlich der Prozess gemacht wird. Vor dem Schöffengericht drohen ihm bis zu vier Jahre Haft. Dabei hat die Polizei auf dem Smartphone keine einschlägige Datei gefunden, nicht einmal die Snapchat-App. Eine Polizistin argumentiert mit den Daten aus den USA, wodurch die Evidenz ja gegeben sei, ein Kollege versucht anfangs, diese Theorie aufrechtzuerhalten. »Ich musste da sehr aggressiv verteidigen und im Saal leider auch lauter werden, weil die Polizisten nichts hatten, was sie meinem Mandanten beweisen konnten. Das haben sie dann irgendwann zähneknirschend eingeräumt«, erinnert sich Anwalt Cramer. Am Ende erwirkt er einen Freispruch für seinen Mandanten – für alle Beteiligten viel Aufwand und Ärger für nichts.

Die Hochstufung zum Verbrechen führt alle vor ein Dilemma. Ein Verbrechensverfahren kann gerichtlich nicht eingestellt werden, solange es die Staatsanwaltschaft als erwiesen ansieht, dass ein:e Tatverdächtige:r schuldig ist. Bei einem Vergehen ist es möglich, das Verfahren einzustellen, insbesondere bei »minder schweren Fällen«, die es laut Gesetzesreform jedoch nicht mehr geben soll. Der graue Justizalltag zeigt: Es gibt sie sehr wohl. »Früher hätten wir diese Fälle eingestellt, gerade bei Jugendlichen. Doch nun werden Staatsanwaltschaften und Gerichte beschäftigt, bei der Polizei stapeln sich die Datenträger. Familien wird die Wohnung auf den Kopf gestellt, weil die Kinder eine Dummheit begehen. Das hat in der Masse der Fälle nichts mit dem zu tun, was man politisch erreichen wollte, nämlich ein abschreckendes Signal an die wirklich schlimmen Täter zu senden«, sagt Cramer.

Der Strafverteidiger will damit nichts verharmlosen, das betont er immer wieder, aber er weiß, wovon er spricht. Einer der Administratoren des pädokriminellen Darknetforums Boystown kam aus dem Kreis Paderborn, und Cramer war vom Gericht zu dessen Pflichtverteidiger bestellt worden. »Das sind nicht die Fälle, die ich mir wünsche. Aber auch diese Menschen haben ein Recht auf einen Pflichtverteidiger vor Gericht«, sagt der Jurist. Die Befassung der Justiz mit Kleinstfällen erfüllt ihn mit Sorge. »Ich musste im Boystown-Prozess mit eigenen Augen sehen, was da für Bild- und Videomaterial im Darknet getauscht wurde. Das sind Verbrechen, dafür brauchen wir die Ressourcen, dafür muss das Personal eingesetzt werden. Dass unser Rechtssystem nicht mehr qualitativ angemessen zwischen diesen Taten und den Dummheiten von

Jugendlichen unterscheiden kann, ist eine fatale Entwicklung.«

Überall in Deutschland meldeten sich kritische Stimmen. Es war genauso gekommen, wie es die Fachleute in der Sachverständigenanhörung im Bundestag prophezeit hatten, aber bei Union und SPD niemand hatte hören wollen. Kleinlaut ruderte die Politik zurück. Im November 2022 brachte Brandenburg gemeinsam mit Hamburg auf der Konferenz der Justizminister:innen erfolgreich eine Initiative[9] ein, um den entsprechenden § 184b des Strafgesetzbuches wieder zu entschärfen. Mein Kollege Robert Bongen und ich berichteten[10] dann im März 2023 exklusiv über Pläne der Ampelkoalition, das Gesetz zu korrigieren, auch die Union signalisierte ihre Zustimmung. Bundesjustizminister Marco Buschmann nahm den Ball auf und kündigte an[11], bis Ende 2023 eine Neufassung vorzulegen. Das Gesetz sei »aus der Dynamik des Wahlkampfes heraus entstanden« und in einigen Punkten nur gut gemeint, aber nicht gut gemacht gewesen. Damit werden wegen einer parteipolitischen Profilierung von Union und SPD rund drei Jahre ins Land gegangen sein, in denen Polizei- und Justizbehörden mit Bagatellverfahren geflutet, Jugendliche strafverfolgt wurden – und die eigentlichen Täter:innen wegen der personellen Engpässe nicht so verfolgt werden konnten, wie es sich eigentlich alle wünschen würden.

Dauerbrenner Vorratsdatenspeicherung

Wie bei kaum einem anderen politischen Thema bestimmen beim sexuellen Kindesmissbrauch Emotionen, guter Wille und Symbolpolitik die Entscheidungen. Allzu oft wird der Schutz von Kindern zu einem politischen Totschlagargument stilisiert, um politisch umstrittene Forderungen durchzubringen. Wer kann sich schon einem Vorschlag entgegenstellen, der mit dem gut gemeinten Ziel formuliert ist, Kinder vor Gefahren zu schützen?

Die prominenteste Debatte kreist um die Vorratsdatenspeicherung, ein politischer Dauerbrenner in Deutschland und Europa. Die Fälle des 14- und des 21-Jährigen aus Paderborn hatten insofern auch einen Bezug zur großen Politik, als beide Hinweise vom National Center for Missing and Exploited Children, kurz NCMEC (sprich: »Neckmeck«), kamen. NCMEC ist eine von der US-Regierung mitfinanzierte Organisation, die von US-Technologieriesen wie Facebook, Google oder Amazon Hinweise erhält, sobald auf deren Diensten bekannte Missbrauchsdarstellungen geteilt werden. Diese Unternehmen prüfen alle Dateien auf ihren Plattformen mittels sogenannter Hashwerte. Das ist wie eine Art technischer Fingerabdruck von Dateien. Lädt eine Person eine Datei hoch, deren Hashwert in einer Datenbank für illegale Inhalte hinterlegt ist, werden die IP-Adresse und möglicherweise weitere Daten wie etwa eine E-Mail-Adresse des Accounts an NCMEC übermittelt.

2021 erhielt das Bundeskriminalamt 78 600 Hinweise von NCMEC, davon waren 62 300 nach einer ersten Prüfung durch das BKA strafrechtlich relevant. Einer davon war die Handynummer des 14-jährigen Jungen, ein anderer führte zu dem 21-jährigen Mann. 2150 Hinweise, also etwa 3,5 Prozent, bestanden lediglich aus einer IP-Adresse. In diesen Fällen konnten die Personen nicht identifiziert werden, da »als einziger Identifizierungsansatz lediglich die IP-Adresse zur Verfügung stand, diese aber nicht mehr bei den Providern gespeichert war«. In den Jahren 2017 bis 2021 gab es 19.150 Fälle, in denen nur eine Speicherung von IP-Adressen die Ermittler:innen hätte voranbringen können.[12]

Damit sind wir beim Thema Vorratsdatenspeicherung. Im Prinzip sind IP-Adressen vergleichbar mit Telefonnummern, allerdings sind sie »dynamisch«. Der Router in unserer Wohnung hat also nicht dauerhaft dieselbe IP-Adresse, sondern bekommt von Zeit zu Zeit eine neue zugewiesen. Bei einer Vorratsdatenspeicherung würden Internetanbieter wie die Telekom oder Vodafone entsprechende Datenbanken vorhalten müssen, in denen die jeweilige IP-Adresse mit einem Zeitstempel und einer Kundennummer vermerkt wäre. Würde dann eine Ermittlungsbehörde nachfragen, welche:r Anschlussinhaber:in zum Zeitpunkt X die IP-Adresse Y hatte, könnte der Provider diese Information herausgeben.

Das klingt nach einer einfachen Lösung: ein paar technische Daten speichern und damit ganz leicht diejenigen identifizieren, die illegale Missbrauchsdarstellungen verbreiten. Genauso plakativ wird es von Befürworter:innen meist auch dargestellt. Unterfüttert wird die Argumentation mit den Zehntausenden IP-Adressen, die jedes Jahr aus den USA übermittelt werden, und als Fallbeispiele dienen nicht der 14-jährige Junge aus Paderborn, sondern schlimmste Verbrechen wie jene in Münster, die niemanden kaltlassen.

Ich will mich nicht auf die Union einschießen, aber CDU/CSU fallen am schnellsten mit der Forderung nach einer Vorratsdatenspeicherung auf. Sie gehört seit Jahrzehnten zur rechtspolitischen DNA der Unionsparteien. Im September 2022 trug eine ihrer Mitteilungen die Überschrift »Kinderschutz geht über Datenschutz«. Na, wer kann da widersprechen?

Ganz so einfach, ganz so eindeutig ist es aber nicht, das hat unsere ausführliche Analyse gezeigt. Wir dürfen nicht vergessen, dass die ganz überwiegende Zahl der Taten im sozialen Nahfeld der Kinder passiert: in der eigenen Familie, der Verwandtschaft, im Sportverein, in der Schule. Wir haben zwar gesehen, dass gerade das Smartphone zu einem pädokriminellen Werkzeug umfunktioniert werden kann, um Machtasymmetrien zwischen Kind und Täter:in zu festigen, doch das geschieht dann offen dem Kind gegenüber, mit WhatsApp-Nachrichten, mit Anrufen. Um solche Fälle aufzuklären, braucht es keine Vorratsdatenspeicherung. Die Daten würden nur sagen, *dass* Täter:in und Betroffene:r miteinander kommuniziert haben. Und in all den Fällen im sozialen Nahfeld, in denen kaum bis keine Spuren ins Digitale führen, fällt die Vorratsdatenspeicherung als Ermittlungshilfe komplett flach. Außerdem fertigen nicht alle Täter:innen Missbrauchsdarstellungen an, geschweige denn tauschen diese im Netz. Es kommt vor, wie die öffentlichen Fälle zeigen, aber ein Großteil der Taten von sexuellem Kindesmissbrauch geschieht, ohne dass dies filmisch dokumentiert wird.

Hilfreich wäre eine Vorratsdatenspeicherung allenfalls bei jenen Taten, in denen die Täter:innen selbst angefertigte Missbrauchsdarstellungen im Clearweb verbreiten oder ihre Sammlungen tauschen, ohne dabei Anonymisierungsdienste zu nutzen. Die in der Öffentlichkeit zirkulierenden Zahlen suggerieren oft, dass es jedes Jahr Zehntausende Fälle seien, die wegen einer fehlenden IP-Adresse unaufgeklärt bleiben würden. So dramatisch ist es jedoch nicht, wie wir gesehen haben. Zur Erinnerung: 2021 waren es nach BKA-Angaben 2150 NCMEC-Meldungen, denen nicht nachgegangen werden konnte, weil die IP-Adresse der einzige Hinweis war.

Natürlich sind es über die Jahre gesehen immer noch einige Tausend Fälle, und hinter jedem kann das Schicksal eines Kindes stehen. Aber auch dabei müssen wir differenzieren, wie die Paderborner Fälle gezeigt haben. Nicht hinter allen übermittelten IP-Adressen stecken Schwerverbrecher, die massenweise Missbrauchsdarstellungen verbreiten. Drei Viertel der in 2021 vom NCMEC ans BKA gemeldeten IP-Adressen stammten von Facebook.¹³ Gewiss, auch dort werden illegale Aufnahmen geteilt, auch dort verbreiten Pädokriminelle ihre Dateien, aber die großen pädokriminellen Tauschnetzwerke liegen nicht auf Social Media, sondern im Darknet, wo es technisch gar nicht möglich ist, seine IP-Adresse *nicht* zu verbergen. Illegale Aufnahmen werden auch direkt von User zu User getauscht – »Peer-to-Peer« –, wenn sie sich beispielsweise auf der russischen Fotoplattform gegenseitig anschreiben oder in einen anonymen Messenger wechseln. Überall dort läuft eine Vorratsdatenspeicherung ins Leere. Auch wer über das Tor-Netzwerk ins Internet geht oder mit einem sogenannten Virtual Private Network (VPN) seine IP-Adresse verschleiert, ist gegen eine Vorratsdatenspeicherung technisch immun. Diese Dienste zu nutzen, ist eine Basistugend der Pädokriminellen, es gehört zu ihrem kleinen Einmaleins. Der Co-Administrator eines seit Jahren existierenden pädokriminellen Darknetforums schrieb in seinen »Sicherheitstipps« im Jahr 2021 beispielsweise, man solle den Tor-Browser »auf ›Höchste Sicherheitsstufe‹ stellen«, »immer auch möglichst einen VPN« benutzen, außerhalb des Darknets »nichts [Verdächtiges] ohne VPN suchen« und: »Auf keinen Fall CP über soziale Medien wie Facebook u.a., sowie Whats App CP versenden! Die Ermittler freuen sich darüber«.*

Dass IP-Adressen nur begrenzt aussagekräftig sind, weiß natürlich auch NCMEC. Es schreibt über seine Statistiken zu den an die Länder übermittelten Daten: »Es ist wichtig zu beachten, dass die länderspezifischen Zahlen durch die Verwendung von Proxys und Anonymisierungsmaßnahmen beein-

---

* Alle Orthografiefehler im Original. »CP« ist die Abkürzung für »child pornography«, also »Kinderpornografie«.

flusst werden können.« Es ist sehr wahrscheinlich, dass ein signifikanter Anteil der nach Deutschland übermittelten IP-Adressen auf Tor-Server entfällt, weil Pädokriminelle das Anonymisierungsnetzwerk für ihre Zwecke missbrauchen. Übrigens stehen in keinem anderen Land so viele Tor-Server wie in Deutschland. Im Februar 2023 waren fast 500 deutsche Tor-Server sogenannte Exit-Nodes, mit denen man das Tor-Netzwerk verlässt und eine Verbindung zum Internet aufbaut. Damit lag die Wahrscheinlichkeit, als Tor-User mit einer deutschen IP-Adresse unterwegs zu sein, bei annähernd 30 Prozent.*

Was heißt das konkret für unser Thema? Dass eine Vorratsdatenspeicherung nur die Information liefern würde, dass die Missbrauchsdarstellung via Tor geteilt wurde – die Person dahinter bliebe anonym. Die Verheißung, mit einer Vorratsdatenspeicherung den Täter:innen über ihre IP-Adresse auf die Schliche zu kommen, ginge wieder nicht auf. Dasselbe gilt, wenn Täter:innen einen VPN nutzen.

Zu erwarten ist aus meiner Sicht, dass mit Einführung einer Vorratsdatenspeicherung gerade strategisch agierende Täter:innen reagieren und spätestens dann nur noch anonym ins Netz gehen würden, weil sie wissen, dass das Risiko, entdeckt zu werden, steigen würde. Wer weiterhin auf Anonymisierung verzichten würde, wäre entweder ein technisch naiver Täter, der auch ohne Vorratsdatenspeicherung leicht auffliegen könnte, oder ein im Grunde harmloser Jugendlicher wie jener 14-Jährige aus Paderborn, der seinem Kumpel ein »krasses Vi-

---

* Weil jede:r einen Server im Tor-Netzwerk betreiben kann, unterliegen diese Zahlen leichten Schwankungen. Die aktuelle Übersicht über aktive Tor-Server kann auf der Website https://metrics.torproject.org eingesehen werden. Über die Relay-Suche können die »Ausgangsknoten« pro Land live aufgeschlüsselt werden (Befehl: Aggregated search for flag:exit).

deo« schickt und nicht begreift, dass er sich gerade strafbar macht.

Ich will nicht missverstanden werden: Natürlich können Ermittlungsbehörden mit mehr Daten potenziell mehr Personen identifizieren, natürlich könnten mit Vorratsdaten mehr IP-Adressen nachverfolgt werden. Dass dies von erbitterten Gegner:innen einer Vorratsdatenspeicherung grundsätzlich infrage gestellt wird, ist politisch ebenso unfair, wie so zu tun, als könnten mithilfe dieser Maßnahme alle unsere Probleme gelöst werden.

Es muss sorgfältig abgewogen werden, ob der zu erwartende Nutzen die Kosten übersteigen kann. Und die Kosten, genauer: die immateriellen Kosten, sind hoch – der Grund, warum die Vorratsdatenspeicherung auf so heftigen Widerstand stößt. Denn der Staat würde zu jeder Zeit und anlasslos die Kommunikationsdaten sämtlicher Bürger:innen sammeln lassen. Er würde sammeln, wenn sich ein Whistleblower per E-Mail bei mir als Journalist meldet, wenn eine Strafverteidigerin mit ihrem Mandanten telefoniert, wenn sich eine Patientin im Internet über Beratungsstellen informiert. Das weicht von unserem bisherigen Modell des Rechtsstaats ab, in dem ein Staat den Eingriff in die Privatsphäre seiner Bürger:innen mit konkreten Argumenten rechtfertigen muss. Dass die Vorratsdaten nach einer gewissen Zeit gelöscht und nur auf richterliche Genehmigung der Polizei zur Verfügung gestellt werden sollen, sind rechtsstaatliche Gemeinplätze und keine Argumente, die den Wechsel in der Verdachtsumkehr wettmachen können. Wenn bisher gilt, dass Kommunikation vor dem Staat geschützt bleibt, solange man sich nichts zuschulden kommen lässt, würde fortan im Grundsatz erst einmal alles erfasst werden, um im Nachgang die Unschuld beweisen zu können.

Sie merken schon: Ich persönlich bin kein Fan der Vorratsdatenspeicherung. Das ist bei einem investigativ arbeitenden Journalisten, der regelmäßig mit Quellen arbeitet, die auf Schutz angewiesen sind, nicht überraschend. Ich habe mir aber über die Jahre beim Thema des sexuellen Kindesmissbrauchs im Internet eine Expertise angeeignet, die mich immer stärker zweifeln lässt, dass eine Vorratsdatenspeicherung gerade beim Aufspüren schwerkrimineller Täter:innen ein echter Gewinn wäre. Ich kann verstehen, dass andere Menschen in der Abwägung anders entscheiden und selbst wenige Ermittlungserfolge für wichtiger halten als das Aufrechterhalten von Kernelementen unseres Rechtsstaats.

Was mich allerdings nervt, ist die Routine, mit der plakativ auf jeden Skandal, auf jeden Ermittlungserfolg mit der Forderung reagiert wird, dass wir eine Vorratsdatenspeicherung bräuchten, um das Problem der Pädokriminalität im Internet wirksam bekämpfen zu können. Das Bundesverfassungsgericht und der Europäische Gerichtshof haben in mehreren Urteilen eine anlasslose, verdachtsunabhängige Informationsspeicherung im Grundsatz für unvereinbar mit unseren Grundrechten erklärt. Doch immer wieder setzten sich in Europa Regierungen über diese höchstrichterlichen Urteile hinweg und führten eine Vorratsdatenspeicherung ein, um sie dann einige Jahre später wieder zurücknehmen zu müssen. Wie viel kostbare politische Diskurszeit ist in den vergangenen Jahren verloren gegangen, weil führenden Politiker:innen nichts anderes einfiel, als die Allzweckwaffe Vorratsdatenspeicherung aus der Schublade zu holen! Sie spielen mit den Emotionen der Menschen und nutzen technische Unwissenheit gekonnt aus, um mit der vermeintlich einfachen Lösung »Mehr Daten gleich mehr Täter« Stimmung zu machen.

Es gäbe einen politischen Kompromiss, er nennt sich »Quick Freeze«. Bei diesem Verfahren würden nur die Verbindungsdaten von Bürger:innen gespeichert, bei denen es einen Verdacht gibt. Fiele also eine bestimmte IP-Adresse auf, weil darüber etwas Illegales abgewickelt wurde, könnten die Daten bei den Providern »schnell eingefroren« werden, daher »Quick Freeze«. Normalerweise speichern Provider die IP-Adressdaten für ihre Abrechnungszwecke für einige Tage oder wenige Wochen, ehe sie gelöscht werden. In diesem Zeitraum müsste also die Aufforderung kommen, die Daten zu sichern.

Die Ermittlungsbehörden sehen mit Skepsis auf das Quick-Freeze-Verfahren, nicht zuletzt, weil es häufig Wochen bis Monate dauert, bis Hinweisen nachgegangen werden kann. Dabei ließe sich gerade bei NCMEC-Meldungen alles automatisieren: Plattformen wie Facebook scannen voll automatisiert die Inhalte der Nutzer:innen nach Missbrauchsdarstellungen, liefern automatisiert Tausende Meldungen pro Tag (!) an NCMEC, die wiederum die Hinweise rasch ans deutsche BKA übermittelt. Ist es zu viel verlangt, dass eine deutsche Behörde bei einem so schwerwiegenden Verdacht wie dem Besitz und der Verbreitung illegaler Missbrauchsdarstellungen binnen einiger Tage diesen Verdacht prüft und Daten einfrieren lässt, um sie dann in Ruhe auswerten zu können?

Für die Union offenbar schon. Als Bundesjustizminister Marco Buschmann (FDP) vorschlug, auf das Quick-Freeze-Verfahren zu setzen, bekam er Unterstützung unter anderem vom Kinderschutzbund. »Der Kinderschutzbund hält das sogenannte Quick-Freeze-Verfahren für einen gangbaren Weg in der Abwägung zwischen Datenschutz und Kinderschutz«, sagte Joachim Türk, Mitglied im Bundesvorstand des Kinderschutzbundes, dem *RedaktionsNetzwerk Deutschland*. Die Unionsfraktion hingegen brachte einen eigenen Gesetzesvorschlag[14] ein, in dem sie Buschmanns Vorschlag als »Nebelkerze« bezeichnete. Der rheinland-pfälzische CDU-Fraktionschef Christian Baldauf erklärte[15], Quick Freeze helfe »eben nur bei einem konkreten Verdacht, erfordert immer eine richterliche Anordnung und zudem schnelles Handeln«. Klingt für mich machbar in einer modernen Demokratie.

Die Medienberichterstattung hat an dieser hitzigen Debatte ihren Anteil. »Wer zulässt, dass Beweise von Kindesmissbrauch vernichtet werden, trägt Mitschuld. Und wer Kinderschänder ziehen lässt, gefährdet weitere Kinder. Warum handelt die Bundesregierung da nicht?«, fragte Christian Nitsche in der Anmoderation eines Beitrags[16] über die Vorratsdatenspeicherung im ARD-Politikmagazin *report München* Anfang 2023. Die Bundesregierung könne, so Nitsche, ohne Weiteres zulassen, dass Onlineverbindungsdaten länger gespeichert würden, um »pädophile Täter zu überführen«. Der folgende Beitrag zeige »auf erschreckende Weise, wie der Datenschutz in Deutschland so ins Extreme getrieben wird, dass Gewalttäter ungeschoren davonkommen. Mit jedem Tag, der vergeht, kann die Zahl der Opfer steigen. Wer im Kabinett hat den Mumm, den betroffenen Familien diese Untätigkeit zu erklären?« Der Quick-Freeze-Vorschlag des Justizministers wird im gesamten Beitrag mit keiner Silbe erwähnt.

Mehr Personal, schnellere Verfahren

Es gibt eine Strömung, in der sich Betroffene von sexualisierter Gewalt im Kindesalter gegen diese sicherheitspolitische Vereinnahmung des Themas wehren. Eine ihrer Stimmen ist Angela Marquardt vom Betroffenenrat, einem ehrenamtlichen Gremium, das die Missbrauchsbeauftragte der Bundesregierung berät. Die Mitglieder wollen dem Thema ein Gesicht und eine Stimme geben. Unser Gespräch leitet Angela Marquardt mit dem Hinweis ein, dass sie keine Position des gesamten Betroffenenrates vertrete, denn das Gremium habe sich nicht geschlossen nicht zu sicherheitspolitischen Vorhaben wie der Vorratsdatenspeicherung positioniert. »Was ich sage, ist meine Position als Betroffene, andere im Betroffenenrat mögen anders denken. Genau da sind wir schon beim Problem: Zu glauben, dass Betroffene jede politische Maßnahme unterschreiben, wenn Kinderschutz draufsteht, nervt mich total«, sagt Marquardt. Sie ist politisch keinesfalls neutral, das muss man wissen. Von 1998 bis 2002 saß sie für die damalige PDS im Bundestag, trat 2009 in die SPD ein und arbeitete jahrelang für die spätere Parteivorsitzende Andrea Nahles. Sie machte sich einen Namen als Netzpolitikerin, mittlerweile arbeitet sie beim Bundesdatenschutzbeauftragten. »Das Engagement einiger Politiker:innen beim jahrelangen Kampf für die Vorratsdatenspeicherung wünsche ich mir in anderen Bereichen. Ich spreche viel mit Polizeibediensteten, und sie stöhnen unter der Arbeitslast, ihre Ressourcen und technische Ausstattung reichen jetzt schon nicht aus, um allen Hinweisen hinterherzugehen. Solange wir diesen Zustand haben, bin ich nicht überzeugt, dass eine pauschale Datenspeicherung das Mittel sein soll, mit dem wir einen Schritt weiterkommen«, sagt Marquardt.

Personalnot und Arbeitsbelastung bei Polizei, Staatsanwaltschaft und Gericht sind vielerorts ein ernsthaftes Problem, wenn es um die Entdeckung pädokrimineller Täter:innen geht. Genaue Zahlen gibt es nicht, viel basiert auf anekdotischer Evidenz. »Diese Verfahren ziehen sich meistens über mehrere Jahre«, sagt mir der Paderborner Anwalt Matthias Cramer dazu. Bei den zwei Fällen, von denen er mir für dieses Buch erzählte, lagen zwischen den NCMEC-Hinweisen und der Durchsuchung mehrere Monate, viel zu lange für das Quick-Freeze-Verfahren. Die Auswertung der sichergestellten

Datenträger durch die Polizei dauerte noch mal mehrere Monate. Anfang 2023 berichtete mir eine Person von einem Fall, bei dem sie selbst bei einem Landeskriminalamt ihren Verdacht auf Verbreitung von Missbrauchsdarstellungen gemeldet hatte. Nach sieben Monaten gab es immerhin ein Aktenzeichen, mehr hatte sich noch nicht getan, das Video war weiterhin im Netz verfügbar.

Genaue Zahlen zur Verfahrensdauer für Deutschland gibt es nicht. 2021 dauerte es bei »Straftaten gegen die sexuelle Selbstbestimmung« im Durchschnitt 10,4 Monate von der Einleitung eines Ermittlungsverfahrens bis zur Anklageerhebung.[17] Zu diesen Straftaten zählen neben sexuellem Kindesmissbrauch und der Verbreitung von Missbrauchsdarstellungen auch alle weiteren Sexualstraftaten, beispielsweise eine Vergewaltigung. Die Angabe von 10,4 Monaten ist daher nur bedingt aussagekräftig für bestimmte Delikte. Gerade die Auswertung von Datenträgern kostet Zeit. Nach der Anklage folgt dann häufig eine Gerichtsverhandlung, die typischerweise nach mehreren Monaten, teilweise erst nach Jahren terminiert wird.

Es ist nicht so, dass die politisch Handelnden die Forderungen nach schnelleren Verfahren nicht kennen würden. Im November 2019, etwa ein halbes Jahr vor Bekanntwerden des Missbrauchskomplexes Münster, übergaben der damalige Missbrauchsbeauftragte Johannes-Wilhelm Rörig sowie der Betroffenenrat Justizministerin Lambrecht persönlich einen Forderungskatalog[18] und verwiesen darin unter anderem auf das Fehlen besonders geschulten Personals und spezieller Technik für die Ermittlungen bei Straftaten gegen die sexuelle Selbstbestimmung, insbesondere Besitz und Verbreitung von Missbrauchsdarstellungen. Nach Inkrafttreten der Strafmaßverschärfung mahnte der Betroffenenrat wieder an, dabei nicht stehen zu bleiben: »Wesentliche Faktoren einer kind- und betroffenengerechten Justiz sind beschleunigte Verfahren«, außerdem »die verbesserte personelle wie technische Ausstattung und Qualifizierung der Gerichte und Ermittlungsbehörden«.[19]

Angela Marquardt ist, wie sie selbst sagt, ermüdet von den Debatten, die um sicherheitspolitische Symbolik kreisen, und fügt hinzu: »Insgeheim wissen doch alle, dass vor allem mehr Personal, Schwerpunktermittlungen inklusive Schwerpunktstaatsanwaltschaften helfen würden, den Missbrauch von Kindern wirksamer zu bekämpfen, schneller zu werden und das Recht konsequenter anzuwenden. Aber das kostet Geld, sehr viel Geld. Also geben wir uns dem Glauben hin, dass die viel kostengünstigere Speicherung von Daten der Schlüssel ist.« Ein Staatsanwalt, der seinen Namen nicht veröffentlicht sehen will, sagte mir: »Die Vorratsdatenspeicherung würde uns helfen, davon bin ich überzeugt. Aber wer diese ganzen Verfahren dann personell führen soll, ist eine mindestens genauso wichtige Frage.«

Ein grundlegender Kurswechsel in der politischen Debatte ist nicht in Sicht.

Der nächste Großkonflikt: Chatkontrolle

Die sogenannte Chatkontrolle hat das Potenzial, künftig ähnlich viel Diskurszeit zu verschlingen wie die Vorratsdatenspeicherung. Sie geht auf Vorschläge[20] der EU-Innenkommissarin Ylva Johansson zurück, ihren Namen erhielt sie jedoch vom EU-Abgeordneten und selbst ernannten »digitalen Freiheitskämpfer« Patrick Breyer.

Chatkontrolle und Vorratsdatenspeicherung haben strukturell einiges gemeinsam. Bei der Chatkontrolle sollen jedoch nicht die Verbindungsdaten erfasst werden, sondern die konkreten Inhalte, also, *was* Menschen kommunizieren. Das können Textnachrichten sein, vor allem aber auch Bilder und Videos. Internetfirmen sollen »die Verbreitung von bekannten oder neuen Darstellungen sexuellen Kindesmissbrauchs oder die Kontaktaufnahme zu Kindern« erkennen und dafür »Technologie« einsetzen, heißt es im Kommissionsentwurf. Versenden wir beispielsweise ein Bild bei WhatsApp, soll den Plänen zufolge der hinter WhatsApp stehende Meta-Konzern dieses Bild analysieren und eine Warnung aussprechen, wenn es sich um bekannte oder mögliche Darstellungen von sexuellem Kindesmissbrauch handelt.

Wieder soll die Kommunikation aller Bürger:innen gescannt werden, wieder verdachtsunabhängig. Wieder kreist die Debatte um die Abwägung von Datenschutz versus Kinderschutz, von Freiheit versus Sicherheit. Wieder werden von den Befürworter:innen astronomische Zahlen des NCMEC angeführt, um die Maßnahme zu rechtfertigen. Wieder befürchten die Kritiker:innen das Ende der Anonymität im Netz, eine Totalüberwachung, einen Generalverdacht. Wieder sagen die einen: »Ich habe nichts zu verbergen«, die anderen: »Ich bin nicht kriminell, will aber, dass Privates privat bleibt.«

Bei der Chatkontrolle kommt ein auch für die Industrie gewichtiges Argument hinzu. Wenn ein Chat Ende-zu-Ende verschlüsselt ist, sollen nur die Kommunizierenden mitlesen können, der Rest der Welt soll draußen bleiben, sogar der Dienstanbieter, im Fall von WhatsApp also Meta. Bei einer Chatkontrolle wäre das aber qua definitionem nicht möglich: Der Dienstanbieter müsste jeden Text, jedes Bild, jedes Video analysieren. Technische Sicherheit müsste dem Vertrauen weichen, dass der Dienstanbieter die Daten nur für den Kampf gegen Missbrauchsdarstellungen ausliest. Wer aber garantiert, dass nicht Geheimdienste das technische Schlupfloch nutzen, um massenhaft und unbemerkt die Kommunikation von Bürger:innen zu überwachen?

Ich will diese Diskussion nicht entscheiden, beide Seiten mögen ihre Argumente haben. Die Analyse in diesem Buch hat jedoch gezeigt, dass technische Regelungen allein das Problem kaum lösen können. Der Journalist Sebastian Meineck hat für netzpolitik.org[21] nachvollzogen, wie sich die riesigen NCMEC-Zahlen, mit denen unpopuläre Gesetzesvorhaben durchgebracht werden sollen, zusammensetzen. Demnach meldete NCMEC im Jahr 2021 rund 85 Millionen Fotos und Videos als Verdachtsfall auf sexualisierte Gewalt an Kindern. Ein Großteil davon waren allerdings Duplikate, an einzigartigen Aufnahmen waren es rund 22 Millionen, also ein Viertel. Das ist immer noch extrem viel, aber es ist eben »nur« ein Viertel der Zahl, die meistens zitiert wird. Unsere Recherche für dieses Buch zeigt beispielhaft für die russische Fotoplattform, dass der Betreiber nach eigenen Angaben jeden Tag Tausende Löschersuchen erhalte, bis er die jeweiligen Bilder irgendwann genervt lösche.

Facebook berichtete[22] in diesem Kontext ebenfalls Interessantes: In zwei exemplarisch herausgenommenen Monaten in 2022 waren nur sechs Videos für über 90 Prozent der NCMEC-Meldungen verantwortlich. Es könnte ein solches Video gewesen sein, das der 14-jährige Paderborner weiterleitete, als es »viral« ging. Die Facebook-eigene Analyse stützt dies: Es wurden mithilfe von NCMEC 150 Accounts näher untersucht, die illegale Inhalte geteilt hatten, und die Analyse kam zu dem Schluss, dass 75 Prozent der Personen keine böse Absicht gehabt haben dürften, sondern eher aus Empörung oder schwarzem Humor etwa ein Bild weiterschickten, das zeigt, wie ein Kind von einem Tier ins Genital gebissen wird.

Nein, das ist alles nicht schön und auch nicht witzig. Aber es sind auch nicht Fälle, wie wir sie vor Augen haben, wenn wir an sexuellen Kindesmissbrauch denken, wie Lügde, Münster oder Staufen. Wie zielführend ist es also, so viel politische Energie darauf zu verwenden?

Es ist frappierend, wie wir als Gesellschaft bei der Chatkontrolle erneut nur ein einzelnes Thema herauspicken, bei diesem Maximalpositionen einnehmen und damit in die politische Arena ziehen. Johanssons EU-Vorschlag enthielt viele weitere Punkte, beispielsweise, dass Onlinedienste das Risiko für sexuellen Kindesmissbrauch auf ihren Plattformen ermitteln sollten. Nichts davon erreicht eine breite Öffentlichkeit, die kostbare Diskurszeit verschlingt allein die Chatkontrolle.

Missbrauch mit dem Missbrauch?

Was mit »Zensursula« in digital- und sicherheitspolitischen Diskussionen begann, nämlich eine kompromisslose Konfrontation unvereinbarer Positionen zu Datenschutz auf der einen und Kinderschutz auf der anderen Seite, setzt sich in besorgniserregender Häufigkeit fort. Diese Schärfe hat ihre Wurzeln auch in der jahrzehntelangen Debatte über den vermeintlichen »Missbrauch mit dem Missbrauch«. Dieses Schlagwort steht für eine (angebliche) Instrumentalisierung von Missbrauchstaten, um bestimmte Ziele zu verfolgen, dem Narrativ zufolge etwa, sich mit (angeblichen) Taten wichtigmachen zu wollen, sich an jemandem zu rächen oder einen eigenen Berufszweig zu etablieren.

Es ist eine eigene Debatte mit einer eigenwilligen Geschichte, schwierig zu durchdringen und selbst wiederum sehr emotional geführt. Man könnte ein eigenes Buch darüber schreiben. Die einen sagen, das Thema des sexuellen Kindesmissbrauchs werde missbraucht, um daraus politisches Kapital zu schlagen. Die anderen halten dagegen, das Schlagwort »Missbrauch mit dem Missbrauch« eröffne Täter:innen die Möglichkeit, sich von Schuld freizusprechen, weil sie einer angeblichen Verunglimpfung und Rufschädigung durch die Betroffenen ausgesetzt seien, und den Betroffenen ihre Glaubwürdigkeit abzusprechen. Eine Schuldumkehr also: Nicht die betroffene Person, die sich traut, den Missbrauch anzuzeigen, gilt als Geschädigte, sondern die Täter:innen.

Die Debatte hat tiefe Gräben hinterlassen. Deswegen halte ich es nicht für zielführend, das historisch aufgeladene Schlagwort noch zu verwenden, zumindest nicht leichtfertig und in Unkenntnis dieser Geschichte.

Wichtig erscheint mir aber im Licht unserer Analyse, dass wir das emotionale Thema des sexuellen Kindesmissbrauchs nicht mehr rein affekt- und angstgetrieben politisch diskutieren und die Sorgen der Menschen nicht dazu nutzen, um politisch daraus Kapital zu schlagen. Kerstin Claus, die 2022 ins Amt gekommene Unabhängige Beauftragte für Fragen des sexuellen Kindesmissbrauchs, will dies zu einem zentralen Anliegen ihrer Amtszeit machen. »Wir verstecken uns hinter Emotionen, hinter Begriffen wie Leid. Natürlich ist das ein großes Leid, was den Betroffenen widerfährt, aber wir können Politik nicht mit der Maxime betreiben, Leid darzustellen und dadurch den Schrecken in der Bevölkerung zu vergrößern. Wir müssen das Thema versachlichen«, sagt sie mir in einem Gespräch im Frühjahr 2023. Es gehe ihr um eine neue Haltung, die tagespolitischen Themen stärker faktenorientiert und weniger emotionsgetrieben zu diskutieren. Das gelte ebenso für die Debatten um Vorratsdatenspeicherung, Chatkontrolle oder Strafrechtsverschärfung, auch hier seien weniger Emotionen und mehr lösungsorientierte Ansätze für mehr

Kinderschutz zielführender. »Vor zehn oder 15 Jahren war der emotionale Ansatz vielleicht richtig, um überhaupt etwas gegen die gesellschaftliche Verdrängung zu tun. Aber wir müssen den nächsten Schritt gehen. Wir müssen pragmatisch agieren, wir müssen handlungskompetent werden.« Sollte Claus damit Erfolg haben, hätte sie Historisches geleistet und politisch mehr erreicht, als eine einzelne Maßnahme je erreichen könnte.

Senken Aufnahmen die Hemmschwelle?

Für einen Paradigmenwechsel in der Strafverfolgung

Erinnern wir uns noch einmal, was The Antediluvian, der Administrator des pädokriminellen Darknetforums Rindexxx, uns geschrieben hat: »Sie [Strafverfolgungsbehörden] könnten ein Forum zu Tode nerven, indem sie Links melden, wenn sie das wollten. Wenn sie lange genug damit weitermachen, könnten sie vielleicht alle dazu bringen, das Forum zu verlassen, und die Administratoren könnten das Forum schließen.« Wenige Wochen später zeigten wir mit unseren Recherchen für *Panorama*, *STRG_F* und den *Spiegel*, dass Strafverfolgungsbehörden das tatsächlich machen könnten.

Aber sie wollten nicht, was insbesondere die Bundesregierung und das Bundeskriminalamt klarmachten.[1] Unsere Recherchen fanden enormen Widerhall, passten nicht gelöschte Missbrauchsdarstellungen doch überhaupt nicht zu dem, was seit Jahren politisch versprochen worden war. Kinder- und Jugendpsychologen sowie der Kinderschutzbund sprachen in einer gemeinsamen Presseerklärung[2] von einer »Ohrfeige für die Betroffenen« sowie einer »Katastrophe für die Prävention seelischer Not«. Auch die Innenministerkonferenz befasste sich mit unseren Rechercheergebnissen.[3] Bundesinnenministerin Nancy Faeser (SPD) kündigte daraufhin eine »schnelle und konsequente Löschung« von Missbrauchsbildern im Netz an. »Solange diese furchtbaren Missbrauchsbilder verfügbar sind, wird die Würde der Kinder immer wieder verletzt«, sagte sie. »Die Löschung und gleichzeitige Beweissicherung hat deshalb für uns alle besondere Bedeutung.«

Das war im Juni 2022, da war seit unserer Enthüllung der

Vorgänge schon wieder über ein halbes Jahr vergangen. Als ich im Frühjahr 2023 diese Zeilen schreibe, wird immer noch nicht systematisch und proaktiv gelöscht. In den großen pädokriminellen Darknetforen häufen sich die illegalen Inhalte, und immer noch liegen sie überwiegend bei verlinkten Hostern im Clearweb, könnten also durchaus gelöscht werden. Die Dynamik der Foren wird immer dramatischer, das Wachstum immer schneller. Ende November 2022 schalteten das BKA und die Generalstaatsanwaltschaft Frankfurt am Main zwar das pädokriminelle Darknetforum BoyVids 6.0 ab, doch kurz darauf ging der Nachfolger ans Netz. Rasch war eine große Menge an verlinkten Inhalten verfügbar, interessierte Kriminelle konnten ins neue Forum kommen und binnen Minuten Darstellungen von schwerster sexualisierter Gewalt gegen Kinder ansehen. Nach nur sechs Wochen waren dort 70000 Accounts registriert.

»Psychologisch klar herleitbar«

Wie die Aussage von Nancy Faeser zeigt, wissen eigentlich alle, dass das Löschen wichtig ist. Die Betroffenen von sexualisierter Gewalt können das Erlebte erst dann umfassend verarbeiten, wenn der Missbrauch vorbei ist. Doch solange Menschen auf der ganzen Welt ihr Leid immer und immer wieder auf die Bildschirme holen, sich dazu selbst befriedigen und darüber in den Foren diskutieren, geht er weiter.

Die Frage muss aber auch in die andere Richtung gestellt werden: Was macht es mit den Täter:innen, wenn sie diese Inhalte konsumieren können und immer mehr Inhalte kostenlos erhalten, wenn sie mitbekommen, dass Ermittlungsbehörden trotz öffentlichem Druck die Inhalte im Netz lassen, wenn sie sehen, dass täglich Tausende andere Menschen auf der ganzen

Welt das Gleiche wie sie selbst tun? Seit jeher ist mit der Verfügbarkeit illegaler Missbrauchsdarstellungen daher die Frage verknüpft, ob der Konsum die Hemmschwelle senken könnte, auch im realen Leben ein Kind sexuell zu missbrauchen.

Ich treffe Professor Klaus Beier, Leiter des Berliner Standorts des Netzwerks »Kein Täter werden« und Direktor des Instituts für Sexualwissenschaft und Sexualmedizin der Charité, um mit ihm diese Fragen zu diskutieren. Das Ziel einer Therapie beschreiben die Projektverantwortlichen von »Kein Täter werden« so: »Wir unterstützen Sie, wenn Sie sich sexuell zu Kindern hingezogen fühlen, darunter leiden und deswegen Hilfe suchen.« Vermittelt werde ein »breites und effektives Repertoire an Verhaltensstrategien«. Das soll den Patient:innen ermöglichen, diesen Teil ihres Lebens »adäquat zu bewältigen und insbesondere die sexuellen Impulse gegenüber Kindern effektiv zu kontrollieren«. Einig sind sich Beier und seine Kolleg:innen darin, dass nicht erst der physische Übergriff eine Tat darstellt, sondern bereits der Konsum von Missbrauchsdarstellungen. Voraussetzung für eine Therapie sei daher »der Wille, keine sexuellen Übergriffe auf Kinder zu begehen und/oder Missbrauchsabbildungen zu konsumieren«. Auch Personen, die in der Vergangenheit straffällig geworden sind, aber ihre Strafe bereits verbüßt haben, können bei »Kein Täter werden« eine Therapie beginnen, nicht jedoch solche, gegen die gerade ein Ermittlungsverfahren läuft oder die aktuell eine Strafe verbüßen.

Beier verweist darauf, dass man nicht pauschalisieren sollte. So, wie längst nicht bei allen Menschen, die Kinder sexuell missbrauchen, eine pädophile Sexualpräferenz vorliegt, kann auch nicht bei allen Menschen, die sich Missbrauchsdarstellungen ansehen, angenommen werden, dass sie irgendwann im realen Leben aktiv Kindern sexualisierte Gewalt antun. Die

Motivation der Täter:innen sei unterschiedlich. Ein Übergriff im realen Leben sei möglich, würde sich aber keinesfalls zwangsläufig ereignen, so Beier. »Wir haben Gruppen von Tätern, die sich in ihren auf Kinder gerichteten sexuellen Fantasieinhalten deutlich unterscheiden. Manche stellen sich vor, vorpubertäre Mädchen penetrieren zu wollen. Diese suchen dann gezielt nach diesen Darstellungen. Andere wollen Nacktbilder von Jungs sehen, um sexuell erregt zu werden – entsprechend ist das der Fokus bei der Auswahl der Bilder. Das sind Muster, die wir auch aus der Sexualität kennen. Wenn ein Mann eine bestimmte Fantasie hat, wie er eine Frau zum Orgasmus bringt, setzt sich dieser Pfad in der Pornografienutzung fort, weil er nach diesen Bildern Ausschau hält«, sagt Beier. Es gebe allerdings auch die Gruppe, die sich das Ausleben ihrer Fantasien im realen Leben wünschen und die darunter leiden, dass es nicht möglich ist. Für diese Gruppe, die sich aufgrund fehlender empirischer Daten nicht quantifizieren lässt, könne die Nutzung von Missbrauchsdarstellungen enthemmend wirken.

Gerade die ständige Verfügbarkeit und der positive Kontext, in dem die Dateien verfügbar gemacht werden, sei dafür entscheidend. »Durch die Gruppendynamik kommt es zu gegenseitiger Bestärkung und Wahrnehmungsverzerrung. Wenn diese Aufnahmen leicht erreichbar sind, wenn in Chats klar wird, dass das alle nutzen, wenn es eine Community gibt, die gleiche Werte teilt und in der die eigenen – auf Kinder gerichteten – sexuellen Bedürfnisse auf Akzeptanz stoßen, dann ist normalpsychologisch herleitbar, dass das die Hemmschwelle senkt. Stellen Sie sich vor, dass Sie seit Ihrer Jugend nie mit jemandem über Ihre Fantasien sprechen konnten, und dann sind Sie auf einmal unter Menschen, mit denen das möglich ist«, erläutert Beier. »Es kommt dann schnell zu einer Fehlwahrnehmung dessen, was Kinder wirklich möchten, eben durch vermeintliche Erlebnisberichte, wonach Kinder sexuelle Begegnungen mit Erwachsenen sehr genossen hätten. Kinder wollen aber keine sexuellen Interaktionen mit Erwachsenen – sie können die Folgen entwicklungsbedingt auch gar nicht abschätzen. Aber die besagte Internetcommunity wird durch die beschriebenen Enthemmungsprozesse zunehmend immun gegen eine adäquate Wahrnehmung kindlicher Entwicklungsbedürfnisse.«

Ich kann nachvollziehen, was er meint. Wenn ich in pädokriminellen Darknetforen mitlese, frage ich mich immer wieder: »Merkt ihr nicht, in was für einer Echokammer ihr lebt?« Die Diskussion um den Begriff der »sexualisierten Gewalt an Kindern« hatte ich eingangs schon geschildert. Es gibt mehrere solcher Diskussionsstränge in der pädokriminellen Szene. Immer wieder taucht beispielsweise die Theorie auf, dass alle dort ermittelnden Polizist:innen das nur machten, um selbst – und zudem legitimiert durch ihren Job – die Darstellungen ansehen zu können. Es ist auch bekannt, dass überwiegend Aufnahmen zirkulieren, in denen die Kinder neutral schauen oder gezwungen lächeln, teilweise müssen weinende Kinder sexualisiert stöhnen, um ein Video möglichst wie eine Erwachsenenpornografie anmuten zu lassen. Eine Veröffentlichung[4] der Vereinten Nationen machte auf diese Beobachtung schon 2009 aufmerksam. Personen, welche die Originalaufnahmen der Täter:innen polizeilich auswerten, berichteten mir unabhängig voneinander, dass sie auf den Festplatten meist ganze Serien von einem Übergriff finden mit Hunderten Bildern, auf denen ein Kind überwiegend weint und schreit. Hochgeladen wurden aber nur Aufnahmen, auf denen Kinder gezwungen lächeln, denn alles andere würde nicht zum Selbstbild der Täter:innen passen, nämlich, dass es sich um »einvernehmlichen Sex« handle. Genau damit wird der Missbrauch in den Foren kollektiv gerechtfertigt, und die Aufnahmen suggerieren überwiegend, dass die Kinder nicht leiden. Eine toxische Mischung.

Löschen! Löschen! Löschen?

Als Reaktion auf unser Rechercheergebnis, dass in den pädokriminellen Darknetforen verlinkte Inhalte nicht proaktiv gelöscht werden, obwohl es technisch und praktisch recht einfach möglich wäre, stellte die Bundestagsabgeordnete Anke Domscheit-Berg von der Linkspartei eine entsprechende parlamentarische Anfrage[5] an die Bundesregierung. Als Antwort kam zurück, dass das BKA im Darknet nicht löschen dürfe (sic!), weil ihm dafür die Rechtsgrundlage fehle. Es dürfe nur auf Anweisung einer Staatsanwaltschaft in einem konkreten Ermittlungsverfahren tätig werden, diese sei »Herrin des Verfahrens«. Damit schob die Bundesregierung, die sich für die Antwort eng mit dem Bundeskriminalamt abgestimmt hatte, die (alleinige) Verantwortung der Generalstaatsanwaltschaft Frankfurt am Main zu, auf deren Anweisung hin das BKA jahrelang erfolgreich Darknetforen abgeschaltet hatte. Das konnte man bei strenger juristischer Auslegung so sehen, war politisch aber ein grobes Foulspiel und aus meiner Sicht vom BKA der Versuch, ein jahrelanges Versagen dem Partner in die Schuhe zu schieben.

Es ist grotesk: Das Bundeskriminalamt holt für »Löschen statt Sperren« seit Jahren im Rekordtempo Inhalte aus dem Netz, die im Clearweb umherschwirren, und feiert bei der Abschaltung pädokrimineller Darknetforen auch international anerkannte Ermittlungserfolge. Aber proaktives Löschen in den Foren während des Betriebs, das ist rechtlich nicht machbar? Die Antwort sei »ehrlich gesagt an Zynismus nicht zu überbieten«, sagte uns für die damalige Berichterstattung[6] Julia von Weiler von Innocence in Danger. Ich kann das nur unterschreiben.

Der Kompetenzwirrwarr sorgt für eine gefährliche Lücke, deren Bedeutung wir nicht unterschätzen sollten. Da die Inhalte nicht direkt in den Foren liegen – dort werden ja nur die Links zu den Clearweb-Hostern verbreitet –, können sie »forenunabhängig« verbreitet werden. Geht ein Forum selbst offline oder wird vom BKA abgeschaltet, muss ein Power-User nur die existierenden Links aus seiner Sammlung irgendwo anders posten, der Inhalt ist ja nie weg – weil er von den Behörden nicht gelöscht wurde. Zur Erinnerung: So geschehen in den Fällen Boystown, BoyVids 6.0 und Forbidden Love.

Aus meiner Sicht müssen die deutschen und internationalen Ermittlungsbehörden daher zwingend ihre Ermittlungsstrategie überdenken. Es ist wichtig, Kinder aus aktuellen Missbrauchskontexten zu retten und die Täter:innen zu identifizieren. Dies hat weiterhin höchste Priorität. Aber das Löschen von Inhalten darf in der Prioritätenliste nicht so weit nach hinten rutschen, dass es komplett unter den Tisch fällt. Es braucht eine koordinierte, proaktive Löschung in den pädokriminellen Darknetforen, indem die frei verfügbaren Links automatisiert gesucht, die verlinkten Inhalte automatisiert zur Beweissicherung einmalig heruntergeladen und anschließend unverzüglich beim Hoster gemeldet werden. Die gesicherten Sammlungen müssen dann mittels einer künstlichen Intelligenz vorklassifiziert werden: Bekannte Missbrauchsdarstellungen, bei denen die Taten aufgeklärt sind oder sich keine Ermittlungsansätze mehr ergeben werden, können ohne neues Verfahren einfach gelöscht werden. Dieses Vorgehen wird bei der Analyse beschlagnahmter Datenträger in NRW in Kooperation mit Microsoft bereits eingesetzt.[7] Dadurch erhalten die Beamt:innen die Zeit, sich auf die neu zirkulierenden Aufnahmen zu konzentrieren, sie auf Hinweise zu untersuchen, ob Kinder und Täter:in identifiziert werden können.

Mir ist bewusst, dass das einen Paradigmenwechsel in der Strafverfolgung bedeuten würde. Wer Polizist:in wird, der will, dass die Handschellen klicken. Das soll auch so bleiben. Aber wenn wir zulassen, dass die pädokriminellen Darknetforen weiterhin so rasant wachsen, dann wird schon bald eine kritische Masse an Nutzer:innen erreicht sein, die im Schutz des Darknets die Oberhand gewinnen. Ein kleines Zeitfenster bleibt noch, das Wachstum der Foren mittels Löschungen einzudämmen, denn ohne Inhalte verlieren sie ihren Reiz. Einen Versuch sollte es uns wert sein.

»Da sind wir leider nicht zuständig«

Der Staat duckt sich weg bei Betreuung, Prävention und Schutzkonzepten

Niemand weiß, wie viele Kinder in Deutschland von sexuellem Kindesmissbrauch betroffen sind oder waren. Die Weltgesundheitsorganisation (WHO) schätzte in 2013 die Zahl in Europa auf rund 18 Millionen.[1] Auf Deutschland übertragen, ist von rund einer Million an betroffenen Kindern und Jugendlichen auszugehen.

Statistisch säßen damit in jeder Schulklasse ein bis zwei betroffene Schüler:innen. »Diese Zahl macht es greifbar und verdeutlicht: Betroffene sind keine abstrakten Daten, sondern Schicksale in unserem Alltag«, sagt Kerstin Claus. Eine repräsentative Untersuchung, wie sie die WHO für jedes einzelne Land fordert, gibt es für Deutschland bisher nicht.

Kinder und Jugendliche, denen sexualisierte Gewalt angetan wurde, verdienen jede Hilfe des Staates und der Bevölkerung. Eine Selbstverständlichkeit, sollte man angesichts der politischen Konjunktur des Themas meinen. Das Gegenteil ist der Fall. »Sexualisierte Gewalt an Kindern emotionalisiert. Aber wenn es darum geht, Ressourcen in die Hand zu nehmen, wird es dünn. Deshalb ist die Stimme der Fachberatungsstellen so wichtig«, sagt Katrin Schwedes, Leiterin der Bundeskoordinierung Spezialisierter Fachberatungen (BKSF), die spezialisierte Beratungsstellen für betroffene Kinder und Jugendliche vertreten. Tatsächlich ist es jahrzehntelang eingänglicher gewesen, wenn Politiker:innen »drastische Strafen« versprachen oder Ermittlungsbehörden stärkten, als in der Fläche die personelle Ausstattung von Beratungsstellen zu fördern oder in Prävention zu investieren. Als in der Debatte um die Strafrechtsverschärfung nach den Münsteraner Fällen eine sicherheitspolitisch gefärbte Debatte einsetzte, verschärfte Schwedes' sonst eher diplomatisch kommunizierender Verband BKSF erstmals die Tonlage. In einer Stellungnahme[2] der BKSF hieß es: »Wir sind diesen Kreislauf leid. Es gibt Expertise. Es gibt gut durchdachte, fachlich sinnvolle Vorschläge.« Es habe aber bisher am Willen gefehlt, dafür Gelder bereitzustellen.

Ein Rechtsanspruch für Betroffene auf Beratung

Tatsächlich bedient Deutschland alle Stereotype in puncto Bürokratie, Föderalismus und Symbolpolitik, wenn es um die Förderung von Beratungsstellen geht. Darin arbeiten typischerweise Sozialarbeiter:innen, teilweise auch Psycholog:innen und Therapeut:innen. Es handelt sich dabei aber um sogenannte »freiwillige Leistungen« nach dem Sozialgesetzbuch. Einen Rechtsanspruch auf Beratung bei sexualisierter Gewalt, vergleichbar dem Recht für Eltern auf Kinderbetreuung, existiert nicht. Manche Länder und Kommunen leisten sich solche Beratungsstellen, andere nicht oder nur sehr wenige. Der Bund sagt, es liege nicht in seiner Zuständigkeit, er kann allenfalls einzelne Projekte fördern. In vielen Bundesländern liegt das Thema im Familienbereich, in anderen beim Justizressort oder sogar der Innenpolitik, teilweise beim Sport. 16 Bundesländer haben eigene Zuständigkeiten entwickelt, und niemand reißt sich um das teure Thema. »Mittlerweile sagt niemand mehr, dass wir unwichtig sind«, so Schwedes. »Aber viele sagen: Finde ich wichtig, aber leider bin ich nicht zuständig.« Kommunen verweisen zum Teil auf Jugendämter, die aber meist keine spezialisierte Fachberatung bieten. »Was uns fehlt, ist eine bundesweite, dauerhafte Gewährleistung von Fachberatungsangeboten für alle Betroffenen.«

Für die Recherchen zu diesem Buch habe ich mit Fachberatungsstellen in ganz Deutschland gesprochen. Alle stöhnten über den endlosen Kampf um wenige Stellen, befristet auf ein paar Jahre. Offen Kritik üben möchten wenige, zu groß ist die Abhängigkeit von den Geldgeber:innen in Politik und Verwaltung. Eine der wenigen, die neben Schwedes das Thema offen anspricht, ist Julia von Weiler. Ihr Verein Innocence in Danger kann auch deshalb lauter sein, weil er im Gegensatz zu vielen anderen Fachberatungsstellen eine Mischfinanzierung hat. Etwa ein Drittel kommt von staatlichen Stellen, ein Drittel aus Spenden und ein Drittel sind Einnahmen aus Präventionsprojekten, beispielsweise Workshops zu digitaler Beziehungskompetenz. Seit über 20 Jahren kümmert sich Innocence in Danger um Kinderschutz und Digitalisierung. »So langsam bin ich es leid, mir alle Jahre wieder innovative Projekte aus den Fingern zu saugen, um etwas Neues zu entwickeln«, sagt von Weiler. »Die wesentlichen Materialien sind entwickelt, mehr geht immer. Aber uns läuft als Gesellschaft die Zeit davon. Wir müssen massiv in die Fläche und mit so vielen Kindern, Jugendlichen, Eltern, Erziehungsberechtigten, Fach- und Lehrkräften wie möglich arbeiten. Das kostet mehr als ein zeitlich befristetes Leuchtturmprojekt mit ein paar Stellen.«

Der Frust sitzt bei vielen tief. Katrin Schwedes sagt sarkastisch: »Prävention heißt leider für einige: Plakate drucken und Flyer verteilen. Für Arbeit mit Kindern und Jugendlichen braucht es aber eine dauerhafte Finanzierung von Beratung, damit die Prävention nicht ins Leere läuft.«

Die Tragik des Systems wird deutlich beim Fonds Sexueller Missbrauch (FSM) und beim Ergänzenden Hilfesystem (EHS), zwei vom Bund bereitgestellten Geldtöpfen. Ich will nicht missverstanden werden: Es ist gut, dass es diese Programme gibt. Aber es ist bezeichnend, dass es sie geben muss. So kann das Ergänzende Hilfesystem dann einspringen, wenn Betroffene keinen Anspruch auf Leistungen haben oder diese nicht ausreichen, wenn also beispielsweise die Krankenversicherung nicht zahlt. Es sind nicht wenige Ausnahmen, in denen Personen in Spezialfällen durchs Raster fallen, es ist ein strukturelles Problem. Auch der »Fonds sexueller Missbrauch«, von der Bundesregierung 2013 für Personen eingerichtet, die in ihrer Kindheit und Jugend sexuellen Missbrauch erlitten haben und noch heute an diesen Folgewirkungen leiden, hat bisher nicht nur geglänzt. Eigentlich verspricht der Fonds, Betroffenen schnell und unbürokratisch zu helfen. 2021 enthüllte[3] die Journalistin Katrin Kampling für das NDR-Magazin *Panorama 3* jedoch mehrere Fälle, in denen Betroffene teils jahrelang auf die Bewilligung von Anträgen warten mussten. Die Unsicherheit, ob Kosten übernommen werden, war für die Betroffenen belastend, die Prozedur wirkte für manche retraumatisierend. Einige Fachberatungsstellen hatten da schon gänzlich aufgehört, Betroffene bei der Antragsstellung zu unterstützen, weil es zu aufwendig und langwierig gewesen sei.

Schutzkonzepte für die Fläche

Die Augen richten sich nun auf Kerstin Claus. Sie ist seit 2022 Unabhängige Beauftragte für Fragen des sexuellen Kindesmissbrauchs (UBSKM) beim Bund und beerbte damit Johannes-Wilhelm Rörig, der als Spitzenbeamter aus dem Familienministerium 2011 ins Amt kam. Geschaffen wurde das Amt 2010 im Zuge der zweiten Aufklärungswelle, erste Beauftragte war für ein gutes Jahr die ehemalige Bundesfamilienministerin Christine Bergmann. Der Politikprofi Rörig baute anschließend Strukturen auf, sicherte Gelder und etablierte das frische Amt, als das Thema sexueller Kindesmissbrauch nach der zweiten Aufklärungswelle wieder in der Versenkung verschwand.

Claus wird nun den nächsten Schritt gehen müssen. Die Ampel vereinbarte im Koalitionsvertrag, dass das Amt der/des Missbrauchsbeauftragten eine eigene Rechtsgrundlage erhalten soll. Das klingt unbedeutend, soll das Amt aber auf Dauer stärken. Claus muss nicht mehr primär um die Existenzberechtigung ihres Amtes kämpfen, möchte sich stattdessen um Inhalte kümmern. Die Startvoraussetzungen sind gut. Sie war zuvor ehrenamtliches Mitglied im Betroffenenrat des UBSKM, arbeitete jahrelang beim ZDF, kennt den Politik- und Medienbetrieb. Nun kämpft sie für mehr Personal, um fachliche und politische Positionen zu mehr Themen zu entwickeln, die sie in verschiedene Diskurse einbringen will. »Wir müssen besser verstehen, warum IP-Adressen so bedeutsam für Ermittlungsbehörden sind, warum in Missbrauchsprozessen bei Gerichten häufig nicht betroffenengerecht verfahren wird, welche Präventionsprojekte wir brauchen. Und als Journalistin gelingt es mir da vielleicht auch, Widersprüche aufzudecken, sie anzusprechen und damit konsequentes Handeln auf allen politischen und gesellschaftlichen Ebenen zu erreichen«, sagt Claus.

Ein zentrales Thema ist für sie das der »Schutzkonzepte«. Klingt sperrig, bürokratisch und theoretisch, hat aber das Potenzial, sexuellen Kindesmissbrauch in der Breite der Gesellschaft bedeutend unwahrscheinlicher zu machen. Organisationen und Einrichtungen wie Schulen, Kindertagesstätten, Heime, Sportvereine, Kliniken, Kirchengemeinden oder Veranstalter von Kinder- und Jugendreisen sollen ein Schutzkonzept entwickeln und verpflichtend einführen. Darin werden Fragen behandelt, die auch in diesem Buch im Zentrum stehen: Welche Strategien haben Täter:innen? Welche Möglichkeiten bieten sich in der konkreten Einrichtung, um sexualisierte Gewalt abzuwenden? Insbesondere Schulen standen seit 2016 im Mittelpunkt. Schon Claus' Vorgänger Rörig startete die Initiative »Schulen gegen sexuelle Gewalt«, Anfang 2023 waren Schutzkonzepte aber erst in den Schulgesetzen von Berlin, Hessen, Mecklenburg-Vorpommern, Nordrhein-Westfalen und Schleswig-Holstein verankert und damit verpflichtend, in anderen Bundesländern werden sie seit Jahren nur debattiert. Die überwiegende Zahl der Einrichtungen in Deutschland hat keine verpflichtenden Schutzkonzepte gegen sexualisierte Gewalt, obwohl dieses Ziel bereits am »Runden Tisch Sexueller Kindesmissbrauch«[4] eindeutig formuliert wurde – im Jahr 2011. »Das zeigt, wie zäh die Prozesse sind. Es geht nicht ohne politischen Druck, und auch Eltern sollten aktiv nachfragen, wenn sie ihre Kinder irgendwo anmelden«, sagt Claus.

Unsere Analyse zum Cybergrooming hat gezeigt, wie Täter:innen das soziale Nahfeld ausweiten und im digitalen Raum Kontakt zu Kindern und Jugendlichen aufnehmen. Claus will sich daher dafür einsetzen, dass Qualitätskriterien für digitale Schutzkonzepte weiterentwickelt werden, eine Art Kinderschutz-Goldstandard für sichere Spiele, Messenger, Social Media oder Suchmaschinen. Darauf hat sich auch der Nationale Rat gegen sexuelle Gewalt an Kindern und Jugendlichen verständigt.[5]

Es wird darauf ankommen, ob auf die politischen Forderungen, präsentiert in hübschen Broschüren, auch Taten folgen werden. Dass Bedarf besteht, ist offenkundig. Wie wir im nächsten Kapitel sehen werden, hapert es weniger am Wissen, was digitaler Kinderschutz bedeuten könnte. Es mangelt eher am Willen der Anbieter, ihre Dienste entsprechend zu gestalten – und an Regulierungsmöglichkeiten, sie notfalls dazu zu zwingen.

Ausgetrickst von der Industrie

16 Bundesländer wollen Konzernen die Stirn bieten

Es sind Erfahrungen wie jene in Cochem an der Mosel, die Heike Raab in ihrem Job antreiben. Als wir uns treffen, ist sie eine der einflussreichsten Medienpolitiker:innen in Deutschland, Staatssekretärin in Rheinland-Pfalz, koordiniert die Rundfunkkommission der Länder, pendelt beruflich zwischen Mainz, Brüssel und Berlin. Sie spricht in unserem ersten Gespräch aber weniger von der großen Politik, den zähen Kämpfen um Kompromisse und Gegenwind aus der Industrie. Sie erzählt überwiegend von Gesprächen wie denen in Cochem an der Mosel.

Dort sollte Raab an einer Schule Mädchen und jungen Frauen der achten bis zehnten Klasse berichten, wie sie, die selbst erst über die Mittlere Reife ihr Abitur gemacht hatte, es bis zur Staatssekretärin geschafft habe. In dem Gespräch mit den Schülerinnen ging es um den Job als Spitzenpolitikerin, um Regulierung der Medien, des Internets, der Techkonzerne aus den USA, mit deren Lobbyist:innen sich Raab regelmäßig trifft. »Wir kamen auf die Pornoseiten zu sprechen, die man ohne Altersfreigabe erreichen kann«, erzählt Raab. »Und dann sagen zwei Mädchen: ›Das Beste wäre, wenn Sie das verbieten. Die Jungs wollen das immer nachmachen. Und das tut echt weh.‹« Die Mädchen schilderten Abende, so erinnert sich Raab, an denen Alkohol konsumiert, ein Joint geraucht wurde, und dann sollte das, was man in den Pornovideos sah, nachgeahmt werden.

»Das ist eine falsche Entwicklung. Wenn man noch nicht geübt ist in der Sexualität, wenn alles neu ist, dann soll man gleich in der Gruppe das Härteste vom Harten nachahmen müssen, nur weil es frei im Netz verfügbar ist?«, fragt Raab. »Wenn mir andere entgegenhalten, dass das technisch und rechtlich schwierig zu regulieren sei und das Internet nicht zensiert werden dürfe, dann ist mir das argumentativ zu wenig. Wir können doch nicht unsere Werte und die Verantwortung gegenüber Kindern aufweichen, nur weil es ›technisch schwierig‹ ist.«

Es gibt wohl niemanden, der diesen Ansatz im Grundsatz infrage stellen würde. Technologie sollte von Menschen gestaltet werden, nicht andersherum. Aber es mussten schon einige Politiker:innen leidvoll erfahren, dass Überzeugungen und guter Wille nicht ausreichen, wenn es um die Regulierung von Internetdiensten geht. Die Erste, die das lernen musste, war Ursula von der Leyen in der Diskussion um die Netzsperren, Sichtwort »Zensursula«.

Die Ohnmacht der Regulierer hat drei miteinander verwobene Gründe. Der erste ist in der Tat ein technischer, denn das Internet ist im Kern ein technischer Standard, dass nämlich alle Geräte, die das IP-Protokoll sprechen, Teil des Internets werden können. Das Internet ist ein Netz verschiedenster Netzwerke, ohne Spitze und ohne Zentrum. Es ist dezentral, verschiedene Entitäten können teilnehmen, überall auf der Welt. Es bräuchte also einen Regulator, der einen Rahmen abstecken kann, in dem die Regulierung wirken soll. Das führt zum zweiten Grund: Das Internet ist global und damit umfassender als der Geltungsbereich jeder staatlichen Institution. Was ein deutscher Regulierer möchte, kann gegen den Willen anderer Staaten sein. Mit welchem Recht sollte Deutschland dann technische Standards zwangsweise umgestalten dürfen? Technische Offenheit und Globalisierung haben, drittens, einen riesigen Markt aus dem Internet gemacht, sodass dessen

Entwicklung maßgeblich von globalen Konzernen beeinflusst wird. Sie definieren zwar nicht direkt Standards, wirken durch Lobbygruppen aber an der technischen Weiterentwicklung mit, können sich die klügsten Köpfe leisten, prägen durch ihre Dienste das Nutzungsverhalten der Menschen und leiten damit Trends ein, wohin sich das Netz entwickelt. Wer im Netz erfolgreich regulieren will, braucht im Idealfall also eine Regulierungsbehörde mit supranationalem Geltungsbereich, muss technisch umsetzbare Vorschläge vorlegen und mächtigen Konzernen die Stirn bieten können.

Schauen wir, wer in Deutschland für Medienregulierung sowie den Kinder- und Jugendschutz federführend zuständig ist: die 16 Bundesländer, in Teilen der Bund. Manche Kompetenzen liegen bei der EU. Die Abgrenzung ist im Detail nicht immer klar, jeder Player möchte seinen Geltungsbereich ausweiten. Es müssen sich also 16 Bundesländer mit unterschiedlichen Landesregierungen koordinieren, sich dazu mit dem selbstbewussten Bund einig werden und gleichzeitig darauf achten, nicht in EU-Gefilden zu wildern. Theoretisch ist das möglich, praktisch auch, aber nicht so rasch, wie die Internetwirtschaft ihre Produkte auf den Markt bringt.

Heike Raab ist dennoch Verfechterin des Föderalismus. »Wir können und sollten uns das leisten. Koordinierung ist anstrengend, aber sie verhindert eine zentrale Propaganda im Medienbereich, wie es sie unter den Nazis gab.« Dass das per se langsam sei, will sie so nicht stehen lassen. »Es braucht seine Zeit, aber wenn ich nach Europa schaue oder zum Bund, dann sind wir in vielen Bereichen in den Ländern flotter.«

Das sei einmal dahingestellt. Unsere Analyse hat aber gezeigt: Um pädokriminelle Gefahren im Internet wirksam einzudämmen, ist Regulierung bisher viel zu langsam gewesen. In den Fachberatungsstellen, die mit betroffenen Kindern arbeiten, sind die Auswirkungen täglich zu spüren. »Es passiert etwas, aber es passiert so langsam. Es gibt eine große Diskrepanz zwischen dem Tempo der Regulierung und der Medienpädagogik einerseits und dem Nutzungsverhalten der Menschen auf der anderen Seite«, sagt Janna Helms von der Fachberatung Violetta in Hannover.

Was kann Regulierung leisten? Durchsetzungswillig zeigten sich Regulierer bisher im reaktiven Bereich, also beispielsweise bei der Bekämpfung von Hass und Hetze, auch die Verbreitung von Missbrauchsdarstellungen fällt darunter. Ich will nicht sagen, dass es in der Praxis schon zufriedenstellend läuft, aber es gibt immerhin Prozesse wie den der NCMEC-Meldungen, bei dem US-amerikanische Dienste ihre Systeme überprüfen, die Daten zum BKA nach Wiesbaden gehen und von dort bearbeitet werden.

Schwieriger ist Prävention. Kinder sollen in einem offenen und globalen Internet agieren können, dabei aber signifikant weniger Gefahrenquellen begegnen. Rein normativ formuliert geht es darum, dass Erwachsene ihre Schutzfunktion für Kinder auch im Internet umsetzen. Digital mündige Kinder sind ein Teil der Lösung, wie wir im folgenden Kapitel sehen werden. Aber Medienbildung allein wird nicht genügen. »Ich kann Kinder nicht befähigen, allein sicher durchs Netz zu kommen, wie es sich aktuell darstellt. Wir müssen gleichzeitig Schutzräume schaffen, in denen wir Risiken senken. Wir würden sonst im Digitalen die Fehler wiederholen, die wir jahrzehntelang im Analogen gemacht haben«, sagt Kerstin Claus, Missbrauchsbeauftragte der Bundesregierung.

Kinder- und Jugendschutz senkt Profite

Ich habe durch meine Recherchen der letzten Jahre die Überzeugung gewonnen, dass es gerade in den massenhaft genutzten Diensten Leitplanken geben müsste. Es wird nicht möglich sein, das Internet durchzuregulieren und nur noch Websites und Apps zu haben, die aus Sicht des Kinder- und Jugendschutzes wünschenswert sind. Einzelfälle werden sich nie verhindern lassen. Die Masse der Kinder ist aber nicht auf dubiosen, kleinen Webportalen, sondern im Social Web unterwegs. Pädokriminelle haben gerade Cybergrooming mittlerweile perfektioniert und generieren damit, wie wir gesehen haben, so unglaubliche Mengen an Missbrauchsdarstellungen, dass es im Kampf dagegen bessere Detektierungssysteme benötigt und mehr Anstrengungen der Unternehmen. Die Pläne des norwegischen Start-ups, die wir im Kapitel zu Cybergrooming kennengelernt haben, verdeutlichen den nötigen Ansatz: Wir brauchen intelligente Systeme und dazu menschliche Intelligenz, um reaktionsschnell zu werden.

Die Gründerin des Start-ups, Hege Tokerud, erklärt mir in einem Gespräch, dass Cybergrooming nicht das drängendste Thema für die Spieleindustrie und die sozialen Netzwerke darstelle. Diese arbeiteten bei ihren Diensten zunächst daran, das allgemeine Problem toxischer Diskurse in den Griff zu bekommen, Cybergrooming vorzubeugen habe da eine geringere Priorität. Tokerud argumentiert, dass Regierungen klare Vorschriften erlassen sollten, welche die Branche dazu zwängen, neue Präventivtechnologien einzusetzen und Cybergrooming zu stoppen.

Diese Aussage überrascht nicht, würde eine staatliche Pflicht doch die Verkaufschancen ihres Produkts steigern. Aber vieles spricht dafür, dass sie recht hat. Anbieter von Onlineanwendungen sind Unternehmen, die Entwicklungskosten haben und Profite machen müssen. Letzteres ist nicht verwerflich, es fördert Innovation. Wenn wir aber erkennbar ein großes Problem mit Cybergrooming haben, sollten Firmen, die hohe Gewinne mit dem Onlinenutzungsverhalten von Kindern machen, insbesondere Onlinegames, dazu verpflichtet werden können, proaktiv nach Missbrauch zu suchen. Es wäre naiv, dafür allein auf eine Selbstverpflichtung der Industrie zu setzen. Man denke nur an die kryptischen Hashtags, mit denen sich Pädokriminelle seit Jahren vor unser aller Augen offen auf Social Media vernetzen können – ohne dass die großen Plattformen ausreichend eingreifen. Es gibt Bereiche der Internetregulierung, aus denen sich der Staat besser heraushält, beispielsweise bei genuin technischen Standards. Aber notwendige und technisch umsetzbare Kinder- und Jugendschutzmaßnahmen, die Firmen nur etwas kosten und ihnen Arbeit machen, müssen Pflicht werden, um flächendeckend eingeführt zu werden.

Die politisch Handelnden haben in der Vergangenheit zu häufig den Fehler gemacht, solche normativ getriebenen Ideen in einer radikalen Weise zu fordern und sich nicht um die technische Umsetzbarkeit zu scheren. Die Diskussion um die Chatkontrolle ist dafür ein anschauliches Beispiel. Detektierungssysteme werden von der zuständigen EU-Kommissarin (erst mal) nicht nur für die Bereiche gefordert, in denen erkennbar die Probleme liegen, sondern für sämtliche Individualkommunikation und ohne Rücksicht darauf, dass damit das Ende der so wichtigen Ende-zu-Ende-Verschlüsselung eingeläutet würde. Im EU-Vorschlag steht nur, dass die Anbieter dafür »Technologie« einsetzen sollen. Logisch, dass sich gegen solch eine massenhafte Überwachung sämtlicher Kommunikation durch den Staat eine breite Front von Menschen formiert, denen das zu weit geht.

Auf der Gegenseite werden Schlagworte wie »Chatkontrolle«, »Appstore-Zensur« und »Grundrechtsterrorismus« kreiert[1], sodass wir wieder beim typischen Dilemma Datenschutz versus Kinderschutz angelangt sind. Man mag das, was der EU-Politiker Patrick Breyer mit diesen Begriffen in der zitierten Mitteilung macht, als politische Zuspitzung legitimieren. Ich bin jedoch davon überzeugt, dass sich auch diejenigen, die seit Jahren für ein möglichst freies Internet und Datenschutz einstehen, argumentativ weiterentwickeln müssen. Es wird in Zukunft nicht mehr genügen, vor Zensur und Totalüberwachung zu warnen, um damit politische Vorschläge abzubügeln, damit alles so bleibt, wie es ist.

Nicht auf die Industrie warten

Die Internetwirtschaft und ihre Lobbyist:innen springen gern auf den Zug auf, ein freies Netz verteidigen zu wollen und den Wert der Anonymität für die Nutzer:innen herauszustellen, denen sie sich (angeblich) verpflichtet fühlen. Gerade bei den Angeboten der Big Tech ist das blanker Hohn: Sie entwickeln ihre Produkte mit der Maxime, dass Menschen dort so lange wie möglich bleiben, dass das Netz also zwar technisch dezentral sein mag, es aber zu Konzentrationstendenzen kommt und sich die Onlinezeit der Menschen auf nur wenige Dienste verteilt. Sie sammeln invasiv Daten und wollen aus meiner Sicht die Anonymität der Nutzer:innen eben gerade nicht schützen, sondern möglichst viel über sie erfahren.

Im Streit »Datenschutz versus Kinderschutz« mischen auch Vertreter:innen der Internetwirtschaft kräftig mit. Die jahrelangen Diskussionen sind Zeiträume, in denen nichts passiert. Ich spreche hierüber mit dem IT-Branchenverband Bitkom. Netzsperren für illegale Websites – Stichwort: »Zensursula« –

halte man nicht für zielführend, selbst wenn bei »Löschen statt Sperren« manche Inhalte nicht entfernt werden könnten. »Wir haben da aber auch nicht die Antwort auf dem Tisch«, sagt Nick Kriegeskotte, Leiter Infrastruktur und Regulierung beim Bitkom. Es brauche dafür supranationale Regulierungsansätze, nach Möglichkeit »auf Ebene der Vereinten Nationen«. Die UN sind jedoch kein Gremium für konkrete Internetregulierung, das ist angesichts der Schwerfälligkeit dieser Institution und der Dynamik des Internets auch gut so. Für die Industrie ist das natürlich ein schöner Trick: Etwas zu fordern, das theoretisch richtig ist, aber unrealistisch, sorgt für Zeitgewinn. »Regulierung ist im Bereich Jugendschutz absolut notwendig, es muss nur technisch umsetzbar sein und möglichst auf EU-Ebene geschehen. Eine einheitliche Rechtsgrundlage ist für Unternehmen immer wünschenswert«, sagt Kriegeskotte. Die Vielstimmigkeit der Regulierung, die Abstimmungsbedarfe zwischen Bundesländern, dem Bund und anderen EU-Staaten macht sich die Internetwirtschaft meiner Meinung nach seit Jahren zunutze.

Wie wenig von den Unternehmen selbst zu erwarten ist, lässt sich am Verband der deutschen Gamesbranche namens Game ablesen. Als ich im Februar 2023 auf die Website des Verbands gehe und nach »Grooming« suche, findet sich kein einziger Treffer: kein Infomaterial, keine Pressemitteilung, keine Studie. Meine Nachfrage dazu beantwortet die Pressestelle für mein Dafürhalten eher ausweichend, weil sie auf meine konkreten Fragen eher allgemeine Aussagen macht. Demnach sei Kinder- und Jugendschutz für die Gamesbranche »seit Jahren ein sehr wichtiges Thema«, für das man sich stark engagiere. Es gebe beispielsweise »weitreichende Jugendschutz-Vorkehrungen und Informationen« zu Themen wie In-Game-Käufen und »technische Maßnahmen in den Spielen«.

Entscheidend sei ein »gutes Zusammenspiel von Unternehmen, Politik und Behörden und Eltern«. Daten zur Häufigkeit von Cybergrooming in den Produkten der Unternehmen, die Game vertritt, hat der Verband nach eigener Aussage nicht.

Für mich lehrt all das für die Regulierungsdiskussion vor allem: Es bringt nichts, eine technisch partout nicht umsetzbare Regulierung zu fordern, weshalb für erfolgreiche politische Steuerung das Gespräch mit der Branche wichtig ist. Und da Kinder- und Jugendschutz sowie der Kampf gegen Cybergrooming für Wirtschaftsunternehmen ein Kostenpunkt ist, sollten wir nicht glauben, dass sie das Thema von sich aus in Angriff nehmen.

Gretchenfrage Altersverifikation

Der aus meiner Sicht zentrale Punkt beim Kinderschutz im Internet ist die Altersverifikation. Es geht also darum, dass kindergefährdende Inhalte im Internet nicht von Kindern erreicht und konsumiert werden können. So weit, so einfach. Das ist rechtlich eine Binsenweisheit, und schon längst ist es beispielsweise Anbietern von Pornoseiten untersagt, ihre Angebote Personen unter 18 Jahren zugänglich zu machen. Wer sich nicht daran hält, verstößt gegen § 184 des Strafgesetzbuches.

Dieser Grundsatz könnte weitergetrieben werden: Wenn etwa bekannt ist, dass hinter einem Instagram-Account ein Kind von zum Beispiel unter zehn Jahren steckt, kann dieser Account nur mit anderen U-10-Accounts via Chat kommunizieren, sieht keine verstörenden Inhalte und hat ein bestimmtes Zeitkontingent pro Tag, in dem die Nutzung möglich wäre.

Die Gretchenfrage lautet: Wie soll das denn praktisch gehen? Es bedürfte eines Umdenkens aufseiten der Anbieter, sie müssten stärker als bisher ihre Inhalte vorklassifizieren. Die großen Anbieter dürften dafür wohl leistungsfähige künstliche Intelligenzen entwickeln können, mit deren Hilfe zumindest eine breite Masse an kinder- und jugendgefährdenden Angeboten herausgefiltert werden würde. Aber auch die andere Seite müsste sich bewegen: Jede:r (!) Internetnutzer:in müsste sich verifizieren lassen, denn es würde ja nicht genügen, nur den Jüngeren einen »Kinderstempel« zu verpassen. Damit wird auch dieses Thema zu einem, das bürgerliche Freiheiten und die Anonymität im Internet tangiert, denn wir müssten uns irgendwie als wir ausgewiesen haben, bevor wir bestimmte Angebote nutzen könnten. Das dürfte tendenziell einen einschüchternden Effekt haben, denn das Internet besticht ja auch dadurch, dass keiner mitbekommt, welche Pornos man sich am liebsten ansieht, welche peinlichen Fragen wir bei Google eintippen, für welche Krankheitsbilder wir uns interessieren oder zu welchen Themen ich als Journalist recherchiere.

Wir stehen dabei längst nicht bei null. Nach deutschem Recht muss jedes Webangebot mit Waren ohne sogenannte Jugendfreigabe sicherstellen, dass die Inhalte nicht an Kinder oder Jugendliche geliefert werden. Es gibt Drittanbieter, die mithilfe eines Altersnachweissystems eine Altersprüfung durchführen. Das ist für User:innen komfortabel, weil ich mein Alter nur einmal verifizieren lassen muss, um dann diverse Angebote nutzen zu können. Es ist aber auch datensparsam, weil im besten Fall an einzelne Angebote auf die entscheidende Frage, ob die Person eine bestimmte Altersgrenze überschreitet oder nicht, nur die Antwort »Ja« oder »Nein« übermittelt wird.

Aus meiner Sicht sollten bei dieser emotional geführten Debatte alle Seiten argumentativ abrüsten. Weil es um ein Grundrecht geht, nämlich die anonyme Nutzung des Internets, verbieten sich politische Forderungen, mehr als die absolut notwendigen Daten bereitzustellen. Die Quadratur des Kreises, nämlich die Authentifizierung ohne personenidentifizierende Angaben, ist durch technische Fortschritte in den vergangenen Jahren greifbarer geworden. In der Kryptografie gibt es den Forschungsstrang des Null-Wissen-Beweises, besser bekannt unter Zero-Knowledge-Proof. Mit diesen Verfahren kann eine Person mit hoher Wahrscheinlichkeit nachweisen, dass sie ein Geheimnis weiß, ohne das Geheimnis zu verraten. Es ginge im Fall der Altersverifikation also um Verfahren, mit denen Personen nachweisen können, dass sie ein bestimmtes Alter erreicht haben, ohne irgendetwas über ihre Identität preisgeben zu müssen. Nicht einmal der Umstand, dass sich die Person irgendwo verifiziert hat, wäre jemandem bekannt, außer ihr selbst natürlich. Bei der Gretchenfrage täte die Datenschutzcommunity aus meiner Sicht gut daran, sich mit ihrer (technischen) Fachkenntnis in die Diskussion einzubringen und deutlich zu machen, dass Altersverifikation nicht zwingend das Ende der Anonymität im Internet sein muss. Dies ist vielversprechender als eine völlige Blockade der Forderungen, denn nicht zuletzt aufgrund der massiv gestiegenen Gefahren durch Pädokriminelle ist es für mich nur eine Frage der Zeit, bis die Pflicht zur Altersverifikation um sich greifen wird.

Das Undenkbare denken lernen

Wie Eltern ein Umfeld schaffen, in dem Taten unwahrscheinlicher werden

Vor der Lektüre dieses Buches werden Sie vielleicht gedacht haben, dass der beste Schutz vor pädokriminellen Gefahren eine digitale Medienbildung ist. Dieser populäre Vorschlag leuchtet ein und ist sicherlich ein Teil der Lösung. Wenn das Internet eine größere Angriffsfläche bietet, dann müssen die Jüngsten unserer Gesellschaft eben befähigt werden, sicher im Netz unterwegs zu sein. Darauf gehen wir im nächsten Kapitel ausführlich ein.

Fragt man aber Fachleute, die regelmäßig mit Betroffenen von sexualisierter Gewalt arbeiten und Prävention betreiben, dann liegt der Schlüssel in der sozialen Kompetenz der Erwachsenen, Gefahrenanzeichen zu erkennen – und Kinder zu befähigen, sich in ihrer Art und Weise mitzuteilen. Ersteres hat wenig mit Glück und Bauchgefühl zu tun, sondern mit einem kritischen Blick auf das Umfeld, von dem, wie wir bereits gesehen haben, die statistisch größte Gefahr ausgeht, und der Grundhaltung, sexualisierte Gewalt an Kindern – am eigenen Kind! – für möglich zu halten.

Es hat seinen Grund, dass die statistisch größte Gefahr eindeutig nicht vom impulsgetriebenen Täter ausgeht, der den Kindern abends im Park auflauert, sondern vom eigenen sozialen Umfeld. Täter:innen im Nahfeld nutzen Vertrauensbeziehungen aus, überschreiten Grenzen und manipulieren das Umfeld des Kindes so, dass es trotzdem unentdeckt bleibt. Es geht nicht darum, Kinder aus Angst nicht mehr in den Kindergarten zu schicken oder nur noch unter Aufsicht zu Bekannten zu schicken. Es geht darum, Übergriffe für möglich zu halten und offen zu sein für Alarmsignale, die es in fast jedem Fall irgendwann gibt.

Die Schwierigkeit liegt darin, dass es kaum eindeutige, handfeste Indikatoren gibt. Zu diesen zählen allenfalls Verletzungen im Intimbereich, Geschlechtskrankheiten bei Kindern oder Schwangerschaften bei vorpubertären Mädchen. Das wäre eine »Red Flag«, setzt aber immer einen Fehler der Täter:innen voraus. Da gerade »Hands-on«-Übergriffe im Kreislauf des Missbrauchs lange geplant werden und Täter:innen meist vorsichtig vorgehen, sind diese klaren Indikatoren selten. Umso wichtiger ist es daher, dass Eltern, Erziehungsberechtigte und andere Personen, die regelmäßig mit Kindern zu tun haben, im Sinne des Threat-Modeling-Ansatzes ihr Umfeld kontinuierlich abscannen, das Undenkbare immer wieder denken und Indizien ernst nehmen.

Dabei hilft es, sich stets aufs Neue den Kreislauf des Missbrauchs vor Augen zu führen, den wir im Kapitel über das soziale Nahfeld kennengelernt haben. Zur Erinnerung hier eine Kurzform: Pädokriminelle stellen eine soziale Basis zu den Betroffenen her, manipulieren das Umfeld, isolieren die Betroffenen, planen die Übergriffe, testen Grenzen aus und steigern dann die »Qualität« der sexualisierten Gewaltakte, um sie anschließend zu bagatellisieren und den Betroffenen eine Mitschuld zu geben. So zumindest der aus Täter:innen-Perspektive idealtypische Verlauf, der allzu oft erfolgreich ist. In diesem Buch sind einige Fälle genannt worden, an denen die Methodik deutlich wurde. Kommt diese Typik, diese Fallkonstellation auch im eigenen Umfeld vor? Viele der Phasen im Missbrauchskreislauf passieren nicht im luftleeren Raum, sondern unter direkter Einbindung von Kindern und Eltern. »Es gibt keine Verhaltensänderungen, die eindeutig auf sexuellen Missbrauch hindeuten«, sagt Julia von Weiler von Innocence in Danger. »Aber es gibt einzelne Indikatoren, die darauf zurückzuführen sein könnten.«

Kinder kommunizieren auf ihre Weise

Täter:innen setzen darauf, dass die Taten geheim bleiben und die Machtasymmetrie zwischen ihnen und den Betroffenen dafür sorgt, dass das Schweigegelübde hält. Aber Kinder teilen sich teilweise doch irgendwie mit, sei es verbal oder nonverbal. Kommunikation kann über eine Verhaltensänderung erfolgen: Wie verhielt sich das Kind bisher? Was verändert sich gerade? Wie verändert es sich in Bezug auf bestimmte Situationen, auf bestimmte Personen?

Rückschritte in der Entwicklung des Kindes können Anzeichen sein. War das Kind beispielsweise schon lange trocken und nässt plötzlich nachts wieder ein, oder entwickelt es sich auf einer kognitiven, sprachlichen Ebene nicht mehr angemessen weiter? »Das sind Faktoren, die nie singulär zu betrachten sind. Sie können auf zahlreiche Belastungen eines Kindes hinweisen. Wiederum geht es eher um eine Haltung: Es für möglich halten, dass auch sexualisierte Gewalt dafür ursächlich sein könnte«, sagt Kristina Straßburger in unserem Gespräch und nennt mir eine interessante Statistik: Im Schnitt muss sich ein Kind bei sexualisierter Gewalt etwa sechsmal mitteilen, bis Erwachsene – meistens die Eltern – ihm glauben und eingreifen. »Wir denken immer, dass Kinder schweigen«, so Straßburger. »Aber sie teilen sich mit. Sie sagen nur nicht: ›Ich wurde von Onkel Peter vergewaltigt.‹ Denn sie kennen das Wort Vergewaltigung gar nicht. Aber wenn es Andeutungen gibt, die in Richtung sexualisierter Gewalt zielen könnten, sollte man einem Kind keine blühende Fantasie attestieren, sondern zuhören.«

Man erschwert es Täter:innen, rund um das Thema Sexualität Geheimnisse aufzubauen, wenn es für die Kinder gar kein geheimes Thema ist. Das fängt schon bei den Begriffen an. Wenn Jungs immer nur einen »Pippimann« haben und Mädchen eine »Mumu«, werden Geschlechtsteile und Sexualität mystifiziert und zu etwas, worüber Kinder mit ihren Eltern (noch) nicht reden (dürfen). Eine Lücke, die Täter:innen füllen können, indem sie die Neugierde der Kinder wecken, Gespräche sexualisieren und Übergriffe als Abenteuer inszenieren. Expert:innen raten daher, auf verniedlichende Begriffe rund um Geschlechtsorgane und Sexualität zu verzichten und von Beginn an ganz normal darüber zu reden, also beispielsweise Penis und Vagina zu sagen. Kinder sollten auch frühzeitig erfahren, dass es so etwas wie sexualisierte Gewalt gegen Kinder gibt. Dafür müssen Sie einem Fünfjährigen natürlich nicht erzählen, dass es ein Darknet gibt, in dem Millionen von Fotos getauscht werden. Kinder sollten nicht vom Thema verstört werden. Aber Eltern sollten ihren Kindern frühzeitig in der jeweils altersgerechten Sprache beibringen, dass es Erwachsene gibt, die Kinder zum Beispiel gegen ihren Willen küssen, sie am Körper und vielleicht sogar an Penis oder Scheide berühren (wollen), ganz viele Komplimente zu ihrem Körper und Aussehen machen oder ihnen Nacktbilder oder Sexfilme schicken. »Entscheidend ist, dass das keine Eintagsfliege bleibt, sondern immer mal wieder thematisiert wird. Kinder lernen mit Wiederholungen, sowohl kognitiv als auch emotional«, sagt Julia von Weiler. »Der Umstand, dass es das gibt, sollte dann von den Eltern mit Handlungsmöglichkeiten verknüpft werden: Nein sagen, mit Vertrauenspersonen darüber sprechen, Hilfe holen.«

Es kann sein, dass sich Kinder mit solchen Erlebnissen ihren Eltern anvertrauen, häufiger aber sprechen sie mit ihren

Peers darüber, wie mir Janna Helms von der Fachberatungsstelle Violetta in Hannover erzählt. Es braucht also wiederum eine Wachsamkeit für Hinweise des Kindes im Umfeld. Wenn das eigene Kind etwas von der besten Freundin oder dem besten Freund erzählt, das Hinweise auf sexualisierte Gewalt beinhaltet, können sich auch hier Fenster zur Intervention ergeben. Während der Missbrauchsfälle von Flachslanden Anfang der 1990er-Jahre habe eine Fünfjährige mal zu einer Nachbarin gesagt, sie lerne jetzt »bumsen«.

Eltern und andere Erziehende stehen insofern in einem Wettstreit mit den Täter:innen. Die einen wollen das Kind darin bestärken, unschöne und schlimme Ereignisse immer direkt zu erzählen, die anderen bagatellisieren diese Ereignisse und machen sie zu einem Geheimnis, dessen Einhaltung belohnt und dessen Verrat bestraft wird. Eltern tun gut daran, ihrem Kind kontinuierlich zu vermitteln, dass sein eigener Wille zählt, dass Ehrlichkeit belohnt wird und seine Fehler nicht automatisch zu einer Bestrafung führen.

Hilfreiche Botschaften sind »Mein Körper gehört mir« sowie die Unterscheidung von guten und schlechten Geheimnissen. Damit kann und sollte schon im Kita-Alter angefangen werden. Hinter den Botschaften sollte aber eine Haltung stecken – das, was vermittelt wird, muss auch gelebt werden. »Es bringt wenig, wenn wir Kinder bitten, sich uns anzuvertrauen, sie dann aber als Petze bezeichnen«, sagt Janna Helms.

Kristina Straßburger führt in Bezug auf den Respekt vor dem Körper des Kindes das Beispiel vom Besuch der Großeltern an. Die Höflichkeit gebiete es, dass sich das Kind von Verwandten herzen lässt, vielleicht fordern sie auch ein Bussi auf die Wange ein. Und wenn das Kind das nicht will? »Wir sollten ein Kind nie zu Körperlichkeiten drängen, wenn dessen Bauchgefühl Nein sagt. Denn wie soll das Kind unterscheiden lernen, dass es das Bussi von Oma aushalten muss, das von Onkel Peter aber hätte abwehren sollen?«, sagt Kristina Straßburger. Dass wir damit unsere Kinder zu eigensinnigen, dickköpfigen Menschen erziehen, denen soziale Konventionen egal sind, lassen die Expertinnen nicht gelten. Kristina Straßburger kontert: »Was hat es denn mit einem liebevollen Umgang in der Familie zu tun, wenn Kinder gegen ihren Willen Küsse verteilen sollen?« Natürlich bleibt es die Aufgabe von Eltern, Grenzen zu setzen, diese zu erklären und Kindern nicht jeden Mist durchgehen zu lassen. Das geht aber auch mit der Grundhaltung, Fehler nicht mit übermäßigen Sanktionen zu ahnden. Ein Kind sollte stets wissen, dass das Gestehen eines Fehlers geringere Konsequenzen hat als das Verschweigen – denn Täter:innen wollen wiederum genau das Gegenteil erreichen.

Umkehr der Schuld vermeiden

Dass Kinder sich immer, egal in welchem Stadium, ihren Eltern oder einer anderen Bezugsperson anvertrauen können, gehört zu den Schlüsseln in der Prävention von Missbrauch. Interessant war in dieser Hinsicht, dass auch der norwegische Informatik-Professor Patrick Bours dies als wichtigsten Punkt im Schutz von Kindern vor Cybergrooming einschätzt. Seine Kolleg:innen und er entwickeln eine künstliche Intelligenz gegen Grooming in Chats von Spielen, doch das Vertrauensverhältnis der Kinder zu Bezugspersonen sei die Basis jedes Schutzkonzeptes.

Mit jeder Möglichkeit, bei der Kinder geschwiegen haben, steigt in ihren eigenen Augen ihre Mitschuld an den Taten. Wenn ihre Eltern fragen, ob alles okay ist, und sie »Ja« sagen, statt von dem Schlimmen zu erzählen, das ihnen widerfahren ist, tun sie nicht das, was von ihnen erwartet wird, nämlich die Wahrheit zu sagen. Täter:innen stoßen, wie wir gelernt haben, in diese Lücke. Sie machen sich selbst zum Opfer, denn das Kind hätte ja nur etwas sagen müssen, dann hätte alles aufgehört. Dass es weiterging, ist dann also im Handumdrehen die Schuld des Kindes.

All diese Täter:innen-Strategien wirken im Netz meist genauso wie im analogen Umgang. Schickt ein Mädchen beispielsweise einem Mann ein Foto von sich und wird dann damit unter Druck gesetzt, um noch mehr Fotos zu schicken, wirken Machtasymmetrie und Schuldumkehr gleichermaßen. Wiederum kommt es dann, wie mir Janna Helms von der Beratungsstelle Violetta anhand dieses Beispiels erklärt, auf die Reaktion des Umfelds an. »O nein, wieso hast du das denn auch gemacht! Du weißt doch, dass du genau das nicht machen sollst«, ist eine andere Antwort als: »Der Typ hat richtig Mist gebaut und Grenzen verletzt.« Das mögen banal klingende Beispiele sein, aber Janna Helms weiß aus ihrer Beratungspraxis, dass solche Kleinigkeiten einen Unterschied machen. »Es kommt stark darauf an, wie Betroffene die Reaktion ihres Umfelds antizipieren: Wird ihnen geglaubt werden oder nicht? Werden sie zu Schuldigen erklärt, oder wird ihnen geholfen?«

Das gilt primär für Gespräche innerhalb der Familie, zieht sich jedoch durch alle gesellschaftlichen Bereiche. Auch vor Gericht wird Kindern noch immer nicht durchgängig geglaubt. »Im Prozess ist ein Kind Zeug:in und Beweismittel zugleich. Das ist ein natürlicher Spannungspunkt, in den Verteidigungsstrategien der mutmaßlichen Täter:innen reinstechen. Wenn das Kind dann noch spürt, dass auch das eigene Umfeld an seiner Glaubwürdigkeit zweifelt, halten viele Betroffene das nicht durch«, sagt Julia von Weiler von Innocence in Danger. Kinderschutzorganisationen fordern daher seit Jahren unisono kindgerechte Vernehmungen vor Gericht und verpflichtende Fortbildungen für Richter:innen.

Strukturdynamiken verändern

Die Digitalisierung verbreitete sich in einer Gesellschaft, in der über Jahrtausende sexueller Missbrauch von Kindern praktiziert worden war, und bis heute herrschen Verhaltensstrukturen, die pädokriminelle Taten eher begünstigen als erschweren.

Strukturen sind nie gegeben, sie können durch soziale Praxis verändert werden. Das sind zähe, langwierige Prozesse, aber es ist machbar. Kinder selbstbestimmter gegenüber ihrem eigenen Körper zu machen, aufgeklärter in puncto Sexualität und sie darin zu bestärken, über negative Erfahrungen zu reden, sind Schlüsselkomponenten, die Pädokriminelle nicht gern sehen. Diese fürchten nicht primär die Höhe einer drohenden Strafe, sondern die Gefahr, entdeckt zu werden. Sie studieren und manipulieren das Umfeld nicht nur, um an ihr Ziel zu gelangen, sondern auch, um die Wahrscheinlichkeit zu verringern, dass sie auffliegen. Sie zu entdecken ist die Aufgabe von Strafverfolgungsbehörden, aber auch von Eltern und anderen Erziehenden.

Es kann daher durchaus sinnvoll sein, das eigene Bewusstsein um die Gefahren von sexualisierter Gewalt im eigenen Umfeld proaktiv zu zeigen. Wir haben gesehen: Ein Kernkriterium von Macht ist es, Machtpotenziale immer wieder anzudeuten, sodass andere sie antizipieren. Auch diese Technik der Täter:innen können sich Eltern zunutze machen und den Spieß umdrehen: Sie zeigen mit ihrem Verhalten Macht gegenüber denen, die nicht auffliegen möchten. Wer als Eltern selbstbewusst agiert und in seinem Verhalten zeigt, dass das

Undenkbare mitgedacht wird, verunsichert Täter:innen ungemein: »Ahnen die was?« Eine solche Taktik des Kommunizierens über sexualisierte Gewalt sei auch deshalb sinnvoll, weil Kinder für Täter:innen meist austauschbar sind, wie Kriminologin Kristina Straßburger erklärt.

Was auf der individuellen Ebene zu einem risikoärmeren Umfeld führt, gilt ebenso auf institutioneller. Schutzkonzepte gegen sexuellen Kindesmissbrauch werden eben deswegen ausgerollt, weil es bestimmte Risiko-Umfelder gibt, in denen die Wahrscheinlichkeit, dass Täter:innen zum Erfolg kommen, signifikant erhöht ist. Erfolg heißt in diesem Fall: Zugriff aufs Kind und ein Agieren im Verborgenen. Leider sind diese Schutzkonzepte noch kaum verbreitet, obwohl sie in einigen Bundesländern für Schulen schon rechtlich vorgeschrieben sind. Dass sich so wenig tut, liegt auch daran, dass sie kaum einer kennt und der »Druck von unten« nicht spürbar ist. Kerstin Claus, Missbrauchsbeauftragte der Bundesregierung, wünscht sich daher, dass so viele Eltern wie möglich in Kitas, Schulen oder Sportvereinen nachfragen. »Ich verstehe durchaus, dass das unangenehm ist. Im aktuellen Klima klingt eine Nachfrage immer wie eine versteckte Anklage oder Vorverdächtigung, und man ist froh, überhaupt irgendwo einen Kitaplatz zu bekommen. Dabei müsste es umgekehrt sein: Institutionen selbst müssten erkennen, dass Schutzkonzepte ein Gütesiegel darstellen, auf das auch Eltern zunehmend schauen. Damit sich künftig die Institutionen, die kein Schutzkonzept haben, rechtfertigen müssen.«

Das Nahfeld ist digital geworden

Die skizzierten Strategien für die Kindeserziehung und das Alltagsleben stützen sich auf Fälle, in denen Täter:innen physischen Kontakt zum Kind haben. Dort wird der Kreislauf des Missbrauchs in Reinform sichtbar, und dort liegen die sozialen Interventionsmöglichkeiten besonders klar vor Augen. Unsere Analyse hat jedoch gezeigt, dass das Nahfeld digital ausgeweitet worden ist. Sei es durch das Smartphone, mit dessen Hilfe Kommunikations- und Machtbeziehungen gefestigt werden, sei es durch Cybergrooming in Onlinegames oder den Klau von Fotos.

Im Grundsatz gelten die für die analoge Welt genannten Empfehlungen ebenso für die digitale. Dazu gehört im Bereich des Cybergroomings beispielsweise, dass Eltern sich einen Eindruck verschaffen, was ihre Kinder da tagtäglich online spielen, wie es dort zugeht und was die Kinder daran so fasziniert. Es empfiehlt sich, einfach mal mit den Kindern mitzuspielen und ihre Games von innen kennenzulernen. Damit etabliert man zugleich Gesprächsthemen, die für die Kinder interessant sind. »Wenn es immer nur darum geht, dass das Spiel nicht gut ist und das Kind es zu viel spiele, dann ist das für beide Seiten kein angenehmes Thema«, sagt Janna Helms von der Beratungsstelle Violetta. Das Interesse sollte echt sein und nicht nur dahinterliegende Kontrollwünsche kaschieren, sonst könnten Eltern das Autonomiebestreben ihres Kindes bestärken. Wollen Kinder allein spielen und die Games zu einem Bereich erklären, in dem sie ganz für sich sind, haben Eltern andere Möglichkeiten, sich über das Spiel zu informieren. Zu allen größeren Games gibt es im Internet »Let's Play«-Videos, in denen man anderen beim Spielen zuschauen kann. Auch in Onlineforen wird häufig sehr detailliert über Spiele informiert, teilweise tauschen sich dort auch Eltern untereinander über ihre Erfahrungen mit Spielen aus.

Eine weitere wichtige Anti-Grooming-Strategie ist, dass Kinder lernen, Nein sagen zu dürfen und Konversationen abzubrechen. »Aus Studien wissen wir, dass einige Täter:innen sehr schnell zum Punkt kommen und nach wenigen Nachrichten nach Fotos fragen. Insbesondere jüngeren Kindern kann es in solchen Situationen an Selbstschutzstrategien fehlen, sodass sie gehemmt sind, das Chatfenster einfach kommentarlos zu schließen«, sagt Jasmin Wahl von jugendschutz.net.

Kinder sollten daher wichtige Indikatoren kennen, mit denen sich Cybergrooming ankündigen kann. Dazu zählt zum Beispiel, dass sich das Gegenüber auffällig stark für die Interessen und Sorgen des Kindes interessiert, viel über Aussehen und Körper chatten möchte oder das Thema in Richtung Sex und Erfahrungen damit dreht.

Es sind allesamt Strategien, die im Kreislauf des Missbrauchs seit jeher vorkommen. Für Eltern hat diese Einsicht vielleicht sogar etwas Ermutigendes: Zwar ist beispielsweise die Gamingsphäre für viele Erwachsene weit weg, aber wer verstanden hat, wie Pädokriminelle »ticken«, kann Kindern mit diesem Wissen helfen, sich vor ihnen zu schützen – egal ob im Netz oder im echten Leben.

Digitale Selbstverteidigung gegen Pädokriminelle
Technische Tipps und Tricks für den Alltag

Technologie allein wird nicht helfen, um pädokriminelle Gefahren im Netz einzudämmen – weder auf staatlicher Ebene noch auf der individuellen. Andererseits kann der richtige Umgang mit Technologie die Risiken senken. Es braucht eine digitale Mündigkeit der Kinder, der Eltern und der sonstigen Erziehenden gleichermaßen.

Bei digitaler Medienbildung hat Deutschland insgesamt noch gehörigen Aufholbedarf. Personen von Fachberatungsstellen berichteten mir davon immer wieder aus ihrer Praxis. »Wenn du in einem ländlichen Bundesland wie Brandenburg zur Schule gehst, ist es purer Zufall, ob du etwas über sexualisierte Gewalt im Internet erfährst. Das hängt vor allem vom Engagement der Lehrer:innen ab«, sagt Lukas Weber vom Verein HILFE-FÜR-JUNGS. Auch andernorts ist es oft nicht besser. Eine repräsentative Erhebung[1] der Deutschen Telekom Stiftung kam 2021 zu dem ernüchternden Ergebnis, dass nur knapp über die Hälfte der Lehrkräfte die Internetausstattung an ihrer Schule für ausreichend erachtete. Und nur etwa 70 Prozent der Lehrer:innen gaben an, im Unterricht digitale Kompetenzen ihrer Schüler:innen zu fördern in puncto Glaubwürdigkeit und Nützlichkeit von Informationen.

Zu häufig stehen Erwachsene noch ehrfürchtig neben (ihren) Kindern und sind beeindruckt, wie rasch diese den Umgang mit Smartphones, PCs, Games und Chat-Apps lernen. Ein gefährlicher Trugschluss, wie Janna Helms von der Fachberatungsstelle Violetta sagt: »Es gibt neben der reinen technischen Nutzung ja noch die soziale Dimension der Technologie, die Kinder und Jugendliche noch nicht vollends übersehen können. Da sind Erwachsene dann gefordert: Sie mögen vielleicht nicht jedes Feature von Instagram und TikTok kennen, aber sie sollten aufklären, welche Risiken den Chancen im konkreten Fall gegenüberstehen.«

Ab wann ein Smartphone?

Eine Gretchenfrage ist, in welchem Alter Kinder ihr erstes eigenes Smartphone erhalten sollten. Der Trend geht dahin, dass es immer früher so weit ist. 2019 ergab eine repräsentative Umfrage[2] des IT-Branchenverbands Bitkom, dass drei Viertel der Zehnjährigen ein eigenes Smartphone besitzen. Die Empfehlung von Fachleuten ist eine andere. Der Verein Innocence in Danger empfiehlt, dass Kinder ab der weiterführenden Schule ein eigenes Smartphone besitzen sollten, allerdings nicht vor dem zwölften Lebensjahr – besser sogar erst ab 14. Der soziale Druck ist in vielen Fällen hoch, dem Drängen des Kindes schon früher nachzugeben. Julia von Weiler von Innocence in Danger ist daher weit davon entfernt, die Empfehlung ihres Vereins dogmatisch durchsetzen zu wollen. »Wenn Eltern ihrem sechsjährigen Kind ein Smartphone geben möchten, werde ich ihnen das nicht auf Gedeih und Verderb ausreden. Aber ich werde ihnen erklären, was sie alles im Blick behalten müssen und dass sie als Eltern die Verantwortung dafür tragen, wenn etwas schiefgeht – nicht das Kind«, sagt sie. Wenn Eltern argumentieren, das Kind brauche ein Smartphone, um mit den Eltern in Kontakt stehen zu können, ist zu fragen: Reicht dafür nicht ein einfaches Handy ohne Internet?

Falls Kinder ein Smartphone in die Hand bekommen – sei es ein eigenes oder das der Eltern –, empfiehlt es sich, einen eigenen Kindermodus aufzusetzen. Die wichtigsten Fragen dabei sind, auf welche Apps zugegriffen werden darf und wie lange sie jeweils genutzt werden dürfen. Er sollte aber auch Regeln für den Umgang mit Downloads oder mit persönlichen Daten beinhalten, etwa, dass die Kinder in Spielen nie ihren echten Namen und ihr Alter mitteilen. Im Internet gibt es diverse Vorlagen für einen solchen »Mediennutzungsvertrag«. Der Vertrag sollte »ausgehandelt«, also intensiv besprochen werden und neben den Kindern auch die Eltern in die Pflicht nehmen, zum Beispiel in der Form, dass Eltern Spiele nicht einfach abrupt schließen dürfen, sondern ihre Kinder ein »Recht auf Speichern« haben, um beim nächsten Mal dort weitermachen zu können, wo sie aufgehört haben.

»Wie mit Regeln umgegangen wird, ist entscheidend: Wenn Kinder sich mal nicht an die gemeinsam aufgestellten Regeln gehalten haben, sollten sie keine Strafen befürchten, wenn sie sich anvertrauen. Stattdessen sollten sie wissen, dass sie sich trotzdem an ihre Eltern oder erwachsenen Bezugspersonen wenden und Hilfe bekommen können«, sagt Janna Helms.

Die Bildschirmzeit sollte vertraglich festgehalten werden, kann aber mittlerweile auch technisch überwacht werden. So können bei iOS-Geräten von Apple Kinderprofile angelegt werden, um einzelne Apps zu sperren und die Bildschirmzeit festzulegen, Ähnliches hat der Gerätehersteller Samsung aufgesetzt. Für andere Android-Geräte gibt es Apps von Drittanbietern, um solche Funktionen technisch umzusetzen. Gerade für jüngere Kinder bietet das bei korrekter Anwendung einen sinnvollen Schutz, den sie allein kaum überwinden können. Je älter Kinder werden, desto technisch versierter und kreativer werden sie und desto leichter können sie Sperren umgehen, also den Kinderschutz »hacken«.

Innocence in Danger empfiehlt, dass Grundschulkinder geräteübergreifend maximal 45 Minuten, Kinder zwischen elf und 13 Jahren nicht länger als etwa 60 Minuten am Tag online sein sollten. Grundschulkinder sollten dabei möglichst nie allein im Internet unterwegs sein. Wenn die Eltern nicht die Zeit haben, die Kinder während der Smartphonenutzung zu begleiten, kann es ratsam sein, den Internetzugriff zu sperren. Es empfiehlt sich, so Innocence in Danger, mindestens bis einschließlich der sechsten Klasse Internet- und Mediennutzungszeiten zu vereinbaren.

Eine App für die volle Kontrolle

Es gibt Apps, die versprechen, den Eltern die gesamte Arbeit abzunehmen. Sie funktionieren im Detail alle ein bisschen anders, verfolgen im Kern jedoch dieselbe Idee. Die jeweilige App befindet sich sowohl auf dem Smartphone des Kindes als auch auf dem der Eltern. Auf dem des Kindes erhält sie technisch die Rechte, auf alles (sic!) zugreifen zu dürfen, wird also zum Administrator des Smartphones. Das ist, das muss man so klar sagen, exakt das, was auch staatliche Spionage-Apps anstreben, wenn sie Verdächtige oder unliebsame Kritiker:innen digital überwachen wollen. Es ist das schärfste Schwert, das ein Staat bei digitalen Ermittlungsmethoden zur Verfügung hat.

Die Eltern können mit einer solchen App auf ihrem eigenen Smartphone alles sehen, was das Kind auf seinem Smartphone sieht oder tut: Sie können die Chats im Messenger nachlesen, in alle Apps hineinsehen, live beim Spielen zuschauen, die Google-Suche nachlesen. Teilweise können sie sogar die Kamera aktivieren und darüber das Kind auch bildlich überwachen. Kurzum, es ist ein mächtiges Tool, man könnte es auch eine digitale Waffe nennen. Kein Wunder, dass manche Erwachsenen diese Apps, die für Eltern und Kinder entwickelt wurden, dazu missbrauchen, ihre:n Partner:in zu überwachen. In einem unbemerkten Moment installieren sie die App auf dem Smartphone der oder des Betroffenen, und schon können sie die Daten abfangen. Das ist eindeutig illegal, hat sich in den vergangenen Jahren aber leider zu einem relevanten Phänomen der Beziehungsgewalt entwickelt.

Was unter Erwachsenen als verboten gilt, mag in der Eltern-Kind-Beziehung als angemessen und hilfreich angesehen werden. Ein digitales Tool, das für die Erwachsenen nachvollziehbar macht, wo sich das Kind bewegt (hat), mag die perfekte Antwort auf die vielen neuen digitalen Gefahren sein. In der Theorie ist das kaum zu negieren, allerdings schießen einem direkt Überlegungen zur Privatsphäre in den Sinn – auf zwei Ebenen. Erstens zeigen Tests einiger dieser Apps, dass unklar ist, was mit den Daten der Kinder passiert und an wen sie weitergegeben werden. Man muss sich klarmachen, dass auch der App-Anbieter einen Vollzugriff auf die Daten des Kindes erhält, er muss sie schließlich auf das Gerät der Eltern überspielen. Ob die Daten zu Werbezwecken weiterverkauft werden oder sonst wohin abfließen, sieht man den Apps technisch nicht an. Eltern müssen also die seitenlangen AGBs lesen und darauf vertrauen, dass die Anbieter sich daran halten. Bei einigen dieser Produkte ist jedoch unklar, wer dahintersteckt.

Zweitens geht es auch um die Privatsphäre des Kindes gegenüber den eigenen Eltern. »Ist es sinnvoll, dass Kinder die ersten prägenden Erfahrungen im Netz machen in dem Wissen, dass sie von ihren eigenen Eltern komplett digital ausgeleuchtet werden?«, fragt Hannah Gestrich, Mitarbeiterin in der Mädchen-Beratungsstelle von Wildwasser Berlin. Sie verweist auch auf eigene Fälle, in der digitale Überwachung durch die Eltern ein Problem für Mädchen war. »Die Betroffenen hatten Sorge, dass über ihre GPS-Daten für ihre Eltern nachvollziehbar war, dass sie bei uns Rat gesucht haben. Sie haben das Smartphone dann in der Schule eingeschlossen oder bei einer Freundin gelassen, wenn sie bei uns in der Beratung waren.«

Ich möchte noch die Sinnfrage ergänzen: Wie viel bringt es denn, wenn Eltern diese Vollkontrolle haben? Es erinnert mich ein bisschen an die Argumente in der großen Politik, dass viele digitale Daten helfen würden, Gefahren einzudämmen. Aber wie für Strafverfolgungsbehörden gilt auch für Eltern: Es braucht immer noch die nötige Zeit, sich die Daten sorgfältig anzusehen. Daran dürfte es im Alltag regelmäßig scheitern. Die Späh-App mag das Gewissen der Eltern beruhigen, da man ja im Blick habe, was die eigenen Kinder am Smartphone so treiben, in der Praxis aber können Risiken genauso eintreten und nicht verhindert werden. Der Datenberg würde erlauben, das Verhalten der Kinder reaktiv zu rekonstruieren, nicht aber, präventiv einzugreifen.

Ein Set von Maßnahmen

Technische Vorkehrungen wie Nutzungsbeschränkungen für einzelne Apps und eine Zeitkontrolle des Treibens der Kinder sind der allgemeine Rahmen. Weitere konkrete Tipps und Tricks können helfen, um spezifisch gegen pädokriminelle Gefahren gewappnet zu sein. Unsere Analyse hat drei Angriffsfelder zutage gefördert: Erstens das Smartphone als Werkzeug, um Abhängigkeiten aufseiten der Opfer zu festigen und damit digital das einzubetten, was physisch passiert. Zweitens Cybergrooming, also das Anbahnen in Chats und Spielen. Drittens das Klauen oder Zweckentfremden von Fotos und Videos, die von Betroffenen geteilt wurden. Gehen wir für die drei Konstellationen die praktischen Schutzmöglichkeiten einzeln durch.

Gegen die Strategie, das Smartphone als Kommunikationswerkzeug zu nutzen, um Beziehungs- und Machtgefüge zu festigen, sind technische Tipps schwierig zu definieren. In der Theorie könnte am ehesten eine Späh-App helfen, um eine übermäßige Interaktion mit einzelnen Erwachsenen nachvollziehen zu können. Diese Täter:innen-Strategie wird allerdings umso relevanter, je älter die Kinder werden, und mit fortschreitendem Alter wird es pädagogisch zunehmend fragwürdiger, ob Eltern noch einen Vollzugriff auf das Smartphone haben sollten, abgesehen davon, ob die Kinder das überhaupt noch akzeptieren würden. Die App heimlich aufzuspielen ist keine gute Idee. Wenn es herauskommt, ist das Verhältnis mindestens erst einmal massiv gestört und sind die Eltern als Vertrauensinstanz diskreditiert. Zielführender ist es, mit den Kindern im Austausch darüber zu bleiben, mit wem sie sich regelmäßig schreiben, worum es dabei geht, und ein Auge darauf zu haben, ob sie dabei erkennbar etwas verbergen möchten. Dann dürfte sich mit der Zeit automatisch zeigen, mit wem ein Kind in Kontakt steht. Dabei gilt es, neben dem digitalen Kommunikationsverhalten immer auch das Agieren in der realen Welt im Blick zu behalten, da Täter:innen miteinander genau das verzahnen möchten.

Handfeste Tipps gibt es für den Bereich Cybergrooming. Grundlegend ist, dass Eltern die Spiele und Apps kennen, die ihre Kinder nutzen. Vorsicht: Die gesetzliche Altersfreigabe bei Spielen richtet sich nach deren Inhalten, ob also beispielsweise Gewaltdarstellungen zu sehen sind, die ein achtjähriges Kind noch nicht sehen dürfte. Es wird aber nicht mit einbezogen, ob es einen In-Game-Chat gibt, über den Pädokriminelle mit dem Kind in Kontakt treten könnten. Die Altersfreigabe ist somit kein klarer Indikator für pädokriminelle Gefahren. Daher stehen Eltern in der Verantwortung, eine eigene Bewertung vorzunehmen, ob eine altersgerechte Nutzung möglich ist. Den Nickname sollten Eltern gemeinsam mit dem Kind auswählen. Bei Online-Team-Games kann es helfen, gemeinsam mit dem Kind ein Team auszuwählen und immer mal wieder dazuzustoßen, um zu prüfen, ob dort gerade nur Kinder miteinander chatten oder eventuell auch Erwachsene dabei sind.

Da wir gesehen haben, dass Pädokriminelle die Abhängigkeit gern dadurch steigern, dass sie digitale Geschenke durch In-Game-Käufe verteilen, ist auch das ein Indikator. Kinder sollten verstehen lernen, dass es ungewöhnlich ist, wenn das Gegenüber ständig mit Geschenken um sich wirft, ohne dafür im Spiel selbst Gegenleistungen haben zu wollen. In manchen Spielen können die Eltern ein Gefühl dafür bekommen, wie gut die Kinder »performen«, und sie immer mal wieder fragen, wie sie zu der Leistung gekommen sind – und wer ihnen gegebenenfalls dabei wie geholfen hat.

Präventionsmaßnahmen gegen Cybergrooming lassen sich auch zunehmend verzahnen mit den oben skizzierten Voreinstellungen in puncto App-Auswahl und Altersfreigabe. Gerade größere Anbieter wie Instagram und TikTok haben in den vergangenen Jahren nachgerüstet, sodass beispielsweise die Direktnachrichtenfunktion für Kinder und Jugendliche bis zu einem gewissen Alter gar nicht oder nur eingeschränkt zur Verfügung steht. »Solche technischen Vorsorgemaßnahmen können das Groomingrisiko reduzieren«, sagt Jasmin Wahl von jugendschutz.net, fügt aber hinzu: »Das setzt natürlich voraus, dass bei der Anmeldung das korrekte Alter angegeben und darauf geachtet wird, dass die Kinder und Jugendlichen dies nicht selbstständig ändern, um weitere Features einer App freizuschalten.«

Schutz gegen den Diebstahl von Fotos und Videos

Es gibt auch diverse Verhaltenstipps, wie man das Risiko minimiert, dass harmlose Kinderfotos geklaut werden. Der grundlegendste klingt so trivial wie langweilig: Fotos und Videos, die nicht zweckentfremdet werden sollen, dürfen nicht im Netz landen. Für die allermeisten ist es undenkbar, nie auch nur irgendeine Aufnahme zu teilen. Aus meiner Sicht kann es auch keine absolute Abstinenz geben, aber man sollte beim Teilen immer Fälle wie den User »Hamburg 2019« im Hinterkopf haben – das war derjenige, der auf der russischen Fotoplattform eine Sammlung von Kindern in Daunenjacken angelegt hatte – und sich immer wieder vor Augen führen, dass selbst das harmloseste Foto irgendwo auf Interesse stoßen könnte, um dann in Zirkel abzufließen, in denen man die eigenen Aufnahmen bestimmt nicht wiederfinden möchte.

Drei Fallkonstellationen sind beim Fotoklau zu unterscheiden. Erstens, dass Aufnahmen ohne Wissen der Betroffenen abfließen, indem sie beispielsweise vom Instagram-Profil kopiert werden oder durch Weiterleitungen bei WhatsApp irgendwann bei einer Person landen, die sie woanders teilt und hochlädt. Es empfiehlt sich daher, die Aufnahmen – wenn überhaupt – nur auf Social-Media-Profilen zu posten, die nur eingeschränkt und nicht für die gesamte Welt sichtbar sind. Es wäre ein Trugschluss, damit die Risiken schon deutlich gesenkt zu haben. Wie wir gesehen haben, agieren Täter:innen auch digital vorzugsweise im Nahfeld der Betroffenen, können also in den eigenen Kontakten gelistet sein. Die Frage sollte daher nicht lauten, ob ein bestimmter Dienst per se »sicher« oder »unsicher« ist. Dass etwa Messengers wie WhatsApp besonders privat (und deswegen »sicher«) sind, halte ich für einen gefährlichen Irrglauben. Nachrichten können dort ganz einfach weitergeleitet werden, und am Ende weiß niemand mehr, wer alles die Aufnahmen bekommen hat. Gerade wenn ein Kontakt vertrauenswürdig ist, ergeben sich risikoreiche Konstellationen. Beispielsweise vertraut man den Großeltern und schickt ihnen Fotos seiner Kinder, weil man weiß, wie sehr sie sich darüber freuen. Aus Stolz über die Enkel teilen die Großeltern die Aufnahmen vielleicht in ihrem Bekanntenkreis und damit mit Personen, die häufig überhaupt keine Beziehung mehr zu den Kindern haben. Da das Entdeckungsrisiko äußerst gering ist, wenn die Fotos dann zum Beispiel auf der russischen Fotoplattform landen, kann die Hemmschwelle sinken, die Fotos dort zu verbreiten. Ich kann zwar nicht quantifizieren, wie viele Fotos von WhatsApp abfließen, aber aus den Recherchen wird immer wieder deutlich, dass es keinesfalls nur Ausnahmen betrifft.

Es ist daher wichtig, das eigene Umfeld zu sensibilisieren. Es hat nichts mit Misstrauen zu tun, wenn man seinen Liebsten erklärt, welche Gefahren im Netz lauern und weshalb Fotos und Videos nicht weitergeleitet werden sollten. Das ist mittelbar auch eine Strategie, um etwaige Täter:innen im Nahfeld einzuschüchtern, denn man sendet damit das Signal: Wir als Eltern sind wachsam und werden reagieren, sollte uns bekannt werden, dass entgegen unserem Wunsch Aufnahmen weitergeleitet wurden.

Die Masse der Pädokriminellen sucht nach Aufnahmen, auf beziehungsweise in denen nackte Haut zu sehen ist oder die umstandslos in einen sexualisierten Kontext gerückt werden können. Klassiker sind Kinder am Strand oder in der Badewanne. Solche Aufnahmen sollten daher grundsätzlich nicht geteilt werden. Aber auch einfache Selfies von Kindern sind sehr beliebt, vor allem bei Pädokriminellen, die sich als »Child Lover« bezeichnen. Sie kommentieren dann die Schönheit der Kinder und entwickeln »romantische« Fantasien.

Die »Attraktivität« eines Fotos sinkt, wenn Erwachsene mit im Bild sind. In pädokriminellen Darknetforen wird in den Regeln teilweise festgehalten, dass bei Non-Nude-Aufnahmen solche verboten sind, auf denen Personen über 18 Jahren zu sehen sind. Man muss immer im Hinterkopf behalten, dass Pädokriminelle geklaute Fotos gern »zurechtschneiden«, ehe sie sie irgendwo veröffentlichen. Wenn Eltern eine Aufnahme ihres Säuglings teilen möchten, empfiehlt es sich daher, eine zu wählen, bei der ein Elternteil den Säugling auf dem Arm trägt oder auf andere Weise so im Bild ist, dass er nicht einfach »weggeschnitten« werden kann. Bei einem Strandfoto zum Beispiel, auf dem Vater und Tochter in Badesachen nebeneinanderstehen, könnte der Vater ganz einfach »eliminiert« werden.

Eine zweite Fallkonstellation betrifft Aufnahmen, die Täter:innen selbst im Rahmen von Cybergrooming mitschneiden – mit oder ohne Wissen der Betroffenen. Hier greifen die Schutzvorkehrungen, die für Cybergrooming allgemein gelten. Es muss konstatiert werden, dass diese Aufnahmen mit einer sehr hohen Wahrscheinlichkeit mit anderen Pädokriminellen geteilt werden. Hier ist Groomingprävention also die entscheidenste aller Maßnahmen.

Drittens geht es um »Sexting« – ein sogenanntes Kofferwort aus Sex und »Texting«, also dem Versenden von Text- oder Kurznachrichten. Dabei fertigen die Betroffenen selbst und zunächst freiwillig anzügliche Aufnahmen von sich und teilen sie im Vertrauen darauf, dass das Gegenüber verantwortungsvoll damit umgehe. Auch solche Aufnahmen können natürlich weitergeleitet werden, was häufig erst mit Verzögerung geschieht. Je älter die Kinder werden, desto wahrscheinlicher wird diese Fallkonstellation. Nicht nur erwachsene Pädokriminelle können Täter:innen sein, sondern ebenso Gleichaltrige aus dem Umfeld der Betroffenen, beispielsweise Ex-Freund:innen. Die Organisation Innocence in Danger spricht in diesem Fall von einer »Share-Gewaltigung«, zusammengesetzt aus »to share« für teilen und Vergewaltigung. Für Betroffene ist dies oft besonders schwierig zu verarbeiten. Die Weiterverbreitung der intimen Abbildungen erfolgt in aller Regel direkt ins persönliche Umfeld. Daraus ergibt sich die berechtigte Sorge, wer aus dem Freundes- und Bekanntenkreis die Abbildungen bereits gesehen hat. Hier kommen wieder Verhaltensstrategien zum Tragen, die ich bereits im vorigen Kapitel skizziert habe. Die Reaktion des Umfelds der Betroffenen ist entscheidend, keinesfalls darf es zu einer latenten Schuldumkehr kommen. »Jugendlichen einen Vorwurf zu machen, dass sie ›sexy‹ Aufnahmen gemacht haben, ist kontraproduktiv. Damit wird verneint, dass dies heute eine Form sexuellen Handelns ist oder sein kann. Nicht die Betroffenen sind schuld, sondern alle diejenigen, die intime Abbildungen gegen den Willen weiterleiten«, sagt Julia von Weiler von Innocence in Danger.

In allen drei Fallkonstellationen ist Prävention vielversprechender als ein nachträgliches »Einfangen« der Aufnahmen, denn es gilt wie so oft: Das Internet vergisst nichts. Dennoch sollte bei Hinweisen auf eine Zweckentfremdung eigener Aufnahmen zumindest versucht werden, sie löschen zu lassen. Bei Sexting-Aufnahmen, die im Umfeld der Betroffenen weitergeleitet wurden, ist es sinnvoll, das Gespräch zu suchen und zu appellieren, die Bilder zu löschen. In den seltenen Fällen, in denen man erfährt, dass die eigenen Fotos und Videos irgendwo im Netz aufgetaucht sind, sollte man den Betreiber der betreffenden Website informieren und um Löschung bitten. Das Prozedere ist im Detail von Website zu Website etwas unterschiedlich, meinen Erfahrungen nach zeigen sich viele Betreiber jedoch relativ kooperativ. Sogar die russische Fotoplattform kommt ja einigen Löschersuchen nach, profitiert allerdings davon, dass viele Betroffene gar nicht erst erfahren, dass ihre Aufnahmen dort liegen. In allen Fällen könnte auch der Rechtsweg beschritten werden, wobei fraglich ist, wie viel das im Einzelfall bringt und ob es vor allem für die betroffenen Kinder hilfreich ist, einen mitunter jahrelangen Prozess anzustoßen.

Das Paradoxe ist, dass Löschersuchen zwar durchaus erfolgreich sein können, sich am schlechten Gefühl der Betroffenen dadurch aber nichts ändert. Die Aufnahmen mögen an dem einen Ort verschwunden sein, doch niemand (!) weiß, wo sie noch online, auf welchen Smartphones sie noch abgespeichert sind oder in welchen Archiven von Pädokriminellen sie lagern, von wo sie jederzeit hochgeladen werden könnten. Dieses Gefühl der Ohnmacht lässt sich, so bitter das ist, nicht gänzlich wettmachen.

Epilog

Ein ganzes Buch darüber zu lesen, wie Kindern und Jugendlichen sexualisierte Gewalt widerfahren kann, ist schwere Kost. Meine Hoffnung ist dennoch, dass Sie eine weitere Perspektive gewonnen haben bei der Frage, wie wir Kinder und Jugendliche vor den aktuellen Gefahren bestmöglich schützen können. Es ist die für uns so fremde Perspektive der anderen, derjenigen, mit denen wir am liebsten nie etwas zu tun bekommen möchten. Diese andere Täter:innen-Seite, ihre Motive, Strategien, Ressourcen, aber auch ihre Schwächen und wunden Punkte, sind für eine Analyse zentral.

Entscheidend für den Schutz von Kindern ist aus meiner Sicht weniger, jedes einzelne Faktum aus diesem Buch in Zukunft parat zu haben. Zahlen werden sich ändern, soziale Netzwerke sich wandeln, Kinder neue digitale Geräte nutzen, die wir noch nicht auf dem Schirm haben. Worauf es stattdessen ankommen wird, ist, die Pädokriminellen fortan latent in unseren Risikoeinschätzungen mitlaufen zu lassen, wenn wir uns fragen, ob ein bestimmter Dienst »sicher« ist, ob im Sportverein alles wie gewünscht läuft, ob das eigene Postingverhalten von Kinderfotos in Ordnung ist.

Die »beruhigende« Nachricht für alle Themen des Buches lautet also: Das Umfeld wird sich wandeln, die digitalen Tools der Zukunft auch, aber die Strategien der Pädokriminellen werden gleich bleiben. Es ist der Kreislauf des Missbrauchs, den wir kennengelernt haben, der sich – leider! – fortsetzen wird. Ihn vor Augen zu haben und es grundsätzlich für möglich zu halten, dass es (den eigenen) Kindern widerfahren könnte, ist die aus meiner Sicht entscheidende Geisteshaltung, um Kinder wirksam zu schützen. Wenn dieses Buch diese Geisteshaltung bei Ihnen ermöglicht hat, habe ich mein Ziel erreicht.

Nun gilt es, wachsam zu bleiben, ohne paranoid zu werden. Wer ein Threat Model erstellt, der entdeckt immer so unglaublich viele Gefahren, dass ein vollständiger Schutz dagegen schlicht unrealistisch ist. Die reine Verhinderung von Gefahren allein wird in einem digitalen Umfeld nicht genügen. Natürlich ist es zwingend, Risiken möglichst gering zu halten und für ein Umfeld zu sorgen, in dem Kinder möglichst wenigen pädokriminellen Einflüssen ausgesetzt sind. Mindestens genauso wichtig ist jedoch, über Handlungsfähigkeiten zu verfügen, wenn es zu einem Vorfall kommt.

Das ist letztlich Teil aller Sicherheitskonzepte, egal in welchem Bereich unseres Lebens. Bei einem Atomkraftwerk beispielsweise werden massiv Ressourcen aufgewendet, damit es nie zu einer ernsten Bedrohung kommen kann. Aber wenn es doch passiert, wäre es schlecht, wenn sich alle Personen nur ratlos ansähen und fragten: »Was machen wir denn jetzt?«

Es geht beim Kinderschutz im Netz insofern um eine resiliente Haltung. Wir müssen das Undenkbare denken und damit rechnen, dass es mit plausibler Wahrscheinlichkeit eintreten könnte. So wird eine rationale Risikoeinschätzung für dieses emotionale Thema möglich.

Wir haben es in der Hand. Unsere Gesellschaft ist im Rekordtempo digital geworden, aber wir haben es (noch) nicht geschafft, in dieser digitalen Gesellschaft Kinder und Jugendliche so aufwachsen zu lassen, dass die pädokriminellen Gefahren, denen sie ausgesetzt sind, auf ein Minimum reduziert sind. Im Gegenteil. Bisher haben wir größtenteils die Augen verschlossen und gehofft, dass der Fluch uns nicht treffen wird. Das gilt gleichermaßen für Individuen und für den Staat. Über Generationen ging das so. Mit dem Internet ist nun vieles dramatisch und drängender geworden, aber dadurch auch sichtbarer für uns alle. Nie war es daher auch so einfach, pädokriminelle Gefahren im Alltag mitzudenken und ihnen mit einer aufgeklärten, resilienten Haltung zu begegnen.

Informations- und Hilfsangebote

Falls Sie selbst oder (Ihre) Kinder von sexualisierter Gewalt in Kindheit und Jugend betroffen sind oder waren, finden Sie auf der Website www.hilfe-portal-missbrauch.de diverse Möglichkeiten, sich Hilfe zu holen. Es gibt dort (unter anderem) Informationsmaterialien, ein Hilfetelefon, einen Wegweiser zu Beratungsangeboten in der Nähe und eine anonyme Beratung per E-Mail. Die Seite richtet sich auch an Personen, die einen Verdacht haben, aber unsicher sind, ob sie tätig werden sollten. Fachleute raten unisono, immer um Rat zu fragen und Expert:innen eine Situation bewerten zu lassen, anstatt zu schweigen.

In Fällen einer (vermuteten) sexuellen Ausbeutung Minderjähriger (z. B. gegen Entgelt) dient die Website www.nicht-wegsehen.net als Anlaufstelle. Sie wird von ECPAT Deutschland und dem Bundeskriminalamt betrieben. Gemeldet werden können auch Fälle, die nicht in Deutschland spielen.

Strafanzeigen nimmt in Deutschland jede Polizeidienststelle entgegen. Anzeigen können anonym aufgegeben werden.

Menschen, die sich sexuell zu Kindern hingezogen fühlen, darunter leiden und deswegen Hilfe suchen, können sich an das Präventionsnetzwerk Kein Täter werden unter der Website www.kein-taeter-werden.de wenden.

Literaturverweise

Hilfe beginnt mit Hinsehen
Was Sie von diesem Buch erwarten können

1 Richard, Édouard / Duportail, Judith / Kayser-Bril, Nicolas & Schacht, Kira (2020, 17. Juni): *Instagram-Algorithmus: Wer gesehen werden will, muss Haut zeigen* [Onlinequelle].

Mit Worten kaum zu fassen
Sprachgebrauch, Begriffe und Erzählhaltung

1 Unabhängige Beauftragte für Fragen des sexuellen Kindesmissbrauchs (2022, 30. Mai): *Sexuelle Gewalt gegen Kinder und Jugendliche. Zahlen und Fakten* [Onlinequelle]. Bundesministerium der Justiz und für Verbraucherschutz (2020, 1. Juli): *Reformpaket zur Bekämpfung sexualisierter Gewalt gegen Kinder.*
2 Deutscher Bundestag (2021, 24. März): *Drucksache 19/27933* [Onlinequelle].
3 Bundesrat (2020, 27. November): *Drucksache 634/20 (Beschluss)* [Onlinequelle].
4 Bundestag (2021, 24. März): *Drucksache 19/27928* [Onlinequelle].
5 Beier, Klaus M./Bosinski, Hartmut A. G. & Loewit, Kurt (Hrsg.) (2021): *Sexualmedizin. Grundlagen und Klinik sexueller Gesundheit,* Elsevier.

Wellen der Aufklärung
Geschichte des Missbrauchs und die Rolle des Internets

1 Julia Zinsmeister, Petra Ladenburger & Inge Mitlacher (2011): *Schwere Grenzverletzungen zum Nachteil von Kindern und Jugendlichen im Aloisiuskolleg Bonn-Bad Godesberg. Abschlussbericht zur Untersuchung im Auftrag der Deutschen Provinz der Jesuiten* [Onlinequelle].
2 deMause, Lloyd (1998): *The History of Child Abuse,* in: *The Journal of Psychohistory,* Jg. 25, Nr. 3 (Übersetzung durch D. M.) [Onlinequelle].

3 Brachmann, Jens (2017): *Die Aufarbeitung sexualisierter Gewalt gegen Kinder und Jugendliche als gesellschaftliche Aufgabe*, in: Retkowski, A. / Treibel, A. / Tuider, E. (Hrsg.): *Handbuch Sexualisierte Gewalt und pädagogische Kontexte: Theorie, Forschung, Praxis*. Weinheim und München, S. 804–813.

4 Bange, Dirk & Deegener, Günther (1996): *Sexueller Mißbrauch an Kindern. Ausmaß, Hintergründe, Folgen*. Weinheim: Psychologie Verlags Union, S. 11–18.

5 Die folgende historische Schilderung zur Wildwasser-Gründung beruht auf einer Kongressdokumentation des Vereins mit dem Titel *Vom Tabu zur Schlagzeile. 30 Jahre Arbeit gegen sexuelle Gewalt – viel erreicht?!* [Onlinequelle].

6 Hax, Iris & Reiß, Sven (2021): *Programmatik und Wirken pädosexueller Netzwerke in Berlin – eine Recherche. Vorstudie, S. 85* [Onlinequelle].

7 Dushi, Desara (2019): *The penomenon of online live streaming of child sexual abuse: challenges and legal responses* [Onlinequelle].

8 König, Sabine (2004): *Kinderpornografie im Internet. Eine Untersuchung der deutschen Rechtslage unter besonderer Berücksichtigung des Internationalen Strafrechts*. Hamburg: Verlag Dr. Kovac.

9 Innocence in Danger e. V. (2005): *Jahresbericht Innocence in Danger Deutsche Sektion e. V. 2005* [Onlinequelle].

10 Von Weiler, Julia/Haardt-Becker, Annette & Simone Schulte (2010): *Care and treatment of child victims of child pornographic exploitation (CPE) in Germany*, in: *Journal of Sexual Aggression*, Jg. 16, Nr. 2, S. 211–222.

11 United National Human Rights Council (2009, 13. Juli): *Promotion and Protection of all Human Rights, Civil, Political, Economic, Social and Cultural Rights, including the Right to Development. Report of the Special Rapporteur on the sale of children, child prostitution and child pornography, Najat M'jid Maalla* [Onlinequelle].

»Gute Nacht, Liebling«
Das Smartphone als Werkzeug zum Machterhalt

1 Bundeskoordinierung Spezialisierter Fachberatung gegen sexualisierte Gewalt in Kindheit und Jugend (2023): *Was kann man einigen verbreiteten »Mythen« zu sexualisierter Gewalt entgegnen?* [Onlinequelle].

2 Unabhängige Beauftragte für Fragen des sexuellen Kindesmissbrauchs

(2022, 30. Mai): *Sexuelle Gewalt gegen Kinder und Jugendliche. Zahlen und Fakten* [Onlinequelle].

3 Bellwinkel, Sebastian/ARD-*Panorama* (2023, 2. Februar): *Tabuthema: Auch Frauen missbrauchen Kinder* [Onlinequelle].

4 Universität Regensburg (2015): *MiKADO – Missbrauch von Kindern: Ätiologie, Dunkelfeld und Opfer. Von MiKADO lernen – Prävention verbessern. Zentrale Ergebnisse des Forschungsprojekts* (Präsentation, Folie Nr. 5).

5 Unabhängige Kommission zur Aufarbeitung sexuellen Kindesmissbrauchs (2021, 10. November): *Sexueller Kindesmissbrauch durch Frauen. Zusammenfassung der Ergebnisse aus dem Forschungsprojekt* [Onlinequelle].

6 Siehe hierfür etwa Bange, Dirk (2007): *Sexueller Missbrauch an Jungen. Die Mauer des Schweigens.* Göttingen, Hogrefe, S. 58–63.

7 Bange, Dirk & Deegener, Günther (1996): *Sexueller Mißbrauch an Kindern. Ausmaß, Hintergründe, Folgen.* Weinheim: Psychologie Verlags Union, S. 138.

8 Bange, Dirk & Deegener, Günther (1996): *Sexueller Mißbrauch an Kindern. Ausmaß, Hintergründe, Folgen.* Weinheim: Psychologie Verlags Union, S. 35.

9 Luhmann, Niklas (1975): *Macht.* Stuttgart: UTB.

10 Luhmann, Niklas (2014): *Vertrauen.* Stuttgart, UVK, 5. Auflage.

11 Weltgesundheitsorganisation WHO (2019/2021): *International Classification of Diseases, Elfte Revision (ICD-11)*, deutsche Version: Bundesinstitut für Arzneimittel und Medizinprodukte: *ICD-11 in Deutsch – Entwurfsfassung* [Onlinequelle].

12 Cohen, Lisa J. & Galynker, Igor I. (2002): *Clinical features of pedophilia and implications for treatment,* in: Journal of Psychiatric Practice, Jg. 5, Nr. 8, S. 276–289.

13 Seto, Michael (2008): *Pedophilia and sexual offending against children: Theory, assessment, and intervention.* Washington: American Psychological Association.

14 Beier et al. (2006): *Präventionsprojekt Dunkelfeld – Der Berliner Ansatz zur therapeutischen Primärprävention von sexuellem Kindesmissbrauch,* in: Humboldt-Spektrum Nr. 3, S. 4–9.

15 Ahlers, Christoph Joseph/Schaefer, Gerard Alfons/Mundt, Ingrid Annette/Roll, Stephanie/Englert, Heike/Willich, Stefan/Beier, Klaus Michael (2011): *How unusual are the contents of paraphilias – prevalence of paraphilia-associated sexual arousal patterns (PASAPs) in a community-based sample of men,* in: Journal of Sexual Medicine, Nr. 8, S. 1362–1370.

16 Seto, Michael (2009): *Pedophilia*, in: *Annual Review of Clinical Psychology*, Jg. 5, S. 391–407.
17 Dombert, Beate/Schmidt, Alexander F./Banse, Rainer/Briken, Peer/Hoyer, Jürgen/Neutze, Janina & Osterheider, Michael (2016): *How Common is Men's Self-Reported Sexual Interest in Prepubescent Children?*, in: *The Journal of Sex Research*, Jg. 53, Nr. 2, 214–223.
18 National Rapporteur on Trafficking in Human Beings (2014): *On solid ground. Tackling sexual violence against children in the Netherlands*. The Hague: National Rapporteur, S. 259.
19 Seto, Michael & Lalumière, Martin (2001). *A Brief Screening Scale to Identify Pedophilic Interests Among Child Molesters*, in: *Sexual Abuse*, Jg. 13, Nr. 1, S. 15–25.
20 Bitkom (2022): *Kinder- und Jugendstudie 2022* [Onlinequelle].

Zocken und nebenbei ein bisschen chatten
Cybergrooming macht das Internet zum Nahfeld

1 Landesanstalt für Medien NRW (2022): *Kinder und Jugendliche als Opfer von Cybergrooming. Zentrale Ergebnisse der 1. Befragungswelle 2021* [Onlinequelle].
2 Eichhorn, Lea (2020, 22. Oktober): *Wie Sexualtäter online Kinder kontaktieren. Cybergrooming*, bei: tagesschau.de [Onlinequelle].

Gepostet, geteilt, geklaut
Wenn harmlose Kinderfotos von Social Media abfließen

1 Die Recherchen wurden veröffentlicht bei ARD-*Panorama* am 22. April 2021 unter dem Titel »Wie Pädokriminelle private Kinderfotos stehlen« und bei STRG_F am 27. April 2021 auf YouTube unter dem Titel »Exklusive Datenrecherche: Wie Pädosexuelle Bilder klauen«.
2 Moßbrucker, Daniel (2021, 28. April): *Recherchieren am Rande der Legalität*, bei: ndr.de. ZAPP – Das Medienmagazin (2021, 28. April): *Kinderpornografie-Recherche am Rande der Legalität*, bei: YouTube [Onlinequellen].
3 Die Betreiber geben ihre Namen nicht von sich aus preis. Der IT-Sicherheitsforscher Sijmen Ruwhof hat 2017 eine detaillierte Open Source Intelligence-Analyse der Seite veröffentlicht und konnte dabei vier rus-

sische Personen, die mutmaßlich die Seite gemeinsam betreiben, deanonymisieren. Mehr dazu: Sijmen Ruwhof (2017, 30. Dezember): *Massive child porn site is hiding in plain sight, and the owners behind it* [Onlinequelle].

Das Geschäft mit dem Missbrauch
Kinder werden für Profite sexuell ausgebeutet

1   Dahlkamp, Jürgen/Latsch, Gunther & Müller, Andrea (2023, 30. Januar): *Als Kind wurde er missbraucht. Jetzt spricht er mit dem Täter*, in: *Der Spiegel*, Nr. 5/2023 [Onlinequelle].
2   Hax, Iris & Reiß, Sven (2021): *Programmatik und Wirken pädosexueller Netzwerke in Berlin – eine Recherche. Vorstudie* [Onlinequelle].
3   Bundeskriminalamt (2022): *Polizeiliche Kriminalstatistik 2021. Grundtabelle. Fälle mit Häufigkeitszahl* [Onlinequelle].
4   Statistisches Bundesamt (2022): *Rechtspflege. Strafverfolgung 2021.* Fachserie 10, Reihe 3, S. 418 [Onlinequelle].
5   UN News (2018, 3. Oktober): *Child sexual abuse and exploitation:* UN *event sheds light on the unthinkable* [Onlinequelle].
6   Die Daten sind einsehbar unter https://outoftheshadows.global/.
7   UNICEF (2014, 10. Oktober): *Nearly one in four adolescent girls experience physical violence* [Onlinequelle].
8   Interpol (2023, 14. Februar): *International Child Explotation database* [Onlinequelle].
9   ECPAT (2016): *Global study on sexual exploitation of children in travel and tourism 2016. Offenders on the move* [Onlinequelle].
10 European Financial Coalition against Commercial Sexual Exploitation of Children Online (2015, 24. Februar): *Report* [Onlinequelle].
11 UNICEF (2020): *National Study on Online Sexual Abuse and Exploitation of Children in the Philippines. Final Report* [Onlinequelle].
12 Inter-Agency Council Against Trafficking & International Justice Mission (2020, 21. Mai): *Online Sexual Exploitation of Children in the Philippines: Analysis and Recommendations for Governments, Industry, and Civil Society* [Onlinequelle].
13 Europol (2020, 19. Juni): *Exploiting Isolation. Offenders and victims of online child sexual abuse during the* COVID-19 *pandemic* [Onlinequelle].
14 Internet Watch Foundation (2018): *Trends in Online Child Sexual Ex-*

ploitation: Examining the Distribution of Captures of Live-streamed Child Sexual Abuse [Onlinequelle].

15 Generalstaatsanwaltschaft Bamberg (2023, 3. Februar): *Verbreitung von Kinderpornografie im Darknet: mehrere Plattformbetreiber festgenommen. Pressemitteilung* [Onlinequelle].

16 Napier, Sarah/Teunissen, Coen & Boxall, Hayley (2021, Oktober): *Live streaming of child sexual abuse: An analysis of offender chat logs* [Onlinequelle].

17 Drejer, Catharina/Riegler, Michael A./Halvorsen, Pål/Johnson, Miriam S. & Baugerud, Gunn Astrid (2023, 2. Februar): *Livestreaming Technology and Online Child Sexual Exploitation and Abuse: A Scoping Review*, in: *Trauma, Violence & Abuse, Online ahead of print* [Onlinequelle].

18 Eine Sprecherin von INHOPE teilte mir mit, dass die Quelle nicht mehr verfügbar sei. Sie fand sich im Jahresbericht 2014 von INHOPE.

19 Die Bundesregierung (2022, März): *Bericht über die im Jahr 2021 ergriffenen Maßnahmen zum Zweck der Löschung von Telemedienangeboten mit kinderpornografischem Inhalt im Sinne des § 184b des Strafgesetzbuchs* [Onlinequelle].

Die finstersten Ecken im Darknet
Aufstieg pädokrimineller Foren gigantischen Ausmaßes

1 Über diese Zeit berichtet Brett Johnson in zwei Folgen (Nr. 128 u. 129) im englischsprachigen Podcast »Darknet Diaries«.

2 Oosthoek, Kris/van Staalduinen, Mark & Smaragdakis, Georgios (2022): *Quantifying Dark Web Shops' Illicit Revenue*, in: IEEE *Access* [Onlinequelle].

»Sie könnten ein Forum zu Tode nerven«
Chat mit dem Administrator eines Darknetforums

1 Ackermann, Lutz/Bongen, Robert/Güldenring, Benjamin & Moßbrucker, Daniel (2021, 02. Dezember, bei ARD-Panorama): *Warum löscht die Polizei die Aufnahmen nicht?* und bei STRG_F (2021, 02. Dezemer) auf YouTube unter dem Titel »Pädokriminelle Foren: Warum löscht niemand die Aufnahmen?«. Außerdem: Diehl, Jörg/Güldenring, Benjamin/Hoppenstedt, Max/Lehberger, Roman & Moßbrucker, Daniel (2021, 2. Dezem-

ber): *Tausende Gigabyte Missbrauch – und niemand kümmert sich darum. Sexuelle Gewalt gegen Kinder,* in: Der Spiegel, Nr. 49/2021.

Freiheit und Sicherheit sind keine Gegensätze
Parteien verspielen mit Symbolpolitik kostbare Zeit

1. ZEIT Online (2020, 10. Juni): *Justizministerin gegen Strafrechtsverschärfung bei Kinderpornografie. Christine Lambrecht* [Onlinequelle].
2. Bild (2020, 10. Juni): *Ministerin Lambrecht: Kindesmissbrauch ist Vergehen. Für die Justiz kein Verbrechen!* [Onlinequelle].
3. Redaktionsnetzwerk Deutschland (2020, 10. Juni): *NRW-Innenminister Reul: »Sexueller Missbrauch ist wie Mord«* [Onlinequelle].
4. Deutschlandfunk (2020, 11. Juni): *»Es gibt keine leichten Fälle, wenn Kinder missbraucht werden«. Streit um Strafrechtsverschärfung. Paul Ziemiak im Gespräch mit Dirk Müller* [Onlinequelle].
5. Der Spiegel (2020, 11. Juni): *Lambrecht will nun doch härtere Strafen bei Kindesmissbrauch. Nach Kritik an Justizministerin* [Onlinequelle].
6. BMJ (2020, 1. Juli): *Reformpaket zur Bekämpfung sexualisierter Gewalt gegen Kinder. Pressemitteilung* [Onlinequelle].
7. Bild-Zeitung (2020, 1. Juli): *BILD hat Wort gehalten. Kommentar zur Forderung nach härteren Strafen* [Onlinequelle].
8. CDU (2021, 26. März): *Kindesmissbrauch wird endlich als Verbrechen bestraft. Innere Sicherheit* [Onlinequelle].
9. Ministerium der Justiz Brandenburg (2022, 10. November): *Brandenburger Initiative zur Korrektur der Strafvorschrift zur Kinderpornographie erfolgreich bei Justizministerkonferenz. Justizminister sehen Änderungsbedarf bei Strafrahmen des § 184b,* bei: brandenburg.de [Onlinequelle].
10. Bongen, Robert & Moßbrucker, Daniel (2023, 10. März): *Gesetzesverschärfung soll korrigiert werden. Sexualisierte Gewalt gegen Kinder,* auf: tagesschau.de [Onlinequelle].
11. Deutsche Presse-Agentur (2023, 10. April): *Buschmann: Gesetz gegen Missbrauchsdarstellungen reformieren. Justiz* [Onlinequelle].
12. Bundestag, DS 20/534 (2022): *Schriftliche Fragen mit den in der Woche vom 24. Januar 2022 eingegangenen Antworten der Bundesregierung,* S. 27–28.
13. National Center for Missing & Exploited Children (2022): *2021 CyberTipline Reports by Electronic Service Providers (ESP)* [Onlinequelle].

14 Bundestag DS 20/3687 (2022): *IP-Adressen rechtssicher speichern und Kinder vor sexuellem Missbrauch schützen* [Onlinequelle].
15 CDU-Fraktion im Landtag Rheinland-Pfalz (2022, 29. September): *Quick-Freeze reicht nicht aus – befristete Speicherung von IP-Adressen im Kampf gegen Kindesmissbrauch unverzichtbar* [Onlinequelle].
16 report München (2023, 10. Januar): *Missbrauch von Kindern im Internet. Die Ohnmacht der Ermittler* [Onlinequelle].
17 Statistisches Bundesamt (2022): *Rechtspflege. Staatsanwaltschaften.* Fachserie 10 Reihe 2.6, S. 61 [Onlinequelle].
18 Betroffenenrat (2019, November): *Ausgewählte Forderungen des Betroffenenrates beim UBSKM zum Strafrecht und Strafprozessrecht* [Onlinequelle].
19 Betroffenenrat (2021, 1. Juli): *Pressemitteilung: Positionen des Betroffenenrates anlässlich Inkrafttreten Gesetzesreform zur Bekämpfung sexualisierter Gewalt gegen Kinder und Jugendliche am 1. Juli 2021* [Onlinequelle].
20 Europäische Kommission (2022, 11. Mai): *Vorschlag für eine Verordnung des Europäischen Parlaments und des Rates zur Festlegung von Vorschriften zur Prävention und Bekämpfung des sexuellen Missbrauchs von Kindern* [Onlinequelle].
21 Meineck, Sebastian (2022, 14. Juli): *Das Raunen vom millionenfachen Missbrauch. NCMEC-Zahlen erklärt,* bei: netzpolitik.org [Onlinequelle].
22 Davis, Antigone (2021, 23. Februar): *Preventing Child Exploitation on Our Apps,* bei: fb.com [Onlinequelle].

Senken Aufnahmen die Hemmschwelle?
Für einen Paradigmenwechsel in der Strafverfolgung

1 Bundestag DS 20/1128 (2022): *Antwort der Bundesregierung. Löschen statt sperren – Entfernung digitaler Darstellungen sexualisierter Gewalt an Kindern* [Onlinequelle].
2 Kompetenzzentrum Kinderschutz in der Medizin Baden-Württemberg/ Dazu gehören/Deutsche Gesellschaft für Kinder- und Jugendpsychiatrie, Psychosomatik und Psychotherapie & Deutscher Kinderschutzbund Bundesverband (2021): *Stellungnahme und Presseerklärung* [Onlinequelle].
3 Bongen, Robert (2022, 3. Juni): *IMK kündigt »schnelle und konsequente Löschung von Missbrauchsbildern« an,* bei: ndr.de [Onlinequelle].

4 United National Human Rights Council (2009, 13. Juli): *Promotion and Protection of all Human Rights, Civil, Political, Economic, Social and Cultural Rights, including the Right to Development. Report of the Special Rapporteur on the sale of children, child prostitution and child pornography, Najat M'jid Maalla* [Onlinequelle].
5 Bundestag DS 20/1128 (2022): *Antwort der Bundesregierung. Löschen statt sperren – Entfernung digitaler Darstellungen sexualisierter Gewalt an Kindern* [Onlinequelle].
6 Moßbrucker, Daniel (2022, 21. März): BKA *muss laut Regierung nicht löschen. Fotos von Kindesmissbrauch,* bei: tagesschau.de [Onlinequelle].
7 Microsoft Deutschland (2021, 25. Mai): *Künstliche Intelligenz bewährt sich im Einsatz gegen Kinderpornografie* [Onlinequelle].

»Da sind wir leider nicht zuständig«
Der Staat duckt sich weg bei Betreuung, Prävention und Schutzkonzepten

1 World Health Organization (2013): *European report on preventing child maltreatment* [Onlinequelle].
2 Bundeskoordinierung Spezialisierter Fachberatung gegen sexualisierte Gewalt in Kinder und Jugend (2020, 16. Juli): *Was tun gegen sexualisierte Gewalt? Überlegungen der BKSF angesichts der Diskussion zu Münster* [Onlinequelle].
3 Kampling, Katrin (2021, 16. März): *Fehlende Unterstützung: Opfer sexuellen Missbrauchs im Stich gelassen,* bei: ndr.de [Online-Quelle].
4 Runder Tisch Sexueller Kindesmissbrauch in Abhängigkeits- und Machtverhältnissen in privaten und öffentlichen Einrichtungen und im familiären Bereich (2011, 30. November): *Abschlussbericht* [Onlinequelle].
5 Nationaler Rat gegen sexuelle Gewalt an Kindern und Jugendlichen (2021, Juni): *Gemeinsame Verständigung des Nationalen Rates gegen sexuelle Gewalt an Kindern und Jugendlichen. Arbeitsphase Dezember 2019 bis Juni 2021* [Onlinequelle].

Ausgetrickst von der Industrie
16 Bundesländer wollen Konzernen die Stirn bieten

1   Breyer, Patrick (2022, 11. Mai): *EU-Chatkontrolle-Gesetzentwurf: Grundrechtsterrorismus gegen Vertrauen, Selbstbestimmung und Sicherheit im Netz. Pressemitteilung* [Onlinequelle].

Digitale Selbstverteidigung gegen Pädokriminelle
Technische Tipps und Tricks für den Alltag

1   Lorenz, Ramona/Yotyodying, Sittipan/Eickelmann, Birgit & Endberg, Manuela (2021). *Schule digital – der Länderindikator 2021. Erste Ergebnisse und Analysen im Bundesländervergleich* [Onlinequelle].
2   Bitkom (2019, 28. Mai): *Mit 10 Jahren haben die meisten Kinder ein eigenes Smartphone* [Onlinequelle].

Silke Müller

WIR VERLIEREN UNSERE KINDER!

GEWALT, MISSBRAUCH, RASSISMUS – DER VERSTÖRENDE ALLTAG IM KLASSEN-CHAT

Fotos, Videos, Sticker mit Inhalten, die so verstörend sind, dass kaum jemand hinsehen kann. Alltag auf den Smartphones von Kindern und Jugendlichen. Die meisten Eltern haben keine Ahnung, dass schon Grundschulkinder Bilder mit rassistischen Botschaften, von Kriegsverbrechen oder sexualisierter Gewalt sehen.

Silke Müller, Schulleiterin und niedersächsische Digitalbotschafterin, klärt auf über die digitalen Bedrohungen, denen Mädchen und Jungen ausgesetzt sind, wenn sie Zugang zu Smartphones haben, und fordert eine zeitgemäße, an Werten orientierte Medienerziehung.

Laurent Richard und Sandrine Rigaud

DIE AKTE PEGASUS

WIE DIE SPIONAGESOFTWARE PRIVATSPHÄRE, PRESSEFREIHEIT UND DEMOKRATIE ATTACKIERT

Die Spionagesoftware Pegasus ist die gefährlichste Cyberwaffe der Welt, denn sie kann jedes Mobiltelefon vollständig überwachen, ohne Spuren zu hinterlassen. Einst entwickelt, um Verbrechen zu bekämpfen, nutzen heute zahlreiche Regierungen Pegasus, um Journalisten, Aktivisten und sogar Staatsoberhäupter auszuspähen. Die Investigativjournalisten Laurent Richard und Sandrine Rigaud legen erstmals offen, in welch erschreckendem Ausmaß die Spähsoftware illegal eingesetzt wird. Mit ihren brisanten Recherchen beweisen sie, dass politische Regime vor nichts zurückschrecken, um ihre Macht zu sichern. Dabei erschüttern sie die Fundamente unserer Demokratie: unser aller Privatsphäre, Presse- und Redefreiheit.

Mit einem Vorwort der Rechercheure und
Pulitzer-Preisträger Bastian Obermayer
und Frederik Obermaier